Freie *Sklavinnen*

Werner H. Preuß

Freie *Sklavinnen*

Anthologie aus Werken

Lüneburger *Schriftstellerinnen*

Almáriom
2017

Mit Beiträgen von

Mathilde Lammers
Emma Böhmer
Wilhelmine Resimius-Berkow
Helene Varges
Margarete Boie
Geertje Suhr

und Blumenschmuck von
Helene Varges und Margarete Boie

Wenn nicht anders angegeben liegen die Bildrechte
bei Dr. Werner H. Preuß.

Impressum

© 2017Almáriom Verlag GbR
Prof. Dr. Werner H. Preuß, Cornelia Preuß
Pieperstraße 9, 21357 Bardowick
Verlag@almariom.de

Satz und Gestaltung: Werner H. Preuß, Cornelia Preuß
Produktion: VARIOPAPER, Lüneburg

ISBN 978-3-945264-03-4

Inhalt

Vorwort

Vorweg das Ergebnis der Recherche: Seit dem 19. Jahrhundert gab und gibt es charaktervolle Schriftstellerinnen mit engen biographischen Beziehungen zu Lüneburg. Daß ihr Andenken bisher nicht gepflegt worden ist, liegt sicher daran, daß die männlich dominierte Literatur- und Regionalgeschichte sie und ihre emanzipatorischen Themen grundsätzlich ignorierte.

Frauen wurde eine erweiterte Bildung vorenthalten. Eine Untersuchung von Lebensläufen einer großen Anzahl von Schriftstellerinnen der Kaiserzeit ergab:

„Die Bildungschancen der Autorinnen waren höchst unterschiedlich: Von ihrer sozialen Herkunft einmal abgesehen, waren sie vor allem davon abhängig, ob und in welchem Maße die Eltern bereit waren, in ihre Bildung zu investieren. Der Großteil der Schriftstellerinnen hat eine der sogenannten höheren Töchterschulen besucht, doch waren dort die Lehrinhalte – aufgrund fehlender verbindlicher Lehrpläne – sehr heterogen. Der Schwerpunkt ihrer Schulbildung lag eindeutig im schöngeistigen Bereich, während die naturwissenschaftlichen Fächer meist nur in Grundlagen vermittelt wurden. Insgesamt belief sich die durchschnittliche Schuldauer auf 9 bis 11 Jahre; viele Autorinnen erhielten anschließend noch die Möglichkeit ihre Bildung durch ein Pensionatsjahr zu vertiefen. Auffallend häufig beklagen Autorinnen ihre – wie sie meinen – unzureichende Bildung und waren ein Leben lang bemüht, ihr Wissen – oft auf autodidaktischem Wege – zu vervollständigen."[1]

Diesen privaten zweiten Bildungsweg beschritten von den in dieser Anthologie vereinigten Schriftstellerinnen insbesondere die Naturkundlerinnen Helene Varges und Margarete Boie.

Nirgendwo sah man Frauen in Amt und Würden, denn mangels qualifizierender Abschlüsse blieben sie von vielen anspruchsvollen Berufen ausgeschlossen. Für geistig, politisch und sozial interessierte kam in erster Linie ein pädagogisches Engagement infrage. Es bot auch eine Chance, praktisch der Frauen-Emanzipation zu dienen. Diesem Ziel widmete sich Mathilde Lammers mit ganzer Kraft.

Verheiratete Frauen standen unter der Kuratel ihrer Ehegatten, unverheiratete galten als nicht voll zu ihrer Bestimmung herangereifte „Fräulein" und waren als „alte Jungfern" spöttischen Bemerkungen preisgegeben. Auch fehlte ihnen die Versorgung durch einen „Ernährer". Dennoch zogen es viele Schriftstellerinnen vor, selbständig durchs Leben zu gehen. Viele teilten die Wohnung mit einem Bruder. Männlicher „Beistand" erleichterte das Leben in der Frauen diskriminierenden Gesellschaft. Andere lebten mit Schwestern oder Freundinnen in Wohngemeinschaften, deren es, zumindest im Berlin der Kaiserzeit, erstaunlich viele gab. Mangels beruflicher Alternativen erwarben viele der „schreibenden Lehrerinnen" ihren Unterhalt durch mehrere geringfügige Tätigkeiten. Sie gaben Privatstunden, unterrichteten Musikschüler, arbeiteten als Übersetzerinnen, schrieben als freie Autorinnen für Zeitungen, oder dekorierten Gesellschaftsabende. Davon zeugen insbesondere Emma Böhmers Romane.

Für viele war das Schreiben also kein „Traumberuf", sondern zur Existenzsicherung notwendig. Zugleich eröffnete es ihnen einen Zugang zu intellektuellen Gegenstän-

Im Jahre 1906 gehörten dem Deutschen Schriftstellerinnen-Bund etwa 200 Frauen an, von denen sich die hier abgebildeten zu einem Gesellschaftsabend versammelt hatten. Foto: L. Kurt: Der Deutsche Schriftstellerinnen-Bund. In: Über Land und Meer. Deutsche illustrierte Zeitung. 48. Jg., 1905–1906, Nr. 40, Oktober 1906, S. 982–984, hier S. 983

1. Hedwig von Grolmann; 2. Sabine Clausius; 3. Anselma Heine; 4. Klarissa Lohde; 5. A. H. Brix, Kassiererin; 6. Gertrud Franke-Schievelbein; 7. Louise Schulze-Brück, erste Vorsitzende; 8. Martha Friedmann, zweite Vorsitzende; 9. Dorothee Goebeler; 10. Ellen Otto-Fulda; 11. J.A. Pfuhl; 12. Rose Litten; 13. Klara Blüthgen (C. Eysell-Kilburger); 14. Katharina Zitelmann; 15. Marthe Renate Fischer; 16.Lotte Gubalke; 17. Anna Hundertmark (August Mark); 18. Clara Braune; 19. Agnes Harder; 20. Annemarie von Auerswald; 21. Ilse Franke; 22. Frieda Ballin (Frida Grauel); 23. Elisabeth Krickeberg; 24. Julia Scheu-ermann (Julia Virginia); 25. Hedwig von Bode (H. Schobert); 26. Antonia Andrees-Carel (Ant. Andrea); 27. Klara von Sydow; 28. Marie Louise von Bançels; 29. Thekla Skorra; 30. Julia Jobst; 31. Erika Kraft, Schriftführerin; 32. Emma Böhmer. Graphische Bearbeitung: Werner H. Preuß

den. Wer als „ernsthafte Schriftstellerin" beurteilt wurde, konnte mit Glück von der Deutschen Schillerstiftung, Weimar, finanziell gefördert werden. Eine invalid gewordene Arbeiterin wie Wilhelmine Resimius-Berkow, welche sich erst in vorgerücktem Alter auf ihre nicht gelebten geistigen Interessen besann und zu schreiben anfing, war davon ausgeschlossen. Sie fand in plattdeutschen Geschichten und Gedichten eine Nische und verlegte ihre Bücher selbst. Die Stadt Lüneburg stellte ihr immerhin eine winzige Armenwohnung zur Verfügung.

Was Frauen an geistigen Leistungen schreibend hervorbrachten, wurde lange Zeit als „Damenlektüre" geringgeschätzt. Schriftstellerverbände nahmen Frauen vor dem 1. Weltkrieg – wie selbstverständlich – nicht in ihre Reihen auf. Sie mußten sich selbst organisieren.

Heute ist es in Deutschland unbegreiflich, wie lange und hartnäckig der Hälfte der Bevölkerung Mündigkeit in allen Belangen vorenthalten werden konnte. Bis in die 1960er Jahre galt ein Studium für Frauen als „unkonventionell". Geertje Suhr, die diese Zeit als Studentin in Deutschland und der Schweiz erlebt hat, schildert in ihren Romanen ihren Weg aus den vorgezeichneten Rollenmustern, ihre Sehnsüchte und Enttäuschungen. In diesen Emanzipationsprozeß ragt die große deutsche Gesamtschuld des Nationalsozialismus, die niemand bewältigen kann.

Bardowick, den 27. September 2017

Werner H. Preuß

Anmerkungen und Nachweise

1 Lucia Hacker: Schreibende Frauen um 1900. Rollen – Bilder – Gesten. Berlin: LIT Verlag, 2007, S. 133f.

Mathilde Lammers (1837–1905)

Mathilde Lammers

Porträt in einem anonymen Beitrag über sie aus einer unbekannten Zeit-
schrift, 1886 (oder 1887). Stadtarchiv Lüneburg, BS – VII – 67. Graphische
Bearbeitung: Werner H. Preuß

Einleitung

Mathilde Lammers wurde am 16. August 1837 als jüngstes von drei Kindern des Kaufmanns Hermann Walther Lammers und seiner Frau Charlotte Catharina, geb. Haroth, in Lüneburg geboren. Ihren Lebensweg schildert plastisch ein Lexikonartikel des Bremer Pädagogen und Historikers Alwin Lonke (1865–1947) aus dem Jahr 1912:

„Schon als Sechzehnjährige versuchte sie in Düsseldorf als Erzieherin ihre pädagogische Begabung praktisch zu betätigen, aber nach drei Wochen kehrte sie enttäuscht ins Elternhaus zurück. Darauf hat sie jedoch bis Ende 1857 im nahen Reinstorfer Pfarrhause fünf Kinder mit Erfolg unterrichtet. Bis Oktober 1858 galt es, daheim durch Stundengeben, Vorlesen und tüchtiges Zugreifen im Haushalte der Eltern zu helfen; dann ging es in die weite Welt: In Chaisy-le-Roi bei Paris wurde sie Lehrerin in einem Institute. Frühjahr 1860 folgte sie Eltern und Geschwistern nach Bremen, wo sie bis zu ihrem Tode […] die Hauptstätte ihrer Wirksamkeit finden sollte.

Nachdem sie das Töchterschul-Examen, ‚ohne ein einziges pädagogisches Werk gelesen zu haben‘, bestanden hatte, trat sie sofort in das Kollegium der höheren Mädchenschule von Professor Gräfe *[Heinrich Graefe, 1802–1868]* [ein]; im Juni übernahm die Anstalt A. M. Janson *[Johann August Martin Janson, 1816–1878]*, dem Mathilde L. bis zu seinem im November 1878 erfolgten Ableben eine treue Gehilfin war. Besonders der Nachfolgerin in der Schulleitung, der ältesten Tochter des Verstorbenen *[Ida Caroline Wilhelmine Janson, 1847–1923]*, war sie – zumal als Vorsteherin des Lehrerinnen-Seminars – eine überaus wertvolle, unentbehrliche

Stütze, bis sie sich 1895 nach fünfunddreißigjähriger, gesegneter Wirksamkeit ganz von der Schule zurückzog, um ausschließlich der Schriftstellerei und dem Vereinsleben sich widmen zu können.

Seit 1870 hatte sie bereits zu schriftstellern begonnen: ‚Berufsbildung der Frauen' erschien als ihre erste selbständige Arbeit im ‚Frauenanwalt'; 1877 folgte ihr Hauptwerk ‚Die Frau. Ihre Stellung und Aufgabe in Haus und Welt'; l883 ‚Volkskaffeehäuser', 1884 ‚Deutsche Lehrerinnen im Auslande'. Mit ihrem Bruder August gab sie den ‚Nordwest'[1] heraus; in ihm und auch als besondere Büchlein hat sie manche Erzählungen erscheinen lassen. Als Rednerin – besonders im Frauenerwerbsverein – trat sie häufig hervor, zuerst ebenfalls im Jahre 1870."[2]

Die ökonomische Eigenständigkeit der Frau zu fördern, war das Lebensthema von Mathilde Lammers. 1893 gab sie zu Bedenken: „Ob eine Zeit bevorsteht, wo jeder gesunde erwachsene Mensch nach freier Wahl ehelich werden oder ehelos bleiben kann: das ist jetzt noch völlig unübersehbar. Wir mögen noch so sehr betonen, daß es wünschenswert sei: jetzt haben wir mit der Tatsache zu rechnen, daß schon allein infolge des numerischen Verhältnisses der Geschlechter hunderttausende von Frauen keinen Mann bekommen können".[3] Sie wandte sich dagegen, „daß die herrschende Richtung in unserer jetzigen Erziehung des weiblichen Geschlechts *die Ehe* als naturnotwendigen, allein möglichen Abschluß der Mädchenjahre schlechthin voraussetzt, ohne auch nur den Schatten eines Gedankens an die Möglichkeit der Nichtverheiratung zu wenden, geschweige denn sich zu der Ansicht aufzuschwingen, daß auch die Glieder des weiblichen Geschlechts in erster Linie *Menschen* sind, – um ihrer selbst willen, und nicht als Geschöpfe zweiten Ranges, allein um eines anderen willen, geschaffen."[4] Die Ehe wird bloß formal „als lebenslängliche, gesetzliche Verbindung mit einem Manne angesehen, nicht nach der zweiten, bedeutungsvollen Seite hin, daß sie eine Schule der Vollkommenheit durch den engen Zusammenschluß mit anderen Menschen, durch eine gewiesene, wertvolle Lebensarbeit, durch ihre Beziehungen zum öffentlichen Leben ist."[5] Wie der Hausfrau wird auch der alleinwirtschaftenden Frau die volle Anerkennung und Gleichberechtigung versagt: „Die staatsbürgerlichen Rechte der Frauen sind in unserem Vaterlande bekanntlich schon seit Römerzeiten mit denen von Kindern und Idioten gleich! Wo es sich dagegen um *Pflichten* handelt, da betrachtet der Staat diejenigen Frauen, für die kein Mann eintritt, ohne weiteres als mündige Wesen. Sie müssen Steuern zahlen, so gut und so hoch wie Männer. Sie müssen polizeiliche Vorschriften, von denen sie betroffen werden, kennen und beachten, so gut wie Männer. [...] Jene besitzen nur *ein* Kapital, und sie haben die ganz sichere Aussicht, dies Kapital einmal zu verlieren: es ist ihre *Arbeitskraft*. Möchten sie diesen Besitz nicht unterschätzen!"[6] Ihre „wichtigste Mahnung an alle diejenigen, welche allein durchs Leben gehen, ist daher die: *Suche dir eine Lebensarbeit!* Das Leben ist köstlich, nicht wenn es in einer Ehe gelebt wird, sondern wenn es Mühe und Arbeit ist. Mühe und Arbeit: das heißt also nicht etwa bloß Beschäftigung, Zeitvertreib, Spiel und Vergnügen. Jeder Mensch, der zum Frieden kommen will, muß eine Stelle ausfüllen, die nicht leer bleiben darf. Er muß etwas schaffen, was der Welt dient und zum Segen gereicht!"[7] Wie es ihre Art war, spricht sie mit ruhigen, klaren Worten eine revolutionäre Einsicht aus, wenn sie erklärt, alleinstehende Frauen „müssen vieles entbehren, was nur das Leben in der Ehe und der Familie gewähren kann, aber darunter ist nichts zum Leben unbedingt Notwendiges, und es liegen auch manche Ausgleichungen für die bereit, die sich genügen lassen."[8] Das Lebenswerk von Mathilde Lammers war praktisch-reformierender Natur. Sie gab ihren Geschlechtsgenossinnen in vielen Fragen Unterweisung und Hilfestellung.

Ein Nachruf des Redakteurs der Lüneburgschen Anzeigen, Dr. Friedrich Corssen würdigt 1905 ihr Leben: „Am 28. August ist im Krankenhause zu Bremen nach einem an Anregungen und pädagogischen und sozialpolitischen Erfolgen reichen Leben im Alter von 68 Jahren Fräulein Mathilde Lammers an Herzschwäche infolge einer Operation gestorben. Die Heimgegangene war die treue Mithelferin ihres schon vor längeren Jahren aus seiner gemeinnützigen Wirksamkeit abberufenen älteren Bruders August Lammers,

mit dem zusammen sie seit dem Jahre 1878 die Wochenschrift ‚Nordwest' herausgab. Die Geschwister stammten aus Lüneburg. Das alte in seinen unteren Teilen umgebaute Haus der Großen Bäckerstraße mit der Figur des streitbaren Bäckers oben im Giebel, der sich in den heißen Kämpfen der St. Ursulanacht *[1371]* so hervorgetan haben soll, ist ihr Geburtshaus. […]

Das Elternhaus von Mathilde Lammers, Lüneburg, Große Bäckerstraße 2. Zeichnung von Ludwig Albrecht Gebhardi, 2. Hälfte des 18. Jahrhunderts. Graphische Bearbeitung: Werner H. Preuß

Und gerade heute, wo in dem Chor der Wortführerinnen der modernen Frauenbewegung so häßliche und widerwärtige Disharmonien ertönen, werden wir uns gern der alten Vorkämpferinnen erinnern und ihrer schlichten, graden, treuen Art, praktisch, ohne Pose und Prätentionen, gesund in ihrem innersten Kern. Zu ihnen gehörte Mathilde Lammers."⁹

Werke

Die Frau. Ihre Stellung und Aufgabe in Haus und Welt.
Leipzig: Veit, 1877; *Das lebendige Weihnachtsgeschenk.* Eine
Erzählung für Kinder von 10 bis 14 Jahren. Bremen 1878;
Volks-Kaffeehäuser. Rathschläge für ihre Einrichtung und
Bewirthschaftung. Bremen: Roussell, ca. 1883; *Deutsche Leh-
rerinnen im Auslande.* Berlin: Habel, 1884 (= Deutsche Zeit-
und Streitfragen. Flugschriften zur Kenntnis der Gegen-
wart. Herausgegeben von Franz von Holtzendorff, Bände
205–206); *Hausbackenes.* Bremen: Roussell, 1886; [Mehrere
Erzählungen. In:] *Nordwest-Geschichten.* Herausgegeben
von August Lammers. Bremen: Nordwest (Meierdierks),
1889; *Schmale Kost.* Volksbibliothek des Lahrer hinkenden
Boten. No. 704–706. Lahr: Moritz Schauenburg, 1889; *Der
Feierabend.* Neues Not- und Hilfsbüchlein. Volksbibliothek
des Lahrer hinkenden Boten. No. 727–729. Lahr: Moritz
Schauenburg, 1889.

Aufsätze

Berufsbildung der Frauen. In: Der Frauenanwalt. Organ
des Verbandes Deutscher Frauenbildungs-und Erwerbs-
vereine. Herausgegeben von Jenny Hirsch. 1. Jg. 1870/1871,
S. 236–242; *Allein durchs Leben.* Betrachtungen und Ratschläge. In: Die Frau. Monatsschrift für das gesamte Frauenleben unserer Zeit. Herausgegeben von Helene Lange. 1. Jg.
1893/1894, S. 36–38, 103–108, 178–181, 334–337, 404–410;
Zahlreiche weitere Zeitschriftenbeiträge unter anderem in
der Zeitschrift „Nordwest" sowie in: Die Lehrerin in Schule und Haus. Centralorgan für die Interessen der Lehrerinnen und Erzieherinnen im In- und Auslande. Herausgegeben von Marie Loeper-Housselle. 1. Jg. 1884/1885 – 23. Jg.
1906/1907.

Über die Autorin

Nachruf: Marie Loeper-Housselle: *Mathilde Lammers †.*
In: Die Lehrerin in Schule und Haus. 22. Jg. 1905/1906,
S. 185–189

Anmerkungen und Nachweise

1 Nordwest. Gemeinnützig-unterhaltende Wochenschrift für das öffentliche Leben des nordwestlichen Deutschland. Bremen [u.a.]. 1. Jg. 1878,
Jan. – 15. Jg. 1892; Nordwest. Monatsschrift für Gemeinnützigkeit und
Unterhaltung. Sprechsaal für alle Tages- und Lebensfragen. Begründet
von August und Mathilde Lammers, fortgesetzt durch Wilhelm Bode.
16. Jg. 1893; Gemeinnützige Rundschau Nordwest. Begründet [...]
fortgesetzt durch Eberhard Cronemeyer. Bremerhaven: Mocker. 17. Jg.
1894 – 18. Jg. 1895 [?]

2 A. Lonke: Mathilde Lammers. In: Bremische Biographie des neunzehnten Jahrhunderts. Herausgegeben von der Historischen Gesellschaft des
Künstlervereins. Bremen 1912, S. 278f.

3 Allein durchs Leben. Betrachtungen und Ratschläge. In: Die Frau.
Monatsschrift für das gesamte Frauenleben unserer Zeit. Herausgegeben
von Helene Lange. 1. Jg. 1893/1894, S. 36–38, 103–108, 178–181, 334–337,
404–410, hier S. 36

4 Reform der Mädchenbildung. In: Die Lehrerin in Schule und Haus., 4. Jg.
1887/1888, 8. Heft, S. 225–228, hier S. 225

5 Allein durchs Leben. Betrachtungen und Ratschläge, a.a.O., S. 36

6 Allein durchs Leben. Betrachtungen und Ratschläge, a.a.O., S. 103 und
106

7 Allein durchs Leben. Betrachtungen und Ratschläge, a.a.O., S. 37

8 Allein durchs Leben. Betrachtungen und Ratschläge, a.a.O., S. 38

9 Friedrich Corssen: Lokales. In: Lüneburgsche Anzeigen, Nr. 204, 31. August 1905. Andere Quellen nennen als Sterbedatum auch den 27. oder 29.
August 1905.

Werke

Hausbackenes

Man sammelt sich seine Ideale bekanntlich in der Jugend, und an ihnen mißt man die Menschen und Dinge, die einem im späteren Leben begegnen. Meine Jugend gehörte der Zeit an, in welcher das bürgerliche deutsche Haus der vornehmste Gewerbtreibende des Landes war. Was immer im Hause geschaffen und bereitet werden konnte, das durfte nicht gekauft noch für Geld gemacht werden. Nur das Garn, das im Hause gesponnen war, galt für haltbar, nur das Brot, das im Hause gebacken war, für nahrhaft. Seitdem ist das Zeitenrad gewaltig umgeschwungen; statt um die schnurrende Spindel den Faden zu drehen, bestellen unsere Hausfrauen die fertige Aussteuer in der Weißwarenhandlung und kaufen nicht bloß das fertige Brot beim Bäcker, sondern lassen sich nicht selten das fertige Mittagessen vom Koch schicken. Die Worte „selbstgesponnen", „selbstgewebt", „selbstgemacht" haben seitdem ihren stolzen Klang eingebüßt. Dem Wörtlein „hausbacken" ist es noch übler ergangen, denn es gilt nur noch als Aufschrift für Dinge, denen die zierliche, prunkende Außenseite der für den Verkauf berechneten fehlt, die weder für besonders neu, noch besonders spottwohlfeil, noch besonders ästhetisch oder stilvoll gelten. Wenn ich für die nachfolgende Sammlung von Aufsätzen verschiedenen Inhalts den Titel „Hausbackenes" gewählt habe, so geschah das in der Überzeugung, daß sie nur solchen Lesern munden und bekommen werden, die nicht erst durch kunstvolle Zurichtung angelockt werden wollen und die der Würze neumodischer Zutaten

entbehren können. Von ihrem hausbackenen Brot wußte
die Hausfrau dazumal, daß sie nur Mehl und Wasser, Sau-
erteig und ein wenig Salz dazu genommen hatte; mit einer Verlängerung durch Schwerspat und Gips und andere
unverdauliche Dinge belastete sie den Magen der Ihrigen
nicht. Im Hause bereitet und für den häuslichen Verbrauch
bestimmt sind die nachfolgenden Aufzeichnungen auch,
sie geizen nach keinem höheren Lobe, als daß die freundlichen Leser und Leserinnen sie für eine gesunde, unver-
fälschte und nahrhafte Speise erklären. *[gekürzt]*

Mathilde Lammers: Vorwort. In: Hausbackenes. Bremen: Verlag
C. A. Roussell 1886, ohne Seitenzahl

Kinderzeit im Lüneburger Biedermeier

In unserer Kinderzeit verstand es sich noch nicht von
selbst, daß jeder gebildete Mensch wenigstens einmal im
Jahre zur Erholung ins Bad, in die Sommerfrische oder außer Landes ging. Erstlich hätten das nur wenigen Leuten
ihre Mittel erlaubt. Auch war auf diesen Wegen nur ein
sehr gemischtes Vergnügen zu holen. Und sodann arbeitete
man vor der Dampfzeit noch nicht so mit Hochdruck, daß
alljährlich eine ganz besondere Ausspannung nötig gewesen wäre. Es mag unter den modernen Nomaden einzelne
geben, welche auch jetzt noch diese drei Gründe auf sich
anwenden und daher füglich zu Hause bleiben könnten.
Aber sie folgen dem allgemeinen Strom, wie wir um die
Mitte unseres Jahrhunderts herum auch taten, indem wir
fein zu Hause blieben und unser Sommervergnügen in
einer billigen Volksausgabe mit Holzschnitten auf Lösch-
papier anschafften, anstatt der Luxusausgabe in Saffian
[Maroquin, feiner Ledereinband] mit Kupferstichen, die man im
Besuchszimmer auslegt, um Freunde und Gäste zu unterhalten.
   Indessen es blättert der eine und der andere vielleicht
einmal in der Volksausgabe: jener um die eigenen Erinne-

rungen dabei wach werden zu lassen, dieser, der sich nicht mehr aus eigener Anschauung eine Welt ohne Eisenbahnen vorstellen kann, um zu erfahren, wie denn das ihm zunächst voraufgegangene Geschlecht eigentlich lebte, dessen Ansichten, Sitten und Gewohnheiten denjenigen längst vergangener Jahrhunderte in vielen Punkten weit ähnlicher sind, als denen die sie unmittelbar abgelöst haben. Sehen wir uns einmal ein solches Holzschnittbildchen an.

Wir wohnten in einem großen uralten steinernen Hause mit unendlich viel Gelaß nicht nur an regelrechten Stuben und Kammern, sondern an Gängen, Verschlägen, Boden- und Kellerräumen, mit Waschhaus und Eiskeller, Torfstall und Holzboden, mit einem Laden und Kontor, in denen verkauft, und mit einer Fabrik, in der längst nichts mehr fabriziert wurde. Da es in einer der breitesten Straßen der sonst eng und winkelig gebauten, von Festungswerken eingeengten Stadt lag, so hatte es vor vielen Häusern den Vorzug, nicht bloß im Hochsommer von der Sonne beschienen zu werden. Indessen auf den kleinen steingepflasterten Hof, den es von allen vier Seiten umgab, drangen doch nicht allzu viele von ihren Strahlen, und die Versuche, die unsere das Grüne liebende Mutter dort mit Anpflanzungen machte, hatten nicht grade glänzenden Erfolg. Die nach Osten sehende Mauer des zweistöckigen Hinterhauses verbarg sich freilich allsommerlich hinter einem dichten Mantel von großblättrigem wildem Wein, mit welchem der davorstehende immer plätschernde Röhrbrunnen und das zum Trocknen hoch aufgeschichtete grobgespaltene Buchenholz ein hübsches Stillleben bildete. Aber das in der sonnigsten Ecke improvisierte Gärtchen hatte in der Tat, wie unser immer zum Necken aufgelegter Großvater meinte, kaum einen anderen Vorzug als den der Höhe. Man mußte den Kopf schon in den Nacken legen, wenn man das Himmelsgewölbe über ihm erblicken wollte. Mit vieler Mühe hatte die Mutter dort Pflastersteine entfernt, mit der Feuerschaufel die harte Erde ein wenig aufgelockert und allerlei süßriechende altmodische Blumen gepflanzt: Goldlack, der jetzt wieder Mode geworden ist, Pechnelken und Karthäusernelken, Lavendel und Krausemünze, Salbei und Akeley. Aber das wollte in dem mageren Boden nicht so recht gedeihen, und die zu Rate gezogenen ländlichen Sachverständigen – nicht etwa gelernte Kunst- und Landschaftsgärtner, so hoch verstiegen wir uns nicht! – schüttelten auch nur bedenklich die Köpfe und brachten gelegentlich einen und den andern frischen Pflänzling mit, ohne eine gründliche Kur vorschlagen zu können. Bei ihnen draußen gedieh das alles und wucherte in üppigster Fülle, was in dem Winkel des engen Hofes dahinsiechte, und doch waren sie sich auch keiner besonderen Künste bewußt, die sie an den „Blomengaren" vor ihrem Hause gewendet hätten: da wuchs ziemlich alles von selbst und lieferte die herrlichsten „Rükelbüsche", die man damals den Stadtleuten noch zum Geschenk machte, anstatt sie als Handelsartikel auf dem Markte feilzubieten.

Ein herrlicher Spielplatz war der Hof mit den Hintergebäuden für uns zu allen Zeiten, ob man nun träumerisch allein oben auf dem Holzhaufen oder in der Schaukel saß und dem Plätschern des Brunnens, dem Gurren von des Nachbars Tauben hoch auf dem Dach zuhörte, oder ob sich an freien Nachmittagen alle Kinder des Hauses, eigene und fremde und noch etliche Gespielen dazu, einfanden, um Räuber und Soldaten, Verstecken und Kriegen zu spielen. Wie das bunt und lustig durcheinander wirbelte, Knaben und Mädchen, große und kleine! August kommandierte, Karl machte Witze, der gutmütige Heinrich Geyer, der das Pulver nicht erfunden hatte, wurde gehänselt, aber es ging immer in schönster Eintracht ab, denn obgleich, oder weil? uns niemand beaufsichtigte und anleitete, wußten wir, daß wir mit einander fertig werden mußten, und wußten ebenso sicher, daß wirklicher Unfug von unserem Hausregiment nicht geduldet wurde, soviel Freude auch die Eltern an jedem harmlosen Vergnügen von uns Kindern hatten. Der Hof stand uns auch immer zur Verfügung, außer wenn er voll Wäsche hing, und selbst im Winter war es dort schön. Damals lag im Winter der Schnee noch wochen- und monatelang, anstatt wie jetzt ein paarmal zwischen November und März des Nachts zu fallen und bis zum nächsten Mittag wieder wegzutauen. Man konnte sich „klütern", zu zweien oder im regelrechten Parteigefecht, und Schneemänner bauen und in der Ecke eine „Glitsche" anlegen. War es aber gar zu bitterlich kalt, oder war der kurze Tag zu Ende, dann half die große hohe Hausdiele als Tummelplatz trefflich aus, und ein himmlischeres Vergnügen als bei dem Dämmerlicht der hoch von der Decke herabhängenden Hauslaterne Blindekuh zu spielen, war gar nicht denkbar. Allein von den Winterfreuden will ich diesmal nicht weiter berichten, das Verzeichnis würde zu lang werden.

So wundervoll wir uns nun auch in Haus und Hof zu belustigen verstanden: wenn die liebe Sonne so recht aus allen Löchern schien und ein würziger Lufthauch sich selbst bis in die alten Steinmauern hineinschmeichelte, dann lockte es doch unwiderstehlich ins Freie, und diesen gottgesegneten Trieb unterstützten unsere guten und weisen Eltern in jeder ihnen möglichen Art. Spaziergänge auf den mit Linden und Kastanien beschatteten hohen Wällen oder zwischen Gärten und Feldern durch nach dem alten Klosterdörfchen *[Lüne]* oder um die geheimnisvollen rauchgeschwärzten Mauern der Saline herum gab es fast täglich. Im Stillen teilten wir Kinder freilich nach Kinderart wohl Eduard's Ansicht, der erst vorsichtig zu fragen pflegte: Gehen wir auch nach wohin? – denn sonst blieb er lieber zu Hause. Ein- oder zweimal die Woche, Sonntags in der Regel, ging es denn auch „nach wohin"; dann wurde gleich nach Tische Proviant eingepackt und die Wanderung nach irgend einem ländlichen Wirtshause oder einer Försterei angetreten, wie sie in den zahlreichen Holzungen der Umgegend so hübsch im Schatten dunkler Kiefern oder silberstämmiger Buchen versteckt liegen. Einmal im Jahre aber, das war die Regel, besuchten wir unsere Bardowickerin, und das war dann ein ganz besonderer Festtag.

„Unsere Bardowickerin" war eine von jenen Sachverständigen, deren ich oben in Beziehung auf unser Gärtchen gedacht habe. Sie hieß Frau Schwarzen und war eine klei-

ne hagere Frau mit einem roten Gesicht und einer Dulder-
miene. Daß die Farbe ihres Antlitzes nicht vom Trunk her-
rührte, das stand fest: ich dachte mir, sie käme wohl von
der landesüblichen Gewohnheit, den schweren Korb mit
Gemüse, Obst, Butter und Eiern auf dem Kopfe zu tragen,
denn die alte Frau Hövermann, die immer die häßlichen
Aale in einem mit Sand gefüllten Napfe brachte, war ebenso rot angelaufen, und Frau Beisnigen, die Milchfrau aus
der Vorstadt, erst recht. Was Mutter Schwarzen an Farbe
zuviel hatte, das hatte ihre jüngste Tochter Lehnken zu wenig; die sah ganz käsebleich aus, als wäre sie ein richtiges
Stadtfräulein gewesen; die älteste, Lieschen, dagegen hielt
grade die rechte Mitte und war eine so dralle schmucke
Bauerndirne, wie man nur immer an einem Sommertage
sehen kann. Es gab natürlich auch einen Vater Schwarz,
aber der kam selten zu Gesicht, und war für mich eine Art
naturgeschichtlicher Merkwürdigkeit, so daß ich mir von
der ganzen Familie sein echt niedersächsisches, gutmütig-
pfiffiges Antlitz noch am deutlichsten vorstellen kann, obgleich ich ihn am seltensten gesehen habe. Er trug nämlich
große dicke silberne Ohrringe, und die Sage ging, daß er ein
Tischler sei, was mir für einen ordentlichen Bauern, der auf
dem Dorfe wohnte und nur plattdeutsch sprach, so wider-
sinnig erschien, als wenn etwa jemand Soldat und Pastor
zugleich sein wollte. Aber als er für unser Haus erst einen
handfesten Klapptisch und dann sogar einen kunstgerech-
ten Schreibschrank von poliertem Holz mit einer Galerie
gemacht hatte, da mußte ich es wohl glauben. Hausfleiß
gab es also zu jener Zeit schon, oder noch. *[gekürzt]*

*Mathilde Lammers: Ein Sommervergnügen vor vierzig Jahren.
In: Hausbackenes. Bremen: Verlag C. A. Roussell 1886, S. 1–12,
hier 1–6. Der vollständige Text ist nachgedruckt: Ein Lüneburger
Sommervergnügen vor 80 Jahren. In: Lüneburgsche Anzeigen,
Sonntagsbeilage Erika, 20. 3. 1927, S. 90–94. Der zweite Teil der
Erinnerung ist außerdem publiziert: Ein Lüneburger Sommer-
vergnügen im Biedermeier. In: Werner H. Preuß (Hrsg.): Bardo-
wick und seine Menschen. Bardowick: Almáriom, 2014, S. 73–77*

Tante Ansbacher's Vermächtnis

Trotz aller gehäuften Eisenbahn-Verbindungen, teilweise vielleicht sogar wegen ihrer, kann es vorkommen, daß man jahrelang einen verhältnismäßig nahe gelegenen, ein besonderes Interesse in Anspruch nehmenden Ort nicht berührt: eben weil der Gelegenheiten und Veranlassungen zum Reisen soviele sind. Vor dreißig Jahren war ich aus meiner Vaterstadt ausgewandert, und obgleich der Landesteil, in welchem ich mich schließlich nach längerem Verweilen in der Ferne niederließ, mit der Provinz meiner Heimat zusammengrenzt, war doch nie ein hinreichend mächtiger Anstoß von außen gekommen, um das je und dann gefühlte Verlangen, den Schauplatz meiner Lebensanfänge wiederzusehen, zur Tat werden zu lassen. Da verschaffte mir vor einigen Jahren ein Bade-Aufenthalt die Bekanntschaft des jetzt regierenden Bürgermeisters *[Otto Lauenstein (1829–1902), Lüneburger Oberbürgermeister von 1880 – 1894]* meiner alten Heimat, eines gemeinnützig angehauchten Mannes, mit dem ich bald eine Menge Berührungspunkte in Gegenwart und Vergangenheit fand: diese in den Menschen und Dingen, welche die Umgebung meiner Kinderjahre gebildet hatten, jene in allerlei

Oberbürgermeister Otto Lauenstein, nach einer Photographie porträtiert von Hans Boy-Schmidt, 1937. Rathaus Lüneburg

menschenfreundlichem Werk, an dem die Neuzeit so reich ist. Er hatte die damals noch neue Idee der Sommerfrischen für arme schwächliche Stadtkinder mit Begeisterung erfaßt, hoffte sie für das kommende Jahr in seinem Bezirk verwirklichen zu können, und war erfreut, aus den an meinem jetzigen Wohnort bereits gemachten Erfahrungen von der Sache, über die ich ihm Auskunft geben konnte, mancherlei brauchbare Fingerzeige für die selbstgestellte schöne Aufgabe zu entnehmen. Wir wechselten später etliche Briefe und Schriftstücke über den Gegenstand, und als im Laufe des folgenden Winters eine größere Reise mich in die Richtung meiner alten Heimat führte, lud er mich zu einem mehrtägigen Besuch ein, einmal damit ich, wie er sich ausdrückte, gleich dem Riesen Antäus aus der Berührung des mütterlichen Bodens neue Kraft gewänne, sodann damit ich ihm „wühlen" und bei den alten Freunden und Bekannten, die ich nach dreißig Jahren etwa noch vorfände, um Mittel und Kräfte für sein Unternehmen werben helfen möchte. Denn ein unvermutetes freudiges Wiedersehen, behauptete er, mache die Herzen weich und mitteilsam.

Für mich war nun allerdings das Wiedersehen ebenso wenig ungemischt freudig wie unvermutet. Die Landschaft, durch welche der letzte Teil der Bahnlinie ging, sah sich noch ähnlich, nur waldreicher schien sie mir geworden zu sein. Aber je näher wir der Stadt kamen, desto weniger konnte ich mich zurechtfinden. Wo vor dreißig Jahren Feld und Wiese gewesen, kreuzten sich jetzt fertige und angefangene Straßenzüge; uralte Gärten, einst der Besitz wohlhabender Familien, waren verschwunden, prunkende Vergnügungs-Anlagen, verräucherte Fabrikgebäude mit turmhohen Schornsteinen an ihre Stelle getreten. Eine einzige Eisenbahn, auf deren Eröffnung ich mich noch sehr gut besinnen konnte, denn sie wirkte ihrer Zeit wie ein Weltwunder, hatte, als ich fortging, unsere Stadt mit anderen Städten verbunden: jetzt kreuzten sich Schienenstränge und Bahndämme in allen Richtungen. Ein „Berg" im Südwesten der Stadt, auf den wir Bewohner der Ebene immer so stolz gewesen waren, wenn er auch unter der Grenze des ewigen Schnees noch ein ziemliches Stückchen zurückblieb, mußte inzwischen von seiner ei-

Gewaltige Erdbewegungen beim Ausheben des neuen Lösegrabens verändern die Landschaft einschneidend. Sie wurden für den Bau der Bahnlinie Wittenberge – Buchholz (1872– 1874) notwendig. Foto: Raphael Peters. Museum Lüneburg

genen Schwere in den Erdboden hinabgedrückt sein, denn ich sah mir vergebens die Augen nach ihm aus. Sogar der Fluß, der in drei Armen die Stadt umschlungen gehalten, war nicht mehr an der alten Stelle zu finden; man hatte ihn abgeleitet, um Raum für einen Bahnhof zu gewinnen, und an einer anderen Stelle überbrückt. Erst als ich mit meinem Gastfreund in die innere Stadt hineinkam, fand ich ein wenig das alte Gesicht wieder: die mittelalterlichen Kirchen und andere öffentliche Gebäude, die engen, gewundenen Straßen, die dunklen Giebelhäuser mit der eigentümlichen Backstein-Gotik, freilich mit viel zahlreicheren und viel geschmackloseren Neubauten durchsetzt. Das alte Patrizierhaus am Markte, in welchem der Bürgermeister wohnte *[Otto Lauenstein war in der Heiligengeiststraße 30 zu Hause; sein Vorgänger Ludolph Ulrich Fromme wohnte dagegen im „Heine-Haus" Am Markt 1]*, heimelte mich gleichfalls an, obwohl ich es als Kind nie betreten hatte: das war die hohe geräumige Hausdiele mit den festgefügten Schränken von dunklem Eichenholz, das waren die großen, aber etwas

gedrückten und dämmerigen Zimmer, die langen Gänge,
die Treppen und Treppchen, die lauschigen Ecken und
Winkel, die ganze anscheinend launische, planlose und
doch so gemütliche Bauart, wie sie vor dem Dreißigjäh-
rigen Kriege das bürgerliche Heimwesen gestaltet hatte,
und wie sie mir aus dem Vaterhause wohlvertraut in der
Erinnerung stand.

Der Bürgermeister war ein Stadtfremder; als junger
Rechtsgelehrter vor zwanzig Jahren eingewandert, hatte er in kurzer Zeit die höchste Stufe erklommen, welche
ihm das Vertrauen seiner Mitbürger in dem städtischen
Gemeinwesen geben konnte. Durch seine Frau, welche er
sich aus einem der wenigen noch erhaltenen altreichsstäd-
tischen Patriziergeschlechter gewählt hatte, war er indessen auch bald in die eingesessenen Kreise eingeführt und
so mit den feineren und verdeckteren Beziehungen, den
Spaltungen, Parteiungen und Verbrüderungen, den alten
Geschichten und hergebrachten Meinungen vertraut geworden, an welchen ein so lange Jahrhunderte bestehen-
des Gemeinwesen, sei es noch so klein, nicht minder reich
ist als ein Wassertropfen an Lebewesen.

Natürlich kam bei unserem ersten abendlichen Beisam-
mensein die Rede bald auf die Veranlassung, welche mich
hergeführt. Indem meine gütigen Wirte mir behilflich
waren, eine Liste derjenigen alten Freunde und Bekannte aufzustellen, welche ich noch wiederzufinden hoffen
konnte – es waren ihrer nur allzu viele teils gestorben, teils
verdorben, teils gleich mir vor längerer oder kürzerer Zeit
ausgewandert –, machten sie mich zugleich aufmerksam,
wo ich erwarten dürfte, für eine so neumodische Idee wie
die, welcher der Bürgermeister Eingang zu verschaffen
wünschte, Verständnis und Anklang zu finden.

Vor allen Dingen müssen Sie zu Fräulein Mertens gehen,
sagte er. Die ist anderen Damen ihres Alters – entschuldi-
gen Sie, daß ich eine Anspielung auf das Alter einer sonst

unbescholtenen Dame mache! – in der Kultur voraus, hat
viel Geld, und gibt auch gern etwas her, wenn man sie
überzeugen kann, daß es nützlich angewendet ist.

Was freilich manchmal etwas schwer hält! seufzte die
Frau Bürgermeisterin.

Meine Frau nämlich, sagte der Bürgermeister mit einem
schalkhaften Seitenblick zu mir, ist übel bei ihr angekommen, als sie neulich für einen Verein zur Beschaffung wol-
lenen Unterzeuges für arme Studierende der Theologie
sammeln wollte.

Ach Ludwig! sagte seine Frau mit jenem besonderen
wehmütigen Ton, der da ausdrückt, daß der Sprechen-
de trotz langjähriger Gewohnheit geneckt zu werden die
Neckerei doch noch immer nicht verstehen gelernt hat. Es
war doch nur für den armen jungen Pieper, der eine so
zarte Gesundheit hat und so ungeheure Anstrengungen
macht, um durchs Examen zu kommen.

Ganz recht, mein Schatz, lachte der Bürgermeister, und
da war besagtes Fräulein Mertens grausam genug zu sagen, wenn der junge Mensch weder Geld noch Körper-
noch Geistes-Kräfte zum Studieren habe, so hätte er lieber
wie sein Vater ein ehrsamer Schuster werden sollen, anstatt ein Geistlicher.

Was für ein Fräulein Mertens ist das denn? fragte ich;
eine Tochter von dem Kanzleirat, der draußen in der Allee
vor dem Roten Tore wohnte?

Freilich, die älteste von den vier Schwestern, von denen
die jüngste anfing die Bälle unsicher zu machen, als ich
hierherkam, versetzte der Bürgermeister. Haben Sie die
schöne Adelgunde nicht mehr gekannt?

Ich bin mit den beiden ältesten in die Schule gegangen,
habe aber nicht viel mit ihnen verkehrt; der jüngeren erinnere ich mich nicht. Aber ich dächte, es wäre bei Kanzleirat Mertens immer so knapp hergegangen; wenigstens
sagte die Fabel, daß bei ihnen aus Heringsgräten Bouillon
gekocht würde, und daß die Wintermäntel der Töchter
in den abgelegten Kleidröcken des Vaters ihren Daseins-
grund hätten. – Sehen Sie, wie unauslöschlich solche Ju-

genderinnerungen sind, setzte ich lachend hinzu; das fällt mir jetzt wieder ein, obgleich ich seit dreißig Jahren nicht den Schatten eines Gedankens an die Vermögensumstände der Familie Mertens gewandt habe. Woher hat denn das älteste Fräulein Mertens: Doris hieß sie ja, soviel Geld?

Das mit der Bouillon mag schon seine Richtigkeit gehabt haben, erwiderte der Bürgermeister; die Toilettenfragen wurden aber jedenfalls auf anderem Wege gelöst, als die beiden jüngsten Töchter, die Kinder der zweiten Frau herangewachsen waren und in die Gesellschaft eingeführt wurden. Zu Anfang jedes Winters, wenn die Bälle begannen, bemerkten wir jungen Leute mit Wehmut, wie die Gesichter der Erwählten unseres Herzens einen gelblichen Schimmer annahmen ob der wahrhaft blendenden Toiletten, in welchen die beiden Fräulein Mertens auftraten. Ich besitze einen so vortrefflichen Charakter, daß ich den Gefühlen, die meine liebe Frau damals schon in mir erweckt hatte, keinen Augenblick untreu geworden bin, aber von meinem Busenfreunde Hans Kolbe, der zu jener Zeit als Secondleutnant die dicke Emma Hallberg umschwärmte, weiß ich doch noch genau, daß er mich an einem Ballabend in der Harmonie beiseite zog und mit dem Tone tiefsten Empfindens sagte: Famose Person, diese Adelgunde! Wie ihr die maisgelbe Seide bei den schwarzen Haaren steht! Ob der Alte wohl ebenso viel vor sich gebracht hat wie der alte Hallberg? Kannst du das nicht erfahren, Schweppe? – Schweppe war nämlich mein Burschenname.

Beneidet habe ich Adelgunde und Helene Mertens nie, das sagt mein Mann nur so, mischte sich jetzt die Frau Bürgermeisterin ein; aber das war uns allen ein Rätsel, wie für die jüngeren Töchter solcher Aufwand gemacht werden konnte, während die älteren für Geld arbeiten mußten. Vermögen hatte doch die zweite Frau so wenig wie die erste.

Nein, was an Vermögen da ist, fügte der Bürgermeister hinzu, – und es soll nicht unerheblich sein, das kommt, wie man sich seiner Zeit erzählte, von einer Verwandten des Kanzleirats her. Warum aber die beiden ältesten

Töchter viel, und die beiden jüngsten, die der Erblasserin doch schließlich ebenso nahe standen, nichts erhalten haben, das entzieht sich der öffentlichen Kunde, und mit all' den darüber umlaufenden, zum Teil sehr tollen Gerüchten will ich Sie verschonen. Vielleicht geht dem alten Fräulein Mertens, vor der ich übrigens in der Tat die größte Hochachtung habe, beim Anblick einer Jugendbekannten das Herz auf, und sie weiht Sie in die verschlungenen Pfade ihrer Familiengeschichte ein. Wollen Sie mir dann als geschworenem Vater der Stadt unter dem Siegel der tiefsten Verschwiegenheit Mitteilung davon machen, so kann ich möglicherweise die Stadtchronik um ein lehrreiches Kapitel erweitern.

Anderen Tages trat ich denn meine Wanderung an und dachte dabei auf Schritt und Tritt, so müsse einem Gestorbenen zu Mute sein, der nach vielen Jahren einmal auf diese alte Erde zurückkehren dürfte. Das Uraltbekannte, das immer, weil es in die unbewußten Anfänge des Daseins zurückreicht, den Eindruck erweckt, als sei es das Eigentlich-Berechtigte und Natürliche, alles andere nur eine Abweichung von der Regel, steckte überall eingeschachtelt in dem Neugewordenen. Die Leute sprachen noch so wie früher, und sahen auch, im ganzen betrachtet, noch so aus wie früher; aber was hatten dreißig Jahre aus jedem Einzelnen, den ich von früher her kannte, gemacht! Rüstige Frauen waren alte Mütterchen geworden; ein paar Männer, die ich als Schüler und Studenten, als schmächtige Jünglinge mit der Fülle der Locken gekannt, wandelten in Amt und Würden, mit mächtigem Leibesumfang und ehrwürdig kahlem Schädel einher; die Väter und Mütter der jetzt blühenden Jugend waren Kinder gewesen, als ich die Stadt verließ. Den Weg zu Fräulein Mertens Wohnung fand ich leicht; die Wohnung selbst war ein ganz neues, blitzblankes, von einem Garten umgebenes kleines Haus in einer ganz neuen Straße, statt der zwei Stübchen nebst Küche, eine Treppe hoch in irgendeinem weitläufigen alten Hause der inneren Stadt, in welchen man sonst die alten Jungfern

Mathilde Lammers. Porträt nach: Das Goldene Buch des Deutschen Volkes an der Jahrhundertwende. [...] Leipzig: J. J. Weber, o. J. (1899). Graphische Bearbeitung: Werner H. Preuß

seiner Bekanntschaft zu suchen gewohnt war.

Daß ich selbst die Bezeichnung: altgeworden! deutlich an der Stirn trug, wurde mir sofort klar, als das Dienstmädchen mich nach vorheriger Anmeldung durch Karte in das äußerst behagliche Zimmer führte, wo Fräulein Mertens mich empfing. Aber ihre anfangs fragenden und verwunderten Blicke wurden warm und freundlich über den schnell herbeigerufenen Erinnerungen aus der gemeinschaftlichen Schulzeit; ja, wir vertieften uns so in dieses Gespräch, daß die Zeit eines anständigen Morgenbesuches längst abgelaufen war, ehe ich mich dem eigentlichen Zweck des meinigen, dem Anschlag auf Fräulein Mertens Geldbeutel, auch nur genähert hatte. Der Ton der Uhr, der mich zugleich an die hier noch in allen Häusern festgehaltene kleinbürgerliche Eßstunde erinnerte, schreckte mich auf; aber Fräulein Mertens faßte meine Hand und sagte: Wissen Sie was? Ich habe noch nicht die Hälfte von dem erfahren, was ich von Ihnen alles wissen möchte; machen Sie sich auf morgen Abend frei, da geht der Bürgermeister überdies zum Kegeln nach Wellholz' Garten und seine Frau hat ihr Kränzchen; schenken Sie mir ein paar Stündchen; ich glaube, wir werden uns noch über manche andere Dinge als über gemeinsame Jugendeindrücke verständigen.

Der Abend hielt reichlich, was der Morgen versprochen hatte. Fräulein Mertens erwies sich als eine gründlich gebildete, lebenserfahrene Frau, die über vieles nachgedacht hatte, was den Frauen ihrer Umgebung fernlag, und die offenbar die Verpflichtung fühlte, mit den ihr anvertrauten Mitteln möglichst viel Gutes zu stiften. Sie hatte über die sogenannten Ferienkolonien bereits manches gelesen und freute sich zu hören, daß der Bürgermeister die Sache in Angriff nehmen wolle; ihre tatkräftige Mithilfe war also bereits gewonnen, ohne daß ich einen Hebel anzusetzen brauchte. Auch der zweite, geheime Zweck meiner Sendung wurde ohne mein Zutun erfüllt. Es machte sich von selbst, daß wir uns in Umrissen, wie die eigenen, so auch die Schicksale unserer Familienglieder mitteilten, und so erfuhr ich denn auch, augenscheinlich ohne daß Fräulein Mertens irgend eine Zurückhaltung dabei zu überwinden gehabt hätte, die Geschichte von dem Ursprung ihres Wohlstandes.

Mein Vater, sagte sie, war nicht allein für seine immerhin starke Familie knapp besoldet, er steckte auch noch von seinen Universitätsjahren her in Schulden, und bei der fortwährenden Kränklichkeit seiner ersten Frau, meiner rechten Mutter, verschlang der Haushalt mehr als gut war. Seine Hoffnung stand auf der Unterstützung einer reichen Base, die in ihren jungen Jahren nach den Vereinigten Staaten gegangen war, sich dort in verschiedenen Erwerbszweigen versucht, ein kleines Vermögen gesammelt und schon in vorgerückten Jahren einen reichen Fabrikanten in Boston geheiratet hatte. Als kinderlose Witwe war sie nach Europa zurückgekehrt und lebte sehr angenehm in Hamburg, stärker vielleicht als ich es für richtig halten würde, dem Grundsatz huldigend, daß man sein Vermögen vor allen Dingen zum eigenen Gebrauch habe, aber doch auch mitteilsam bei guter Gelegenheit und wenn ihr die Sache der Unterstützung wert schien. Für die Ausbildung meiner drei Brüder zum Beispiel, die uns Schwestern im Alter vorangingen, hat sie namhafte Summen hergege-

ben. Aber zu einem jährlichen Zuschuß zu den Kosten des
Haushalts, worauf der Vater öfter hinzuarbeiten versuchte, wollte sie sich nie verstehen. Wer ein festes, sicheres
Einkommen hat wie ein Staatsdiener, sagte sie, der muß
damit auf alle Fälle auskommen; daß ich helfen kann, den
Jungen durch eine gute Erziehung eine bessere Lebensstellung zu schaffen, hat damit nichts zu tun. Der Vater aber,
und besonders unsere zweite Mutter rechneten umso eifri-
ger auf die Erbschaft: wenn Taute Ansbacher einmal stirbt,
dann können wir dies und das – so wurde uns nicht selten
zum Troste gesagt, wenn uns die notwendigen Einschrän-
kungen drückten. Schön war das nicht, wenn sie uns auch
persönlich nicht grade nahe stand; aber in dem täglichen
Kampfe mit dringenden Nahrungssorgen leiden die edle-
ren und feineren Gefühle leicht Schiffbruch.

Nun, sie starb wirklich, als ich grade zwanzig Jahre alt
geworden war, und Sie können Sich denken, mit welcher
Spannung wir den Vater zum Begräbnis und zur Testa-
ments-Eröffnung nach Hamburg abreisen sahen. Waren
wir nun plötzlich reiche Leute wie Fabrikant Ecker und
der alte General von Siebleben, die sich Wagen und Pferde hielten und sich alles kaufen konnten, wozu sie Lust
hatten? Die kleinen Schwestern, die noch zur Schule gingen, dachten sich schon förmliche Wunschzettel aus wie
vor Weihnachten, nur viel ausschweifender, und auch
zwischen uns beiden ältesten konnte es nicht fehlen, daß
in der Verschwiegenheit unseres gemeinsamen Kämmer-
leins die Frage erörtert wurde, was wir mit dem uns zu-
fallenden Teil des vielen Geldes wohl anfangen könnten.
Ich weiß nicht, ob Sie sich meiner Schwester Sophie noch
erinnern? Sie war ein recht ansehnliches und ein sehr be-
gabtes Mädchen, ein Bücherwurm, wie die Mutter immer
mit Achselzucken von ihr sagte; nichts bedauerte sie mehr,
als daß sie nicht ein Junge geworden war und studieren
konnte. Während ich an dem Abend, der des Vaters Rück-
kehr vorausging, allerlei Vermutungen darüber aufstellte,
ob die Tante Ansbacher uns wohl überhaupt bedacht und
ob sie uns Mädchen wohl eine in absehbarer Zeit eintre-

tende Verfügung über den uns etwa zugewendeten Anteil ausgemacht habe, hörte sie ganz stille zu und kämmte dabei ihr langes blondes Haar; dann warf sie es plötzlich mit einem Ruck über die Schulter und sagte mit großer Entschlossenheit: Wenn sie mir genug vermacht hat, so gehe ich nach Göttingen und studiere, das steht ganz fest.

Ich lachte laut auf. Meinst du denn, daß sie dich da annehmen, Fieke? oder willst du dir einen Anzug von Franz borgen und dir einen Schnurrbart malen?

Einerlei, sagte sie hartnäckig, aus dem Hause gehe ich auf alle Fälle, und irgendwohin, wo es Bücher gibt und wo ich lesen darf, auch. Du wirst auch schon nicht hier bleiben, Dorte. Sieh 'mal zu, wie es dir gefällt, wenn Helene nächsten Winter erwachsen ist, Adelgunde das Jahr darauf, und du bist dann die älteste von vier Fräulein Mertens, die alle auf den Bällen Tänzer finden und womöglich alle einen Mann bekommen wollen. Das heißt, von meinetwegen brauchte es weiter keine Männer zu geben; wenn Franz und ich einmal ganz alt sind (Franz war unser ältester Bruder), so ziehen wir beide zusammen und ich halte ihm Haus.

Ich neckte sie ein wenig mit der schönen Wirtschaft, die es geben würde, wenn zwei solche Bücherwürmer wie sie und Franz zusammenkämen; aber es war doch etwas in ihrer Rede, was mich nachdenklich machte, weil es eine in meinem Innern schon öfter erklungene Saite anschlug und forttönen ließ. Seit vier Jahren war ich erwachsen, seit fünf sogar, wenn ich das übliche Pensionsjahr einrechnete, das ich bei einer Frau Försterin auf dem Lande verbracht hatte. Ich hatte seitdem allerlei kleine häusliche Geschäfte besorgt, nicht eben viel oder regelmäßig, sondern wie es der Mutter grade paßte. Ich übte die Woche ein paarmal auf dem Klavier, weil die Stunden einstmals doch viel Geld gekostet hatten, wenn auch nicht viel dabei herausgekommen war. Ich hatte allmählich ziemlich viel Fertigkeit darin bekommen, die Hüte für uns weibliche Familienglieder mit möglichster Verwendung alter Sachen auf neu herzustellen, und zu allen denkbaren Gelegenheiten billige selbstgearbeitete Geschenke, die nach etwas aussahen, zu beschaffen. Ich war in den vier hinter uns liegenden Wintern pflichtschuldigst auf verschiedene Bälle geführt worden, hatte mich das erste Jahr „himmlisch" amüsiert, das zweite Jahr recht gut, das dritte Jahr, als Sophie zum erstenmal mitging, auch noch so leidlich, das letzte Jahr nur unter gewissen Bedingungen, die nicht immer zutrafen. Sollte das nun immer bis in die aschgraue Ewigkeit so fortgehen? Verschiedene meiner Schulfreundinnen hatten sich seitdem verheiratet oder verlobt, das war ja der wünschenswerteste Abschluß für die goldene Jugendzeit; aber es schien mir, als ob ich darauf nicht viel Aussicht hätte. Ein einziger junger Mann unserer Bekanntschaft hatte einmal ernsthafte Absichten auf mich durchblicken lassen, und für den grade empfand ich nicht die mindeste Sympathie; ein anderer, der sich mir einmal genähert, und für den ich mich interessierte, hatte inzwischen offenkundig anderswo Anknüpfung gesucht. Die Mutter sagte allerdings häufig, ein Mädchen müsse gar nicht darüber spekulieren, ob und wann es wohl gewählt werden würde, und das klang in der Theorie sehr schön; aber in der Praxis fand ich es doch schwer, seitdem ich den vierten Winter des Erwachsenseins hinter mir und immer noch nichts als eine völlig grau verhüllte Zukunft vor mir hatte. Ja, wenn es nur wenigstens rechtschaffen etwas für mich zu tun gegeben hätte! an Heiraten um jeden Preis war mir ja nicht gelegen. Aber das bißchen Firlefanz füllte Zeit, Gedanken und Kräfte nicht aus, und so gut es dem Vater zu statten gekommen wäre, wenn ich ihm den baren Lohn für allerlei häusliche Dienstleistungen erspart hätte, so ließ sich das doch nicht machen: die eine Arbeit verstand ich nicht, die zweite war mir zu schwer, die dritte paßte sich nicht für ein Fräulein. Vielleicht hatte Sophie Recht mit dem Gedanken, den sie so gelassen aussprach: das Beste war aus dem Hause zu gehen, ehe Helene und Adelgunde auch erwachsen waren – aber wohin und als was? Während ich darüber noch grübelte, regte der Traumgott seine Schwingen und der neue Tag brach an, ehe die am alten aufgeworfene Frage gelöst war.

Was er brachte, versetzte uns alle in nicht geringe Aufregung. Der Vater zeigte nichts weniger als das Gesicht eines lachenden Erben, wie er wieder in unsere Mitte trat, und war doch auch nicht niedergeschlagen wie ein Enterbter. Er führte nach den ersten Begrüßungen die Mutter zu einem uns endlos dünkenden Gespräch ins beste Zimmer, ließ sich sein Abendbrot auf seine Arbeitsstube bringen und wanderte darauf in den Club; die Mutter nahm Hut und Umhang, trug mir auf, für die Kleinen zu sorgen und mit dem Abendessen nicht auf sie zu warten, und ging gleichfalls aus, zu einer Freundin, wie wir mit Recht vermuteten. So hatten denn Sophie und ich Zeit genug, uns in Vermutungen zu erschöpfen, denn auf unsere im ersten Augenblick des Wiedersehens laut gewordene Frage, wie es gegangen sei, hatte der Vater mit deutlicher Zurückweisung geantwortet, das würden wir noch früh genug erfahren.

Auch der folgende Tag verging bis zum Abend, ehe unsere stetig wachsende Neugier gestillt wurde. Endlich, nachdem die Kleinen zu Bett waren, entbot uns der Vater in sein Arbeitszimmer, und es war einer jener feierlich-bänglichen Augenblicke, die man nicht wieder vergißt, als er die Mutter und uns beide am Tisch Platz nehmen hieß, die Lampe zurechtrückte, die Brille aufsetzte und etliche bedeutungsvoll aussehende Schriftstücke entfaltete. Von dem Testament der Tante Ansbacher habe ich eine Abschrift aufbewahrt; ich will sie doch holen, da mir wohl die tatsächlichen Verfügungen im Gedächtnis sind, aber vielleicht nicht ganz die hinzugefügte Begründung.

Fräulein Mertens holte ein vergilbtes Papier aus einem Schubfach ihres Schreibtisches und legte es neben sich hin, dann fuhr sie fort:

Mein Vater begann damit, daß die Mitteilungen, die er uns zu machen habe, die strengste Geheimhaltung erforderten, auch wenn wir beiden Mädchen die Gründe dafür jetzt noch nicht einsehen könnten. Sophie und ich mußten ihm also feierlich versprechen, daß wir niemandem, wem es auch sei, das geringste über den letzten Willen der Tante

Ansbacher verraten wollten, und sollten wir gradezu gefragt werden, nur sagen, wir hätten allerdings beträchtlich
geerbt. Der Vater las uns das ganze Testament dann vor,
und stellte, da wir ob der juristischen Formeln vieles nicht
verstanden hatten, die Hauptsache noch einmal zusammen.

Die Tante Ansbacher verfügte in ihrem letzten Willen
über ein nach unseren kleinstädtischen Begriffen unge-
heures Vermögen. Der größte Teil, sagte sie, sei durch die
Arbeit ihres Mannes erworben. Dieser habe in Europa gar
keine, in Amerika nur solche Verwandte, die es nicht be-
dürften, und sie wisse, daß sie in seinem Sinne, im Sinne
eines freien amerikanischen Bürgers handle, wenn sie diesen Besitz ausschließlich milden Stiftungen diesseits und
jenseits des Ozeans zuwende. Über eine Summe von acht-
tausend Talern verfüge sie indessen als ihr persönliches Eigentum, da sie dieselbe teils vor der Ehe her durch eigene
Arbeit erworben, teils durch Zinsansammlung und gute
Verwaltung vermehrt habe. Diese Summe bestimme sie
den vier Töchtern ihres einzigen noch lebenden Blutsver-
wandten – unseres Vaters – zu gleichen Teilen. Denn wie
sie seinen Söhnen zu ihrem Fortkommen beigestanden, so
wolle sie nun auch den heranwachsenden Töchtern denselben Dienst leisten. Auf welche Weise, das erfahren Sie
am besten aus ihren eigenen Worten.

Fräulein Mertens blätterte in dem vor ihr liegenden
Schriftstück und las dann folgendes:

„Bei Mädchen ist aber das (nämlich das Forthelfen)
eine schwierige Sache. Ich habe es alles durchgemacht.
Ich habe mich selbst erhalten, ich habe mich von meinem
Manne, dem ich dafür mein Leben hingab, erhalten lassen,
und ich lebe jetzt von meinen Zinsen. Jedes ist in seiner Art
gut, aber man muß nicht mit dem letzten anfangen. Daher
sollen die vier Mädchen nicht soviel haben, daß sie es mir
jetzt schon nachmachen könnten, und sie sollen auch nicht
soviel haben, daß irgend welche Mitgiftjäger hinter ihnen
herlaufen, denn dann würden sie entweder unglückliche
alte Jungfern oder unglückliche Frauen, und das möchte

ich ihnen gern ersparen, die ich als Mädchen und als Frau glücklich gewesen bin. Am liebsten wäre es mir daher, sie versuchten alle meinen Weg zu gehen. Da ja aber der rechte Freier der einen oder der anderen früher kommen könnte, als mir mein lieber Mann, so sollen sie deswegen nicht unbeteiligt ausgehen, denn es ist gut, daß die Braut eine rechtliche Aussteuer und ein kleines Kapital mit in die Ehe bringt. Nur wenn eine von ihnen so unsinnig wäre, vor dem zwanzigsten Jahre heiraten zu wollen, und wenn die Eltern so töricht wären, dazu ja zu sagen, dann soll sie gar nichts haben.

Ich verfüge nun inbetreff der vier Töchter meines Vetters (folgen die Namen), daß jede von ihnen, sobald sie zwanzig Jahre alt geworden ist, von den Eltern gefragt werden soll, ob sie lieber noch weitere fünf Jahre im Elternhaus bleiben und auf einen Mann warten, oder ob sie sich in irgend etwas ausbilden will, wozu sie Lust und Geschick hat, und womit sie sich nachher selbst erhalten kann. Wählt sie das letztere, so sollen die Eltern ihr helfen die besten Mittel und Wege zu ihrer Ausbildung und späteren Selbständigkeit zu suchen, und darauf soll sie soviel von ihrem Kapital verwenden, wie nötig tut; es wird wohl ausreichen, da man in Deutschland Frauen zu den höheren Berufsarten doch nicht zuläßt. Der Rest gehört auf alle Fälle ihr. Will sie aber lieber warten und solange nichts besonderes tun, so kann sie bis zum vollendeten fünfundzwanzigsten Jahre das Vergnügen auch haben, und soll, wenn sie bis dahin einen Mann bekömmt, die Hälfte ihres Anteils für die Aussteuer verwenden, die Hälfte in sicheren Staatspapieren als ihr Sondergut mit in die Ehe nehmen. Ist sie aber fünfundzwanzig Jahre alt geworden, ohne sich zu verheiraten, so verfällt dann ihr Antheil zu Gunsten der Armen ihrer Stadt. Natürlich sollen die, welche die Arbeit dem Warten vorziehen, auch in dem Falle freie Verfügung über ihren Anteil haben, daß sie sich vor dem fünfundzwanzigsten Jahre verheiraten, und natürlich soll eine, die gern schon vor dem zwanzigsten Jahre etwas tüchtiges lernen will, ihre Wahl schon früher treffen können; für jede der vier Töchter aber sollen von dem Tage meines Todes an die Zinsen ihres Erbteils, so lange sie in väterlicher Gewalt sind, zu ihrem persönlichen Unterhalt dienen, bis sie in der oben bezeichneten Weise entweder das ganze Kapital zur Verfügung bekommt oder desselben ganz verlustig geht."

Und das war vor etwa zwanzig Jahren? fragte ich. Da wird Ihnen die Wahl noch schwerer geworden sein, als sie einem jungen Mädchen heute würde.

Die Wahl fiel Sophien und mir nicht schwer, versetzte Fräulein Mertens; schwer war es nur, die Eltern soweit zu bringen, daß sie uns dabei ließen. Daß ich wenigstens nicht von besonders hohen oder idealen Beweggründen getrieben wurde, habe ich Ihnen schon angedeutet; mir fing's zu Hause an unheimlich zu werden, besonders in dem Gedanken, daß alles untätige Warten schließlich zu dem Ende des Altjungfertums führen könnte, ohne daß ich auf der Welt irgend etwas genützt oder meine Kräfte gebraucht hätte. Sophie war viel größer angelegt als ich: sie wollte lernen, und sie konnte so vorzüglich lernen; unser ältester Bruder Franz, der es doch bis zum Professor der Medizin gebracht, hat oft gesagt, daß sie ihm in ihren jungen Jahren Fragen gestellt und Antworten gegeben, an welche nur sehr selten einer seiner Studenten heranreiche. Nun, ihr kam damals so wenig wie uns der Gedanke, daß eine Frau Medizin studieren könne, und daß sie überhaupt auf einer Universität Zulaß fände, hatten wir ihr bald ausgeredet; sie bildete sich zur Lehrerin aus und fand dabei hohe Befriedigung, und als sie sich nach einigen Jahren verheiratete, gab es keine bessere Frau und Mutter als sie. Leider hat sie ihr Glück nicht lange genossen: sie starb, noch ehe sie dreißig Jahre alt war.

Aber warum sollte denn der Inhalt des Testaments ein so tiefes Geheimnis bleiben? fragte ich, als ich merkte, daß Fräulein Mertens sich anstrengte, den Weg von dieser schmerzlichen Erinnerung zu ihren Mitteilungen zurückzufinden.

Damals war mir das allerdings völlig unklar, sagte sie,
aber mit den Jahren und aus späteren Erörterungen habe
ich den Wunsch der Eltern wohl Verstehen lernen. Dem
Vater konnte es nur lieb sein, wenn man ihn im Besitz einer
Erbschaft glaubte; tatsächlich bedeuteten die Zinsen, die
er von den Anteilen der drei jüngeren Töchter, wenn auch
nicht von dem meinigen zu verwalten hatte, eine erhebliche Aufbesserung seines Einkommens. Die Mutter aber
war unerschütterlich in dem Gedanken, daß ihre Kinder
nicht anders als an der Hand eines Mannes das Elternhaus
verlassen sollten. Helene hatte noch zehn, Adelgunde noch
zwölf Jahre bis zu der verhängnisvollen Fünfundzwanzig,
da konnte es ja nicht fehlen, daß sie annehmbare Partien
fänden. Und wenn das Gerücht in möglichst unbestimmter
Fassung, daß die jüngsten Fräulein Mertens wohlhabende
Mädchen seien, sie etwa begehrenswerter und einen möglichen Freier kühner machte, so konnte das ja nicht schaden. Der wahre Sachverhalt ist auch wirklich verschwiegen geblieben, eben weil nur wir und ein paar unbeteiligte
Leute in Hamburg drum wußten; aber man hat sich freilich die buntesten Fabeln über die Ansbacher'sche Erbschaft ausgedacht. Daß von meinem jetzigen Besitz nicht
mehr davon herstammt als der Anfang, glaubt hier in der
Stadt kein Mensch.

Ich meine natürlich nicht, versetzte ich, daß Sie mich in
Ihre Privatverhältnisse tiefer einweihen sollten als Ihre
langjährige Umgebung; aber für welchen Lebensweg Sie
Sich damals entschlossen haben, und wie er Sie an ein allem Anschein nach erstrebenswertes Ziel gebracht hat, mir
scheint, das können Sie mir als Abschluß Ihrer mich außer-
ordentlich interessierenden Geschichte nicht vorenthalten.

Nein, das ist auch gar nicht meine Meinung, versetzte
Fräulein Mertens behaglich lächelnd; sondern da Sie so geduldig zuhören, denke ich Ihnen sogar noch einiges mehr
zu berichten, und habe dabei eine besondere Absicht, die
Sie zum Schlusse auch erfahren sollen. Aber ich muß mich
kurz fassen, denn ich möchte auch aus Ihrem Leben noch
manches hören, und habe nun bis jetzt bloß von mir ge-

sprochen. Ich fand denn, um es kurz zu machen, durch
Vermittelung eines Hamburger Herrn, des Testaments-
vollstreckers und langjährigen Freundes der Tante Ansbacher, eine Stelle in einem Konfektionsgeschäft in jener
Stadt und in seinem Hause freundliche Aufnahme. Da ich
geschickte Hände hatte, so lernte ich die eigentliche Arbeit
bald; wurde Buchhalterin, Teilhaberin, wobei mir mein
nur wenig verringertes Capital zu statten kam, schließlich
alleinige Inhaberin, und erhielt, denken Sie! als ich dreißig
Jahre alt geworden war, noch eine erhebliche Summe aus
Tante Ansbacher's Nachlaß, die jener Freund auf Grund einer geheimen Klausel derjenigen von uns Schwestern aus-
zuzahlen hatte, welche zuerst selbständig geworden war
und sich selbst ernährte. Hätten die Eltern dies gewußt,
so würden sie die beiden jüngsten Töchter auch wohl zu
einer anderen Wahl veranlaßt haben, aber das hatte wie
ein unvermutetes Geschenk vom Himmel fallen, nicht zur
Beeinflussung eines freien Entschlusses dienen sollen.

Nun, da die jüngsten Schwestern zur Zeit von Tante
Ansbacher's Tode erst fünfzehn und dreizehn Jahre alt
waren, und da sie obendrein die allgemeine Meinung
der Welt für sich hatten, fiel es den Eltern natürlich nicht
schwer, den Sinn der beiden Mädchen so zu lenken, daß
sie sich im Augenblick der Wahl fürs Zuhausebleiben und
ruhige Abwarten entschlossen. Es war ja soviel bequemer,
neben ein paar leichten häuslichen Pflichten nur der Aufgabe zu leben, sich möglichst ausgiebig an allerlei Vergnügungen zu beteiligen, sich möglichst modern und elegant
zu kleiden und einige kleine harmlose Talente zu pflegen,
als, wie Sophie, über den Büchern zu schwitzen, sich vor
einem Examen zu ängstigen und sich mit anderer Leute
Kindern abzuquälen, oder, wie ich, den ganzen Tag über
der Nähmaschine oder dem Hauptbuch zu sitzen. Daß die
Mutter fand und aussprach, ein Mädchen müsse sich über
ihre Zukunft überhaupt keine Gedanken machen, habe ich
schon erwähnt, und wenn man darunter das absichtsvolle
Manövrieren meint, um zur Ehe zu gelangen, so hatte sie
ja so sehr recht, daß ich die letzte wäre ihr zu widerspre-

chen. Es fielen aber auch härtere Bemerkungen, die Sophie und mich in unserem Tun verurteilten. Denn obwohl
sie keine schlimme Stiefmutter war, so brachte doch die
Welt unser Fortgehen aus dem Hause, unser lieber Ar-
beiten- als Warten-wollen, mit unserem Stiefverhältnis in
Verbindung, und das kränkte sie begreiflicherweise. Wir
mußten es manchmal hören, daß es eine Art Gottlosigkeit
sei, der himmlischen Leitung also vorgreifen zu wollen;
wenn ein Mädchen wirklich nicht heirate, so finde es dann
doch noch genug in der Welt zu tun, und vor einer guten, hilfreichen Tante, die überall die Hand biete, wo Not
sei, und auf eigenes Glück ganz verzichte, habe man mehr
Hochachtung, als vor einer gelehrten Schulmeisterin oder
vor einem Mädchen, das nicht früh genug unter der elterlichen Zucht weg kommen und selbständig werden könne.
Nun, das tat uns wohl weh und half nicht dazu, uns fester
ans Haus zu schließen, aber es machte uns zu unserem
Glück nicht irre.

Unsere Schwester Helene war eine von jenen liebens-
würdigen, weichen, selbstlosen Frauennaturen, die in
glücklichen Verhältnissen sich zur schönsten Blüte der
Weiblichkeit entfalten, die aber bei rauherer Lebensführung unaufhaltsam verkümmern, weil sie nicht Widerstandskraft genug haben. Sie hat das zwanzigste Jahr
kaum abgewartet, um einen Kaufmann zu heiraten, der
sie leidenschaftlich liebte, und der Anfang ihrer Ehe war
ein Meer von Glückseligkeit. Aber dann kamen schwere
Jahre, ein großer Kindersegen, Vermögensverluste, Ein-
schränkungen, Zahlungseinstellung, Krankheiten, und
nun ist sie vor der Zeit verblüht und alt geworden, ohne
Lebensfreudigkeit und ohne rechten Halt. Sie hat es dankbar angenommen, daß ich ihre beiden heranwachsenden
Töchter ausbilden lasse, aber sie kann sich über die Klage
nicht erheben, daß den armen Dingern nicht eine so schöne
Jugend vergönnt sei, wie sie und Adelgunde einst genossen, und es hilft auch nicht dagegen, daß die beiden Mä-
dels, von denen die eine Kleinkinderlehrerin wird und die
andere eine Gewerbeschule besucht, wie die Rosen blühen

und ihr oft genug versichern, wie glücklich sie sich fühlen. Daß es besser ist, wenn man nur eins haben kann, in der Jugend schon ein wenig das Joch zu tragen und nicht das ganze spätere Leben als ein notwendig und unvermeidlich trübes Nachspiel einer glänzenden Einleitung anzusehen, davon überzeugt man sie nicht. Und doch hätte, wenn nicht ihr eigenes, so Adelgunden's Beispiel ihr wohl zu denken geben können.

Adelgunde übertraf uns alle in der äußeren Erscheinung; sie galt allgemein für eine Schönheit und wurde von ihrem ersten Auftreten an gefeiert und umworben. Kaum achtzehnjährig hatte sie eine Liebschaft mit einem Leutnant, die von seiner Seite wohl schwerlich ernstlich gemeint war und auch zu nichts führen konnte. Darüber zog sich ein junger Theologe zurück, der schon als Knabe in unser Haus gekommen war und sie lange im Herzen getragen hatte. Sie teilte dann etliche Körbe aus, verlobte sich mit einem älteren Beamten, löste das Verhältnis, weil sie sich durch seine Eifersucht beengt fühlte, hatte anscheinend und besonders nach der Meinung unserer inzwischen verwitweten Mutter bald hier, bald da eine Aussicht und wurde schließlich fünfundzwanzig, ohne sich verheiratet zu haben. Da nun die Zinsen ihres kleinen Kapitals auch wegfielen, so mußten sich die beiden sehr einschränken, auf alle Freuden größerer Geselligkeit verzichten. Die langen Jahre ohne irgend welche Geist und Körper stählende Arbeit, aber voller Nervenaufregungen, durchtanzter Nächte u. s. f. machten sich in ihren Folgen auf die Gesundheit geltend, und so nötig und ersprießlich es insbesondere nach dem Tode der Mutter gewesen wäre, daß Adelgunde die ihr für den Notfall zugedachte Rolle einer „guten, hilfreichen Tante" übernommen hätte, so fehlte ihr dazu doch nicht mehr als alles. Wo hätte sie es lernen sollen, sich selbst über anderen zu vergessen? sie war ja so lange die Hauptperson gewesen. Woher hätte sie die Hingabe an freiwillig übernommene, äußerlich unscheinbare und nichts eintragende Pflichten gewonnen, da von anderen Pflichten als sich selbst möglichst zu schmücken und geltend zu machen, in ihrer Jugend nie die Rede gewesen war? Wann war daran gedacht eine Überzeugung in ihr groß zu ziehen, daß ein nur auf sich gestelltes Leben immer ein verlorenes ist? ja wann hätte sie auch nur die Geschicklichkeiten, die Zuverlässigkeit, die körperliche Leistungsfähigkeit und Ausdauer erwerben sollen, ohne die man nicht einmal „eine gute hilfreiche Tante" werden kann? Daß selbst ein so mächtiges Gefühl wie Gatten- und Mutterliebe alle diese in den ersten Jugendjahren vernachlässigten Dinge nicht ersetzt, scheint mir das Beispiel meiner Schwester Helene deutlich zu zeigen; bei Adelgunde ist aber überhaupt kein mächtiges, sie über sich selbst hinaustragendes Gefühl vorhanden, und so ist sie recht eigentlich das geworden, was man eine unglückliche alte Jungfer nennt: nervenleidend, voller Einbildungen, verbittert, vergrämt, kurz ein bedauernswertes Wesen, und das umso mehr, weil ihr kein Mensch helfen kann.

Wie und wo lebt sie denn? fragte ich.

Sie hat nach dem Tode der Mutter allerlei versucht, aber es ist nichts von Bestand gewesen. Sie ist bei Helene gewesen, wo eine kräftige Hilfe im Haushalt sehr erwünscht wäre, eine unnütze Mitesserin aber am wenigsten taugt; sie hat versucht einem der Brüder hauszuhalten, dem die Frau gestorben war, aber dabei ging alles drüber und drunter; sie hat sich ein halbes Jahr bei mir aufgehalten, aber da ich immer etwas zu tun habe und sie weder etwas tun wollte noch auch mich tätig sehen mochte, so war auch das nichts; sie hat es auch bei Fremden versucht, ohne irgendwo auszudauern, und ist schließlich in einen solchen Zustand geraten, daß sie sich jetzt in einer Nervenheilanstalt befindet.

Fräulein Mertens stand auf und machte sich am Ofen zu schaffen; dann sagte sie: Sehen Sie, das arme Mädchen – das ist der tiefe Kummer in meinem Leben! Meine Sophie betraure ich, aber ihr Andenken ist reine Freude, sie hat ihr Leben voll ausgelebt. Helene macht mir oft Sorge, und ich kann ihr nicht immer helfen; aber bei allen dunklen Schatten bringt die Liebe von Mann und Kindern doch auch viel Licht in ihr Dasein. Aber bei Adelgunde kann ich mich des Eindrucks von einer mutwillig verderbten großen Gabe nicht erwehren. An sich ist die Schönheit doch ein Gut, für das man danken kann; wie erleichtert sie einem Menschen den Eingang in jeden Kreis, in alle Herzen! Aber das Lebensglück kann sie schließlich weder schaffen noch hindern. Wäre Adelgunde so erzogen, zu wählen, wie Sophie und ich, warum hätte ihr nicht Sophien's Los zufallen können, oder auch meins? denn ich bin in meiner Art gleichfalls glücklich und würde, was einem einsamen Leben auch abgeht, nicht mit vielen Frauen, die ich kenne, tauschen.

Ich auch nicht! sagte ich.

Nein, Sie auch nicht, das weiß ich wohl, sagte Fräulein Mertens, und legte mir die Hand auf die Schulter. Das hat mich grade ermutigt, Ihnen diese lange Geschichte unserer Schicksale zu erzählen. Denn ich weiß durch unseren trefflichen Bürgermeister, der mein guter Freund ist, und durch eine Ihrer alten Schulgefährtinnen, die mir oft von Ihnen erzählt hat, daß Ihr Beruf Sie viel mit jungen Mädchen zusammenwirkt, denen Sie hier und da ein Licht über Wege und Ziele aufstecken können. Ich bin über die Hälfte des Lebens weit hinaus, und habe viele Menschen kennengelernt; der eine wird anscheinend leicht, der andere schwer geführt. Aber der liebe Gott gibt doch gewissermaßen nur das Garn her, und das Gewebe müssen wir selbst machen. Nicht bloß der Mann ist seines Glückes Schmied; von einer gewissen Höhe herabgesehen zeigt auch ein scheinbar so viel mehr von außen her gestaltetes Frauenleben, daß nicht die äußeren Erlebnisse, sondern der Sinn, von dem sie aufgenommen werden, den größten Einfluß auf das Schicksal der reiferen Jahre hat. Wie es bei meinen Schwestern und mir gegangen ist, so geht es mit unwesentlichen Abweichungen unzählige Male. Auf eine arbeits- und pflichtenlose Jugend folgt kaum je ein glückliches Alter, und es ist doch höchst töricht, das Alter, d. h. die vielen Lebensjahre, die der ersten Jugend folgen, bei der Verwendung der paar kurzen Jugendjahre ganz außer Acht zu lassen. Das

Vermächtnis der Tante Ansbacher hat mir zuerst über diese Dinge die Augen geöffnet und mir damit einen großen Dienst getan; wenn Sie nun Gelegenheit haben, anderen einmal in gleicher Weise die Augen zu öffnen, so erzählen Sie davon weiter, was Ihnen tauglich scheint.

Jemand weiß ich schon, der auf diese Geschichte sehr begierig ist, sagte ich, aber das ist freilich kein junges Mädchen, sondern ein rechtskundiger Bürgermeister, den die Wahrheit über das Vermächtnis der Tante Ansbacher daher nicht wegen seiner eigenen Zukunft, sondern wegen der vielen darüber früher umhergetragenen Fabeln interessiert. Darf ich sie dem denn auch erzählen, oder wollen Sie das selbst tun?

Erzählen Sie die Geschichte jedem, der Ihnen so lange still hält, sagte Fräulein Mertens lachend; man kann doch nicht wissen, wo manchmal das Samenkorn einer Idee keimt und Wurzel schlägt. Und wenn in irgend ein Leben aus den Erfahrungen, die ich Ihnen mitgeteilt habe, ein wenig Licht fallen kann, so meine ich dadurch ein wenig von dem Danke abzutragen, den ich dem lieben Gott schulde als die Nutznießerin von Tante Ansbacher's Vermächtnis.

Nordwest-Geschichten. Herausgegeben von August Lammers. Bremen 1889, S. 11–37

Die Einsame

Sie war eine große, hagere Gestalt, immer steil aufrecht, denn sie stammte aus der Zeit, wo ein kräftiges Rückgrat die Regel und eine grade Haltung Mode war. Auf dem schlicht gescheitelten graublonden Haar trug sie ein Tüllhäubchen mit ein paar Bandschleifen, aber ein Häubchen ohne Boden, welches einen Teil des Hinterkopfes frei ließ; anders würde es sich für eine Jungfrau nicht geschickt haben. Dem spärlichen Haarwuchs auf andere Weise, etwa mit einer falschen Flechte nachzuhelfen, das war damals in bürgerlichen Kreisen ebenso wenig erhört wie sich künstliche Lilien und Rosen auf die Wangen zu malen; nur einige alte Frauen, denen die Haube den ganzen Kopf bedeckte, trugen vorn über der Stirn und den Schläfen eine Tour, d.h. zwei Bündel falscher Locken, denen aber das unschuldigste Kind auf zwanzig Schritt Entfernung die Falschheit ansah, denn sie waren ohne alle Rücksicht auf die jeweilige Haarfarbe der Trägerin von jenem eigentümlichen fuchsigen, glanzlosen Braun, welches verrät, daß sie vor langer Zeit auf einem anderen Boden als dem der sie trägt, gewachsen sind. Zu einer solchen Tour hätte sich Tante Müller nimmer verstanden, einerlei ob aus ihren eignen oder fremden Haaren; es mußte alles echt an ihr sein, das verriet schon der ruhige langsame Blick ihrer großen blauen Augen, die einem ins Herz hineinzusehen schienen. Wenn ich mich jetzt auf ihre Züge besinne, so sollte ich meinen, sie müsse in ihrer Jugend sehr hübsch gewesen sein, aber das war unermeßlich lange her; sie war vielleicht nicht ganz so alt wie die Großeltern, aber daß sie jemals jung gewesen sei, hätten wir, deren früheste Kindheitserinnerungen sie immer nur in derselben Gestalt zeigten, schwerlich geglaubt. Trotz alledem war sie die beste und beliebteste Kindertante, die wir uns denken konnten. Sie spielte unermüdlich mit uns jenes tiefsinnige Kartenspiel, bei dem derjenige, der die letzte Karte in der Hand behält, Hahn genannt wird und krähen muß, und wie natürlich machte sie das Kikeriki! wenn sie das Schicksal traf! Daß „Fuckern" dabei nicht gelte, wurde uns früh eingeprägt: „fuckern" war der hergebrachte Ausdruck für betrügen und soll, wie ich nachher einmal gehört habe, mit dem Namen der Fugger von Augsburg zusammenhängen. Sie verstand sich auf das Bauen von Kartenhäusern, war so eifrig wie nur eines von uns bei „Hammer und Glocke" oder Lotto und kannte allerlei Scherzreime und Schelmenstücklein, über die wir lachen mußten, z.B. jenen plattdeutschen Entenverkauf, bei dem der Käufer immer das Echo seiner Fragen als Antwort erhält, bis auf die letzte: „Sünd se ok verakziest?" *[versteuert]* worauf der Verkäufer die Hand vor den Mund legt und ein nachdrückliches „Pscht!" von sich gibt.

Wir Kinder hatten immer das Gefühl, daß sie uns vorzugsweise gehöre, aber im Grunde kam sie wohl nicht so oft um mit uns zu spielen, als um im Hause zu helfen, was bei dem großen Haushalt sehr verdienstlich war. Sie half Kronsbeeren auslesen und Weihnachtskuchen backen; die große Wäsche hätte nicht ohne sie über die Seite gebracht werden können, und ihr erster Griff, wenn sie zu gewöhnlichen Zeiten kam, war, nachdem sie Hut und Tuch abgelegt hatte, nach dem großen Flickkorbe unter dem Sofa, der kaum jemals leer wurde, denn Maschinenhilfe gab es noch nicht, und so lange ein Stück zusammenhielt, wurde es auch ausgestückt. Weihnachten feierte sie in der Regel bei uns. Sie saß dann in den feierlichen Augenblicken, welche der Bescherung vorausgehen, mit uns Kindern in der dämmerigen Stube, in der wir das Flügelrauschen der Engel zu hören glaubten; sie trug, wenn endlich, endlich die Zauberklingel erscholl, das Kleinste auf dem Arm in die Weihnachtsherrlichkeit hinein und freute sich der Gaben, mehr, viel mehr als wären sie alle ihr geschenkt. Nie vergaß sie irgend einen Geburtstag in dem Kreise, dem sie angehörte, und nie kam sie dazu mit leeren Händen; sie hatte wenig zu verschenken, aber ihre Demut machte es ihr leicht, auch wenig anzubieten. Fiel ein solches Fest in den Sommer, dann ließ sie es an einem großen Strauß nicht fehlen, den ihr das selbstgepflegte Gartenbeet lieferte: blaue und braune Kornblumen, Salbei, Moosrosen, Rittersporn, Goldlack und Bandgras – ich sehe die Zusammenstellung noch vor mir. Im Herbst erntete sie sogar Weintrauben, eine besondere Sorte mit ganz dicht stehenden kleinen dunkelblauen Beeren, die sehr süß schmeckten; ob sie selbst je eine davon gekostet hat, ist zweifelhaft, denn für ein Dutzend Trauben, die ihr reiften, wußte sie allemal wenigstens dreizehn Abnehmer.

Obgleich so die Früchte des Landes ihr zuwuchsen, so war sie doch weder eine Haus- noch Gutsbesitzerin. Sie wohnte auch nicht zur Miete: ihre Behausung war nicht das am wenigsten Merkwürdige an ihr. Mit einem Häuflein anderer ehrsamer älterer Bürgertöchter bewohnte sie

Mathilde Lammers

ein uraltes Stift in der uralten Stadt, wo meine Wiege stand. Es hieß der Graal, von Amtswegen „das Haus der Barmherzigkeit am Graal," und obgleich es erst im fünfzehnten Jahrhundert erbaut sein soll, schien es uns Kindern doch so sehr mit der Urgeschichte der Menschheit verwachsen, daß wir den Graal der Artussage, als die Literaturstunde uns die erste Kunde davon brachte, wie eine ganz unberechtigte Neuerung ansahen, die gegen unseren Graal und seine steinalten Bewohnerinnen nicht aufkommen konnte.

Der Graal war – oder ist? ich glaube aber, sie haben ihn jetzt abgerissen – ein langes Gebäude aus altersschwarzem Backstein, mit einem Stockwerk über dem Erdgeschoß und einem hohen Ziegeldach, auf dem ein kleiner Dachreiter thronte. Die mächtige Eingangstür, an der linken Seite von halbwegs modernen Zimmerfenstern flankiert, an der rechten von hohen Kirchenfenstern mit unzähligen kleinen quadratischen Scheiben aus grünlichem Glase, öffnete sich nur mühsam unter dem Druck einer Kinderhand und setzte dann eine langschallende heisere Klingel in Bewegung, deren Echo wie eine Art höhnisches Lachen aus den fernsten Ecken des Gebäudes zurücktönte, aber nie, soviel ich mich erinnern kann, eine Menschenseele herbeirief. Und doch hätte nicht bloß der zum ersten Mal hier Eintretende einen Führer gebrauchen können, und schon der erste Anblick, der sich beim Öffnen der Tür bot, hatte etwas Verblüffendes. Man sah nämlich – die Rückseite oder genau genommen das Profil eines hölzernen Altars unmittelbar vor sich, der rechtwinklig zum Eingang aufgestellt und mit einer bildlichen Darstellung geschmückt war, die sich in meiner kindlichen Seele mit dem Schiller'schen Kampf gegen den Drachen in eins verschmolz. Vielleicht war es der Erzengel Michael als Überwinder des Fürsten der Finsternis, denn der Graal grenzte unmittelbar an einen weitläufigen Komplex von Gebäuden, Höfen, Gärten u.s.f., die das ehemalige Benediktiner-Kloster St. Michaelis ausmachten, und mag sich denselben Schutzheiligen wie dieses ausersehen haben. Der besagte Altar stand da aber nicht etwa nur wie ein Schaustück, sondern er bil-

Das alte Graal-Stift, in dem Fräulein Müller – „die Einsame" – lebte, ist durch eine Zeichnung von Ludwig Albrecht Gebhardi im Bild überliefert. Sein „Prospect des Gral Hofes zu Lüneburg am 25. Märtz 1787" gibt den Blick vom Turm der St. Michaeliskirche nach der Klosterkirche in Lüne (e) wieder. Das solide gebaute Fachwerkhaus mit dem Dachreiter war nicht so alt, wie es Mathilde Lammers in der Erinnerung vorkam, sondern stammte erst aus dem Jahre 1708. Es war in einer besonders aktiven Zone des Senkungsgebiets errichtet und durch die Kräfte des Untergrunds bald deformiert worden. Sein erster Vorgänger aus dem Jahre 1474 war – nach Wilhelm Friedrich Volger – 1552 größtenteils in sich zusammengebrochen. Repro: Museum Lüneburg, G 211 (Graalstift)

dete den Abschluß eines wirklich zu gottesdienstlichen Zwecken eingerichteten Raumes, dem deswegen auch die Kirchenfenster gelassen waren, und es wurde hier von einem Geistlichen der Stadt dann und wann gepredigt. Die Bänke für die kleine Gemeinde nahmen den Mittelraum, dem Altar gegenüber, ein, ließen aber soviel Platz frei, daß an den beiden äußeren Längsmauern des Gebäudes noch eine Reihe hölzerner Verschläge sich hinstreckten, die uns als die Zellen der früheren Nonnen bezeichnet wurden, der jetzigen frommen Schwesterschaft aber als Vorratskammern für Äpfel, Kartoffeln, Flachs und dergleichen dienten. Den schmalen Gang entweder rechts oder links zwischen diesen Verschlägen und den Kirchenbänken mußte man durchschreiten, wenn man die zum Oberstock

führende gewundene Treppe erreichen wollte. Was hinter
der „Kirche" im westlichen Drittel des Gebäudes sich befand, das haben wir nie erfahren. Es war schon schaurig
genug, selbst am hellen Tage, mutterseelenallein durch
eine wirkliche Kirche zu gehen, als sei sie ein gewöhnli-
cher Hausflur, und in dem dämmerigen Licht, welches
durch die blinden, grünlichen Fenster fiel, auf den ausge-
tretenen Steinfliesen dahinschleichend, nicht zu wissen, ob
sich nicht plötzlich eine eichene Zellentür öffnen und eine
gespenstische Nonne einem den Weg vertreten würde. Ja,
die Gestalten von Fleisch und Blut, die mitunter den Gang
herauf kamen, waren mit ihren faltigen, vertrockneten Gesichtern, in ihrer altmodischen, verwitterten Tracht, mit ihren schleppenden Schritten für eine Kinderphantasie auch
schon unheimlich genug. Deshalb eilten wir, so gut sich
das mit der Feierlichkeit der Umgebung vereinigen ließ,
die Treppe hinauf und fühlten uns erst geborgen, wenn
auf unser Anklopfen an der zweiten Tür rechts unsere
gute Tante herein gerufen und sich der Hafen ihres Jung-
fernstübchens uns geöffnet hatte. Es lag nach Süden, nach
dem Garten hinaus, und mir ist, als hätte ich es immer nur
im vollen Mittagssonnenschein gesehen, der es grade so
verschönte wie die Liebe ein runzliges Antlitz. Vor dem
Fenster stand ein sogenannter Thron, welcher Stuhl und
Nähtischchen trug; denn unsere Vorfahren, nachdem sie
die Fenster in den Wohnräumen so hoch angebracht hatten, daß man sich auf die Zehen stellen mußte um hin-
auszusehen, berichtigten sich damit, daß sie künstliche
Erhöhungen für die Fenstersitze schufen, die zugleich zu
möglichster Ausnützung des Raumes Schubladen bargen
und ihrerseits kleinen Leuten gern als Sitzplätze dienten.
Die Türen in diesem Stübchen waren bedenklich aus dem
Lot gewichen, und ich sah sie immer mit einer gewissen
Verwunderung an, weil wir daheim, obgleich in einem
Hause wohnend, das schon hundert Jahre vor der Erbau-
ung des Graal eine geschichtliche Rolle gespielt hatte, doch
an grade Türen gewöhnt waren. Aber sie behaupteten sich
siegreich in ihrer bedenklichen Stellung und scheinen

mitsamt den Wänden, die sie durchbrachen, noch vierzig
Jahre so weiter balanciert zu haben. Übrigens war die Aus-
stattung des Stübchens einfach genug, so daß es mir stets
als Urbild einer Klosterzelle vorschwebte. Ein Sofa und ein
paar Stühle mit schwarzem Roßhaar überzogen machten
allerdings der protestantischen Freiheit des neunzehnten
Jahrhunderts Zugeständnisse, aber der Kupferstich an
der geweißten Wand mit einer Darstellung aus der heili-
gen Geschichte hätte auch die Augenweide einer frommen
Ursulinerin oder Klarissin sein können, und der ältliche
Herr, dessen lithographiertes Konterfei in der Tracht der
zwanziger Jahre die andere Wand schmückte, war ebenfalls nicht danach angetan, weltliche Gedanken zu erregen. Neben dem Stübchen lag die noch kleinere und noch
einfachere Kammer; außerdem besaß aber Tante Müller
einige Türen weiter den Gang hinunter ein zweifenstriges
Zimmer, in dem sie vermutlich ihre Kaffeegesellschaf-
ten gab oder doch hätte geben können. Ich erinnere mich
nicht, daß wir Kinder ihr jemals einen längeren Besuch
gemacht hätten, oder bei ihr eingeladen gewesen wären;
wir wurden eben zu ihr geschickt, um *sie* einzuladen, ihr
eine kleine Eßgabe zu bringen: Kuchen wenn gebacken,
Würste wenn geschlachtet war, frisches Obst und dergli-
chen, oder um ihr eine Bestellung zu machen. Aber ebenso
wenig wüßte ich, daß sie uns je entlassen hätte, ohne uns
irgendetwas in die Hand zu geben, wenigstens ein Stück-
lein Gebäck, das sie „Galanteriekuchen" nannte, und das
in einer Schachtel in einem Schranke, in jenem geheimnisvollen zweiten Zimmer aufbewahrt wurde. Im Sommer führte sie ihren Besuch gern in den Garten, der sich
an der ganzen Hinterseite des Hauses in ziemlicher Tiefe
erstreckte. Dort hatte jede Graalschwester ihr eignes Beet,
und dann war noch ein großer Rasenplatz zum Trocknen
der Wäsche da, wo man Marienblümchen pflücken durfte
und sich verwundernd nach den großen hohen Klosterge-
bäuden jenseits der Mauer mit ihren langen Zeilen kleiner
Fenster umschauen, hinter denen einst gelehrte Benedik-
tiner gehaust hatten, zu der Zeit, von der ich schreibe, die

Söhne altadeliger Familien als Zöglinge einer Ritterakademie hausten und jetzt, wenn ich nicht irre, künftige Lehrer des Volkes für ihren Beruf gebildet werden.

Tante Müller war übrigens, wenn ich so sagen darf, nicht unser ausschließliches Eigentum. Aus dem Hause unserer Großeltern hatten wir sie erst überkommen, und sie blieb auch dem Zweige der Familie treu, der nach ihnen das Haus weiter führte; außerdem aber war sie wenigstens noch in zwei oder drei Häusern die Vertraute der Eltern, die „Tante" der Kinder, die zuverlässige Hilfe und Beraterin in allen großen und kleinen Nöten und ward als gemeinsames Besitztum dieses Kreises von Alt und Jung hochgeschätzt und noch mehr geliebt. Auch einige andere Kinder aus meiner Bekanntschaft hatten eine Graaltante, meine beiden liebsten Freundinnen sogar eine leibliche, die obendrein die „Kolorierte" hieß, weil ihre Hautfarbe nach dem Gebrauch eines mineralischen Heilmittels zwischen braun und blau schillerte. Aber keine von diesen kam gegen unsere Tante, das stand fest. Einer aus unserem Kreise hatte sie die Liebreiche benannt, und obwohl ein bißchen gutmütiger Spott in dieser Benennung gesteckt haben mag, so wüßte ich doch nicht, daß irgendein Name besser für sie getaugt hätte. Sie gehörte zu denen, welche die Gabe haben, mit allen Menschen Frieden zu halten; sie sprach kein Wort mehr, als sie verantworten konnte, und dachte nichts Arges in ihrem Herzen. Ohne äußere Bindung sah sie helfen, wo es immer möglich war, als ihr eigentliches Tagewerk an und fand daher nicht allein immer etwas rechtes zu tun, sondern erntete auch als schönsten Lohn die heitere Befriedigung des Geistes, die von einem wohlgetanen rechtschaffenen Tagewerk unzertrennlich ist. Sie war wirklich eine solche Einsame, die es mit den zweispännig durchs Leben fahrenden Leuten an Lebensglück aufnehmen kann, welches auch immer die Kämpfe gewesen sein mögen, mit denen sie sich das Einlaufen in ihren stillen Friedenshafen erkauft hatte.

Gegen das Ende ihres Lebens, und als ich schon längst aus meiner Vaterstadt ausgewandert war, ist ihr noch die

hohe Ehre zuteilgeworden, als Graalmutter an die Spitze
der Anstalt zu treten. Von da an bewohnte sie die links
vom Eingang gelegenen geräumigen und besseren Zimmer
mit lotrechten Türen und hatte ein besonderes Anrecht an
das „Graalmädchen", den einzigen dienstbaren Geist von
amtlicher Stellung in der ganzen kleinen Genossenschaft.
Sie hat diese Ehre demütig, aber nicht lange mehr getragen und ruht nun längst von ihren Werken. Die Schwesterschaft, der sie vorgesetzt war, hat man aussterben lassen,
und außer einem Namen und ein paar Erinnerungen ist
von dem Graal wohl nichts mehr übrig geblieben.

Mathilde Lammers: Hausbackenes. Bremen 1886, S. 12–19

Anstandsbegriffe

Eine kleine zwölfjährige Französin erzählte mir trium-
phierend, sie sei einmal in ihrem Leben ganz allein, d.h.
nur mit einem sechsjährigen Jungen an der Hand, über die
Straße gegangen; man habe sie unter besonderen häuslichen Umständen zum Gärtner geschickt, um Erdbeeren zu
bestellen. Wie aus diesem Auftrag erhellt, war sie kein Gra-
fen- und kein Fürstenkind; ihr Vater war Schullehrer, oder,
wenn das besser klingt, Institutsvorsteher in der Nähe von
Paris; ihre würdige alte Großmutter war Waschfrau, ihr
Onkel Kahnschiffer auf der Seine. Sie mußte während der
Zeit, da sie auf ihre erste Kommunion vorbereitet wurde,
zweimal sonntäglich und sehr oft auch in der Woche zur
Kirche gehen, und diese Kirche lag zwanzig Schritt von
ihrem Hause; Vater und Mutter gingen nicht hin, aber es
wäre undenkbar gewesen, sie ohne Begleitung eines Erwachsenen gehen zu lassen. Ein erwachsenes weibliches
Wesen mußte sie in den Katechismus-Unterricht begleiten,
welchen sie in jener Zeit mit anderen Kindern von dem
Priester des Ortes empfing; ein Erwachsener mußte sie täglich in eine fünf Minuten von ihrem Hause entfernte Mädchenschule bringen, wo sie einige Stunden hatte, und von

dort wieder abholen. Sie war keine Ausnahme von der Regel: nach französischen Begriffen ist es wider den Anstand,
ein Mädchen, einerlei welches Alters, ohne Begleitung die
Schwelle des Hauses überschreiten zu lassen. Auch die
Kinder aus dem Volke, die an jenen Religionsstunden teil-
nahmen, kamen nicht ohne Schutz; zwei von den Nonnen,
in deren Händen damals noch der Volksschul-Unterricht
lag, geleiteten sie; die einzelnen Töchter gebildeter Stände,
welche, wie die erwähnte, im elterlichen Hause erzogen
wurden – es waren ihrer nur zwei oder drei – kamen mit
ihren Erzieherinnen, die Mehrzahl derselben, die in Pension waren, mit einer oder mehreren Lehrerinnen. Ein französisches Mädchen, dessen Eltern ihr diesen Schutz nicht
bis zur Verehelichung zu gewähren vermögen, ist zur Gri-
sette *[auf sich gestellte „graue Maus"]* vorher bestimmt; sie mag
ein ehrbares Mädchen bleiben, aber wenn das nicht der
Fall ist, so wundert sich niemand darüber.

Nur für uns Fremde machte man in Paris eine Ausnahme. Wir durften zu mehreren, oder wenn es kam, auch
allein unsere Besorgungen machen, unsere Freunde besuchen, in die Kirche gehen. Dafür hatte aber auch die
jüngste Deutsche oder Engländerin das Vergnügen, überall, auf der Eisenbahn, im Omnibus, im Laden Madame
angeredet zu werden; die gesellschaftliche Fiktion nahm
sie, ob achtzehn oder sechzehn Jahre alt, für verheiratet an.
Wahrscheinlich hielt man uns für *plus sages [besonders sitt-
sam]*, oder man dachte, es sei an uns nichts weiter verloren;
ich habe auch nur einmal gehört, daß ein Mädchen, eine
Engländerin ob dieser Freiheit, die sie falsch angewendet
hatte, zu Schaden gekommen ist, und sie wäre das vielleicht in ihrem Vaterlande auch. Aber man braucht nicht
lange in Paris gelebt und nicht sehr tief hinter die Kulissen
gesehen zu haben, um zu wissen, daß die Franzosen mit
ihrer Vorsicht vollkommen recht haben. Ihre gesamte Le-
bensanschauung und die Grundsätze, nach welchen sich
namentlich ihr Familienleben regelt , machen diese ängst-
liche Behütung der weiblichen Jugend nötig, und wieder-
um ist eine Behütung in dem Maße, wie sie dort nötig ist,

nur möglich in einer Gesellschaft, wo jede Familie für eine, höchstens zwei Töchter zu sorgen hat, wo der Wille der Eltern fast allein bestimmt, daß und wie früh die Tochter heiraten soll, und wo für die nicht rechtzeitig verheiratete das Kloster allezeit offen steht.

Halten wir als Gegenstück neben dies Sittenbildchen einmal eine bekannte Figur aus der englischen Gesellschaft. Miß Isabella Bird *[britische Reiseschriftstellerin, 1831–1904]* hat aus Gesundheitsrücksichten zuerst die Sandwich-Inseln bereist, dann ist sie durch das nordamerikanische Felsengebirge geritten, dann hat sie Japan einen längeren Besuch abgestattet und sich wochen- und monatelang als der erste Europäer unter den halbwilden Ainos von Yezo *[Ureinwohner auf Hokaido, der nördlichsten Hauptinsel Japans]* aufgehalten, ganz allein, ohne offenbar von diesen Wagnissen etwas anderes als Stärkung für Leib und Seele und recht interessante Wahrnehmungen über Land und Leute davon zu tragen. Auch müssen ihre Reiseschilderungen auf jeden unbefangenen Leser den Eindruck machen, daß sie von einer durchaus fein und richtig empfindenden Frau herrühren, die allerdings das Leben sieht, wie es wirklich ist, aber in sich keinerlei unweibliche Regung zu bekämpfen hat, und der aus ihrer schrankenlosen Freiheit ebenso wenig physische wie sittliche Gefahr erwachsen ist. Der erste beste, von einer Französin geschriebene Roman, neben ihre Reiseschilderungen gehalten, würde zeigen, daß die größten Gefahren grade in der am ängstlichsten durch äußerliche Anstandsvorschriften eingehegten Gesellschaft zu finden sind.

Ich schlage einen bei dem englisch lesenden Publikum rasch zur Berühmtheit gelangten amerikanischen Roman auf: *A modern Instance*, von W. D. Howells *[William Dean Howells, 1837–1920]*. Er eröffnet sich mit der Szene, daß ein junger Mann ein junges Mädchen, eine Bekannte, aber vorläufig weiter nichts, in einer Winternacht von einem Balle im Schlitten nach Hause bringt, daß sie ihn einlädt, sich erst im Wohnzimmer ein wenig zu wärmen, ehe er sich auf den kalten Rückweg begibt, obgleich ihre Eltern und alle

Hausgenosse längst zu Bett gegangen sind, daß sie sich
eine Weile unterhalten, und dann, obgleich sie gegenseitig
ein wärmeres Interesse für einander empfinden, ziemlich
so ehrbar und gelassen wie Bruder und Schwester auseinander gehen.

Abscheulich! ruft die verehrliche deutsche Leserin. Was
für Sitten! Ich wäre auch nicht dafür, daß wir sie nach-
machten; wir möchten erleben, was die Franzosen erleben
würden, wenn sie urplötzlich ihrer Jugend die Freiheit des
Verkehrs und der Bewegung einräumen wollten, welche
beispielsweise die deutsche Jugend genießt. Welches Är-
gernis haben nicht die französischen Geiseln, die im Jahre
1870 in Bremen interniert waren, daran genommen, die
deutschen Schulkinder groß und klein, Knaben und Mädchen, ohne Geleit täglich zwei- oder dreimal ihre Schulwe-
ge pilgern zu sehen! Sie fanden, da schließlich innerhalb
ihres Gesichtskreises doch kein Unheil passierte, diesen
selbstbeherrschten Ernst deutscher Kinder so unnatürlich,
daß sie ihn nur auf das unbegreifliche Phlegma der germanischen Rasse zurückzuführen wußten. So können auch
wir, wenn wir von der unumschränkten Freiheit der amerikanischen Jugend hören, die trotzdem anscheinend nicht
mehr Dummheiten macht als andere auch, nicht umhin,
sie als von der unsrigen verschieden geartet anzusehen,
und da ihr jedenfalls nicht ein noch größeres Phlegma als
der unsrigen zuzuschreiben ist, ihre übertriebene Verstan-
desausbildung und nüchterne frühreife Geschäftsklugheit
anzuklagen.

Etwas weniger Freiheit als in Amerika, aber weit mehr
als in Deutschland, genießt das weibliche Geschlecht in
England. Dort belustigen sich, namentlich auf dem Lande,
Jünglinge und Mädchen halbe Tage lang gemeinschaftlich
im Freien, ohne daß eine Sittenaufsicht dabei für nötig gehalten wird. Sie machen Spaziergänge und Ausfahrten zusammen, sie reiten, sie rudern, sie laufen Schlittschuh, sie
haben ihre verschiedenen Ballspiele zusammen, und die
[sprichwörtlich] berühmte Mrs. Grundy, die Verkörperung
des Klatsches und der Zimperlichkeit, hat nichts dagegen

einzuwenden. Ein junges Paar wird deshalb noch nicht einmal verlobt gesagt, wenn es dergleichen Zeitvertreib vorzugsweise mit einander teilt oder sich gegenseitig Aufmerksamkeiten erweist. Dieser ungehinderte, nicht bloß auf den Ballsaal beschränkte Verkehr der jungen Leute führt natürlich zu frühen Heiraten, die in England aus verschiedenen Gründen wieder eher möglich und darum vernünftig sind als in Deutschland, und ist auf diese Weise statt einer Gefahr für die Sittlichkeit eines der wesentlichsten Förderungsmittel derselben.

Ins Einzelne verfolgt, sind nun allerdings die Anstandsbegriffe nicht nur bei verschiedenen Völkern und in verschiedenen Schichten der Gesellschaft, sondern sogar örtlich und persönlich verschieden. Und das ist auch ganz natürlich. Die Freiheit der Bewegung, welche Kindern, jungen Mädchen, dem weiblichen Geschlecht überhaupt verstattet wird – und auf diesen Teil der Anstandsbegriffe beschränken wir uns hier – wird immer von den Gefahren abhängen, welche ihre Vormünder im weitesten Sinne des Wortes, nämlich Eltern, Vorgesetzte und die Gesellschaft für sie voraussehen. Diese Gefahren ihrerseits beruhen natürlich im einzelnen Fall auf der Verkettung von Umständen; insofern sie aber die Sitte vorschreiben, auf der Stufe der Sittlichkeit, welche das Volk als Ganzes erreicht hat. Die am ängstlichsten eingehegte Gesellschaft ist unfraglich auch die verderbteste. Der Reifrock wurde da als Schutzwehr erfunden, wo die sicherste Schutzwehr: Mannessinn und Frauenwürde längst verlorengegangen war. Eine deutsche Mutter in einer Mittel- oder Kleinstadt, welche ihre Tochter nicht allein bei Tage auf die Straße gehen lassen wollte, verdiente mindestens ausgelacht zu werden; in unseren Großstädten, in Hamburg zum Beispiel, gibt es so gut wie in Paris oder London, Quartiere, in die sich eine anständige Frau, einerlei welches Alters, nur wagen wird, wenn sie als Missionarin kommt. Und so spricht auch die persönliche Erfahrung viel mit. Eine Frau, die unangefochten durch die Welt gegangen ist: ob sie das nun bloß einer glücklichen Fügung oder ihrem Wesen zu danken hat,

ein Mann, der keine argen Gedanken im Zaum zu halten
braucht und nicht in schlechter Gesellschaft verkehrt, werden andere nach sich beurteilen und nicht leicht überall
Gefahr wittern; ebenso erklärlich ist es, daß üble Erfahrungen vorsichtig und übervorsichtig machen können. Die
Bestie im Menschen aber stirbt nie aus, wie grade in der
letzten Zeit trotz aller gerühmten Fortschritte der Bildung
nur zu oft zu Tage getreten ist, und es wäre daher nicht
zu verwundern, wenn die deutsche Sitte anfinge nach der
französischen Seite hin zu neigen, anstatt nach der angel-
sächsischen. Schwankende Gebietsteile gibt es ja immer,
wo der eine für erlaubt, was der andere für bedenklich
hält; die werden dann zuerst allgemein in den Bann getan
und andere folgen.

Aber zu beklagen wäre das allerdings sehr. Einmal weil
dieser Barometer untrüglich ein Sinken der Sittlichkeit im
Volke und Volksbewußtsein anzeigen würde; zum anderen, weil die Sittlichkeit, die echte, wahre, dauerhafte, nur
in der Atmosphäre der Freiheit und nicht in der des Zwanges gedeihen kann. Die Freiheit, nach welcher, wie Goethe sagt, der Mann strebt, ist doch nur die rechte, wenn
sie von der Sittlichkeit getragen wird; die Sitte, als deren
Hüterin die Frau dasteht, verdient ihren Namen schlecht,
wenn sie die wurmstichige Frucht des Zwanges ist. In
der Erziehung geht man auf falschen Bahnen, wenn ein
Dornenzaun ängstlicher Anstandsbegriffe zur Verhütung
weiblicher Unverletzlichkeit notwendig wird: hinter der
romanischen Kultur steht die orientalische. Es würde einen großen Rückschritt in der Gesittung der Welt bedeuten, wenn bei den germanischen Völkern die Herrschaft
des Mannes über sich, welche die Erziehungseinflüsse in
ihm anbahnen müssen, so weit zurückginge, daß im Interesse des Bestandes der Gesellschaft die persönliche Freiheit
und Selbstbestimmung des weiblichen Geschlechts immer
mehr beschränkt werden müßte, anstatt erweitert zu werden. Denn das eine bedingt und steigert das andere.

Mathilde Lammers: Hausbackenes. Bremen 1886, S. 219–224

Emma Böhmer (1861–1943)

Emma Böhmer

Foto-Ausschnitt aus: L. Kurt: Der Deutsche Schriftstellerinnen-Bund. In: Über Land und Meer. Deutsche illustrierte Zeitung. 48. Jg., 1905–1906, Nr. 40, Oktober 1906, S. 982–984, hier S. 983. Graphische Bearbeitung: Werner H. Preuß

Einleitung

Emma Johanna Clara Böhmer wurde am 22. März 1861 in Lüneburg geboren.[1] Ihre Mutter Maria Böhmer, geb. Wahlstab († 1889), war mit dem Geheimen Regierungsrat Dr. Wilhelm Georg Ludwig Böhmer († 1873) in Lüneburg verheiratet, einem hohen Beamten der Königlichen Landdrostei (Bezirksregierung). Die Boehmer zählten zu den sogenannten „hübschen Familien" im Kurfürstentum, später Königreich Hannover, dem „Staatspatriziat", das traditionell die leitenden Beamten stellte. Die elterliche Familie bezog eine der beiden Wohnungen in dem stattlichen Haus Neue Sülze 35, in dem heute das städtische Bauamt untergebracht ist.[2]

Nach dem frühen Tode des Vaters waren Witwe und Kinder auf Unterstützung angewiesen.[3] Emma Böhmer besuchte in Lüneburg die Schule und bereitete sich dann auf das Lehramt vor. „Nach Erstehung ihres Examens in Hannover war sie mehrere Jahre praktisch tätig, vertauschte aber diesen Beruf schließlich mit dem einer Schriftstellerin. Seit dem Tode einer älteren Schwester lebte sie in Verden, wo ihr Bruder als Justizrat tätig war († 1899). Nach dessen Tode siedelte sie nach Berlin über."[4] Sie wohnte Ansbacherstraße 28, nahe dem Wittenbergplatz.[5] Emma Böhmer trat dem 1896 gegründeten Deutschen Schriftstellerinnen Bund bei, welcher die Interessen der weiblichen Autoren vertrat, da selbst die größte Vereinigung von Schriftstellern und Journalisten in Deutschland um 1900 noch keine Frauen als Mitglieder aufnahm.[6] Sie lebte das anstrengende, oft gehetzte Leben einer freien Autorin, über welches sie einmal äußerte: „Nur der, welcher den Existenzkampf in seiner ganzen zermalmenden Schwere an sich selber er-

Das Elternhaus von Emma Böhmer, Lüneburg, Neue Sülze 35

fuhr, weiß, wie unsagbar viel leichter es ein Mensch hat, dessen Einnahmen gesichert sind, gar nicht zu reden von den von Haus aus reichen Leuten, die selten eine Ahnung von Not und Größe besitzen."[7] Von 1910 bis zu ihrem Tode erhielt sie Zuwendungen der Deutschen Schillerstiftung, Weimar.[8]

Einen Blick in die beengten, aber gediegenen und mit Kunstenthusiasmus gestalteten Lebensverhältnisse, in denen sich Emma Böhmer und ihre Schwester eingerichtet hatten, gewährt im September 1908 der Schriftsteller, Kunst- und Theaterkritiker Georg Engel (1866–1931) im Geleitwort zu ihrem Roman „Wenn die Sonne untergeht":

„Vor Jahresfrist etwa empfing ich den Brief zweier mir unbekannter Damen, Emma und Marie Böhmer, in dem ich aufgefordert wurde, in dem Salon der beiden Schwestern vor einem ‚feinsinnigen und hochgestimmten Zuhörerkreise' irgendetwas Verschollenes aus meiner Mappe vorzutragen.

Ich vermutete einen literarischen Zirkel und zögerte.

Aber das Briefchen der beiden Schwestern stellte sich wieder ein, und diesmal plauderte es bereits etwas Scheues und Leises von den Lebensverhältnissen meiner unbekannten Freundinnen aus. Die Jüngere eine Schriftstellerin, die Ältere eine Lehrerin, die den ganzen Tag unterrichtete, damit die vergötterte Jüngste, die ebenfalls fleißig für den kleinen Poeten-Haushalt erwarb, beruhigter ihren künstlerischen Neigungen obliegen dürfe.

‚Meine goldige Schwester' schrieb die Dichterin von dieser Entsagungsvollen.

Das machte mich neugierig. Wer entdeckt nicht gern gute Herzen? Und ich ging.

Umschlag des Romans „Wenn die Sonne untergeht". Berlin: Concordia Deutsche Verlagsanstalt Hermann Ehbock, 1908

In einem ganz engen Zimmerchen, von dessen Wänden alte Ölporträts herabsahen, verräucherte Familienbilder, ein Klosterabt aus der Mitte des sechzehnten Jahrhunderts, ein Geheimer Kabinettsrat aus Hannover – denn die Böhmers dienten den Welfen –, in diesem ganz engen Zimmerchen standen alte gediegene Erbmöbel, wie man sie früher in der ‚guten Stube' zu sehen gewohnt war. Die Beleuchtung ging von vielen kleinen und großen Petroleumlampen aus, die matt unter altertümlichen Schirmen hervordämmerten. Von der Decke hing ein Messingkronleuchter herab und auf ihm brannten mehrere duftende Wachskerzen.

Es mutete mich ganz seltsam an, als ich hier hereintrat. Beinahe feierlich. Etwas Verschollenes aus meiner Mappe sollte ich vorlesen, aber trat ich denn nicht selbst leise auf den Zehen in eine verschollene Zeit, die alles bewahrt

Eine symbolträchtige Illustration: Die blaue Lilie der romantischen Sehnsucht auf dem Goldgrund der christlichen Hoffnung. Einband des Romans „Sehnsucht". Dresden und Leipzig: E. Pierson's Verlag, 1899

hatte, was an ihr treuherzig, gediegen und gemütlich schien?

Und nun die Gäste dieses bescheidenen Raumes. Alte aristokratische Namen, Grafen und Baronessen, dazwischen ein junger schwäbischer Dramatiker mit seiner Gattin, doch alle bezwungen, alle hingerissen von dem glühenden Kunstenthusiasmus unserer beiden Wirtinnen.

Ach, und nun die Dichterin und ihre ‚goldige Schwester'.

Ich habe viel Rührendes gesehen, doch als die beiden Schwestern mit leuchtenden Augen zu schwärmen begannen:

‚O, wenn Sie wüßten, wie hart das Leben zugreift, aber herrlich, herrlich bleibt die Kunst', da wußte ich, daß mir dies liebe, stille Bild nicht mehr entweichen würde.'"[9]

Was ihr Kunst bedeutet, erläutert Emma Böhmer in dem Roman „Sehnsucht" (1899): „Mir ist's immer gewesen, als ‚lebte' ich erst, wenn meine Seele von Musik, Malerei oder einem schönen Buche gefesselt war. Über jedem wahren Kunstwerk schwebt für mich ein Heiligenschein. […] Sobald mich ein Kunstwerk tief ergreift, ist mir's Erlösung, das sagen zu dürfen. Meiner Natur ist Begeisterung notwendig […]. Nur Großes lindert Seelenleid, nie Kleines und nun gar Lustiges! [...] die Kunst ist mir Retterin – sie überwältigt mich, sie gibt mir mich selbst zurück, sie befreit ...."[10] Dann objektiviert sie ihre Liebe zur Kunst: „Große Kunstwerke geben uns eine Offenbarung vom Leben. Wie viele Künstler sprechen durch ihr Werk zu uns von der großen Flamme der Sehnsucht, die in uns brennt! Sie brennt ewig in der Menschen Seelen, so lange Irdisches an ihnen haftet."[11] Die „lichte Gestalt einer großen Sehnsucht" (S. 137), „das Göttliche in uns ringt dürstend nach einem unbekannten Großen, das uns hinanzieht" (S. 142): nach „Ruhe des Glücks" (S. 23), „Herzensanteilnahme" (S. 40), „geistiger Nahrung" (S. 141), „Liebe in Menschengestalt" (S. 48), „ein großes Menschentum" (S. 80), „im Ewigen Erfüllung" (S. 107). Eine Aufführung von Wagners „Tristan und Isolde" erweckt in Hedwig, der Ich-Erzählerin des Romans, die Empfindung, „als ob mir Flügel an den Schultern wüchsen! Als ob ich einen hohen Flug nehmen und Edles vollbringen möchte. Das Höchste. Alles Harte in meinem Herzen schmolz: Groll und Empörung – alles ging unter in dem einen großen Gefühl: Versöhnung."[12] Doch nicht nur der hohe Stil Wagners ergreift sie, sondern auch der niedere des bayrischen Volkstheaters: „Gibt es Köstlicheres als den echten Humor, der aus den tiefsten Tiefen der Seele quillt? Ich hätte da auf der Bühne all' den Kraftmenschen mit den warmen Herzen und dem urwüchsigen gesunden Sinn die Hand drücken mögen. Und der Schuhplattltanz! Hinreißend ist er! Wer ihn tanzen kann, muß ein Stück Leben, Kraft, Frische und Jugend in sich tragen. Und fortreißende Energie. Ich war wie bezaubert von ihm."[13]

Sehnsucht nach Liebe und Güte, Wahrhaftigkeit und Schönheit, urtümlicher Kraft, starken Empfindungen, Individualität und bürgerlicher Freiheit, nach dem Genießen und dem Schaffen von Großem – mit Verzögerung von 120 Jahren, die der besonderen Unterdrückung ihres Geschlechts geschuldet sind, ergreift Frauen wie Emma Böhmer um 1895 der Sturm-und-Drang, wie ihn die Freunde des jungen Goethe, allen voran Jakob Michael Reinhold

Lenz, um 1775 verspürt hatten. In „Freie Sklavinnen" läßt
sie Lena zu Betty sprechen: „Ich sehne mich nach Gefühlsdrang – nach Herz – nach allem, was geben und nicht nehmen will! Du siehst, wie unmodern ich empfinde!" Und in
„Sehnsucht" bekennt sie: „Ich bin keine Dulderin in dem
ergebenen Sinne. Sollen wir es denn auch sein? Sollen wir
schweigend und demütig die Ungerechtigkeiten der Menschen hinnehmen? Uns nie in gerechter Empörung dagegen auflehnen? Impulsive und lebensvolle Naturen kämpfen mit heißschlagenden Pulsen den Lebenskampf. In
ihren Seelen muß der Sturm austoben können. Er muß es,
wenn die seelische Kraft nicht gebrochen werden soll."[14]

Schließlich konzentriert sich die rebellische Sehnsucht
auf die romantische Liebe: „eine Seele, nur eine einzige
muß uns angehören – und wie durch ein Wunder werden
wir sehend: erschließt sich uns der Erde Pracht."[15] Dieses
Wunder – das „Verstehen von Mensch zu Mensch"[16] – begegnet Hedwig am Ende des Romans in der Liebe zur
gleichgestimmten Hanna. Wie 1779 Goethes Iphigenie
ruft sie aus: „Das Unmögliche: ich halte es mit Händen gefaßt."[17]

Wie einst die männlichen Stürmer und Dränger fordert
Emma Böhmer jetzt als Frau das Recht der erotischen, lei-
denschaftlich-romantischen Liebe auf freie Wahl und freie
Entfaltung. Rudolf Steiner, der Begründer der Anthropo-
sophie, bespricht 1901 den Roman „Inkorrekt":

„Zwei Schwestern entwickeln sich aus einer ‚guten Familie' heraus. Die eine wird so, wie es nach den Lebensan-
schauungen dieser Familie sein soll. Sie kommt den Menschen entgegen, wie es die Sitten ihres Standes fordern;
sie strebt danach, den Männern zu gefallen, aber sie tut es
nur in der korrekten Maske der wohlanständigen Zurückhaltung; sie weiß vor den Leuten nur von Vorstellungen
‚gut erzogener' Tochter, denn sie liest anrüchige Romane
nur im geheimen und vergißt nie, dieselben unter sicheren
Verschluß zu bringen, wenn sie die Lektüre unterbricht.

Sie verheiratet sich, wie vornehme Töchter sich verheiraten, so daß in dem heuchlerischen Verhältnisse zwischen Braut und Bräutigam nichts von einer Wahrheit des inneren Lebens mitzusprechen braucht. Ihre Ehe muß eine solche sein, die zwei Seiten hat, eine öde und leere im Hause, und eine korrekte nach außen hin, der Gesellschaft gegenüber. Die andere Schwester, die Hauptfigur des Romans, setzt die innere Wahrheit ihres Wesens durch, so viel sie auch gezwungen wird, diese innerhalb des Kreises ihrer korrekten Familie immer wieder und wieder zu verbergen. Sie sucht sich Wege, um ihre künstlerischen Antriebe zur Entfaltung zu bringen. Sie muß alles, was sie nach dieser Richtung hin tut, hinter dem Rücken ihrer Eltern tun, weil diese in alle dem nur Verkehrtheiten des wahren Mädchencharakters erblicken können. Sie findet den Mann, der den Neigungen ihrer Seele das rechte Verständnis entgegenbringt. Wären ihr die Verhältnisse günstig, so würde dieser Mann sich eine gesicherte Lebensstellung erringen und dann, trotzdem er als Literat die vollen Sympathien der Eltern niemals finden könnte, doch wohl wenigstens vor diesen ‚Gnade‘ finden. Und selbst, wenn dies nicht der Fall wäre, würden die beiden Menschen sich ein Leben erzwingen, das ihren Bedürfnissen entsprechend ist. Da aber ein Unfall den plötzlichen Tod des Mannes herbeiführt, nimmt die Sache eine Wendung, welche zwar die Unnatur, innerhalb der sich das Mädchen entwickelt hat, blitzartig erleuchtet, aber ihre nach Selbständigkeit ringende Persönlichkeit zur völligen Befreiung nötigt. Sie wird bei dem eben gestorbenen Geliebten gefunden. Das bedeutet für alle ihre ‚korrekten‘ Angehörigen einen Skandal. Sie verläßt Haus und Familie und sucht auf ‚einsamer Fahrt‘ nach einem Leben in Freiheit. Wie auch schon im Verlaufe der vorhergehenden Tatsachen, so treten aber besonders die Charaktereigentümlichkeiten der einzelnen Glieder der ‚guten Familie‘ am Schlusse hervor, als sich ereignet, was in deren Augen eben nur als ‚Skandal‘ gelten kann. Ebenso sinnvoll wie die beiden Schwestern, bilden die Persönlichkeiten der Eltern Kontrastfiguren, fein un-

terschieden durch die Art, wie sich die durch eine scha-
blonenhafte Lebensführung entstellte Charakteranlage in
beiden äußert. Interessant ist besonders der Vater gezeichnet, in dessen Innerem die Vorstellungsart des Bureaukra-
ten mit einem guten Herzen so kämpft, daß auch im Leser
ein heftiger Streit der Gefühle entsteht zwischen der Sympathie mit einem im Grunde milden und edlen und der
Abneigung gegenüber einer in Standesfesseln ganz gefangenen, innerlich doch durchaus unfreien Persönlichkeit."[18]

Für freie Künstlerinnen wie Emma Böhmer, die unverheiratet blieben, weil sie sich nicht unter die Vormundschaft
eines Mannes begeben wollten, bedeutete die Altersver-
sorgung ein großes Problem, das dadurch noch verschärft
wurde, daß die Nazis die künstlerischen Erwerbsmöglich-
keiten stark einschränkten. Über Emma Böhmers spätere
Jahre gibt 1943 an entlegener Stelle, die der Zensur offen-
sichtlich entgangen ist, ein Nachruf Auskunft: „In Wienhausen verstarb die niedersächsische Dichterin Emma
Böhmer. Sie ist als Romanautorin und Märchenerzählerin
bekannt geworden. Ein fröhliches Märchenspiel „Witzenspitzel" ging viel beachtet über die Berliner Bühnen.
Emma Böhmer, dem Friedrichshagener Kreis *[von Lebensre-
formern, Anarchisten und Künstlern um 1900]* nahestehend, verlebte lange Schaffensjahre in Berlin. Vor neun Jahren fand sie
im Kloster Wienhausen als Klosterdame eine freundliche
Altersruhe."[19]
Nach Unterlagen der Deutschen Schillerstiftung, Weimar, war Emma Böhmer zwischen Mai und Oktober 1936
von Berlin nach Wienhausen übergesiedelt, nachdem ihre
ältere Schwester Marie, mit der sie zusammengelebt hatte, schon 1930 gestorben war.[20] Für eine unverheiratete
Tochter aus einer der „hübschen Familien" der Provinz
Hannover lag ein Lebensabend in einem der Heideklöster
nahe. Emma Böhmer starb am 5. Mai 1943 „nach längerem
Leiden im Josefstift zu Celle".[21] Ihre Romane sind nur in
wenigen Exemplaren überliefert und antiquarisch heute
schwer erhältlich.

Werke

Im Rechten die Ehre [Roman]. Bremen: Bremer Nachrichten, 1898 (2. Druck in München); *Hinauf [Roman].* Dresden und Leipzig: Carl Reißner, 1899; *Sehnsucht [Roman].* Dresden und Leipzig: E. Pierson's Verlag, 1899; *Inkorrekt [Roman].* Dresden und Leipzig: Reißner, 1901; *Ehe-Intermezzo [Roman].* Leipzig und Berlin: Hermann Seemann Nachfolger, 1902; *Bergesgipfel [Roman].* Berlin: F. Grunert, 1903; *Moderne Monologe.* Heidelberg: Winter, 1904; *Das Lied ist aus [Roman].* 1905; *Wenn die Sonne untergeht [Roman. Geleitwort von Georg Engel].* Berlin: Concordia Deutsche Verlags-Anstalt, 1908; Emma Böhmer, Georg Knauer: *Witzenspitzel*, ein heiteres Märchenspiel. Dresden: Reißner, etwa 1910; *Im Sanatorium [Roman].* Berlin: Concordia Deutsche Verlags-Anstalt, 1911; *Meister Josef.* Ein Märchen. Dem Andenken Josef Kainz gewidmet. Berlin: Frau Marie Grunert Verlag *[= Verlag der Leihbibliothek und Buchhandlung: Franz Grunert, Neues Berliner Lese-Institut, Markgrafenstraße 59; Verlagsangabe auf dem Innentitel: Hermann Michel Verlag, Berlin (= Verlag der Schillerbuchhandlung Hermann Michel, Berlin-Charlottenburg)],* o.J. (um 1911); *Freie Sklavinnen [Roman].* Dresden: Reißner, 1915; *Der kleine April; Traumursel.* In: Emma Böhmer, Margarete Bruch, Carola Patzcker, Anna Plothow, Sophie Reinheimer: Im Monatsreigen. Zwölf Märchen. Berlin-Schöneberg: F. Schneider,1920; 2. Auflage, etwa 1925, S. 53–63, 99–112; Emma Böhmer, Georg Knauer: *Der Dämon in der Karte [Novelle],* 1929

Zeitschriftenbeiträge

Emma Böhmer, Marie Böhmer, Käthe Hirschfeld: *„Die Ausstellung ‚Die Frau in Haus und Beruf' in Berlin."* Vier Teile. In: Deutsche Frauen-Zeitung, Jg. 25, 1912, Nr. 27, S. 283–284, Nr. 30, S. 314–315, Nr. 31, S. 325–326, Nr. 34, S. 358.
Zahlreiche weitere Zeitschriften- und Zeitungsbeiträge.

Anmerkungen und Nachweise

1 Vgl. Kirchenbuch, St. Nicolai, Lüneburg, S. 117, Nr. 22

2 Vgl. Adreßbuch- und Handbuch der Stadt Lüneburg. Vierter Jahrgang. 1869. S. 3.

3 Vgl. Niedersächsisches Landesarchiv HA, Hann. 180 Lüneburg, Acc. 2 Nr. 251

4 Franz Brümmer: Lexikon der deutschen Dichter und Prosaisten vom Beginn des 19. Jahrhunderts bis zur Gegenwart. 1. Band, 6. Aufl., Leipzig 1913, S. 285f.

5 Vgl. Kürschners deutscher Literaturkalender auf das Jahr 1903, Spalte 131

6 Vgl. L. Kurt: Der Deutsche Schriftstellerinnen-Bund. In: Über Land und Meer. Deutsche illustrierte Zeitung. 48. Jg., 1905–1906, Nr. 40, Oktober 1906, S. 982–984, hier S. 983

7 Emma Böhmer: Idealisten. In: Ethische Kultur. Monatsblatt für ethisch-soziale Neugestaltung. 32. Jahrgang, Nr. 5, 15. Mai 1924, S. 38f.

8 Vgl. ihre Personalakte bei der Deutschen Schillerstiftung, Weimar, Signatur: GSA 134/132,3. Umfang: 186 Blatt

9 Georg Engel: Ein Geleitwort. In: Wenn die Sonne untergeht. Roman von Emma Böhmer. Berlin: Deutsche Verlagsanstalt, 1908, S. 7–9

10 Sehnsucht. Roman von Emma Böhmer. Dresden und Leipzig: E. Pierson's Verlag, 1899, S. 24–26

11 Sehnsucht, a.a.O., S. 39

12 Sehnsucht, a.a.O., S. 41f.

13 Sehnsucht, a.a.O., S. 52

14 Sehnsucht, a.a.O., S. 59

15 Sehnsucht, a.a.O., S. 203

16 Sehnsucht, a.a.O., S. 215

17 Sehnsucht, a.a.O., S. 221. Vgl. Goethe: Iphigenie auf Tauris. Erste Fassung (1779), 4. Akt, 3. Szene: „Wolken umgaben mich in lebendigem Traume; das Unmögliche hielt ich mit den Händen gefaßt."

18 Inkorrekt. Magazin für Literatur 1901, 70. Jg., Nr. 45. In: Rudolf Steiner: Gesamtausgabe. Band GA 32. 3. Auflage. Dornach 2004, S. 420–423

19 Litzmannstädter Zeitung [Łódź], 26. Jg., Nr. 167, 16. Juni 1943, Beilage

20 Freundliche Mitteilung der Archivarin Frau Karin Ellermann, 11. September 2017

21 Traueranzeige von Äbtissin und Konvent des Klosters Wienhausen. In: Cellesche Zeitung, Nr. 105, 7. Mai 1943

Werke

Eine Abschiedsstunde im Heinrich Heine-Hause

Helle Mittagssonne liegt über der Heidestadt. Hoch ragen die alten Giebel in ihren alten gotischen Formen! An den Haustüren blinken die schönen uralten Türklopfer von Messing. Der Renaissancebau des Rathauses auf dem Marktplatz trägt in seiner Front die Jahreszahl: 1567. Oben die Uhr mit dem Glockenturm – unten die mächtigen Granitsäulen, welche die Gewölbe des Untergeschosses tragen. Die vielen Standbilder und Wappen farbig bemalt. Mitten auf dem Platz der plätschernde Springbrunnen und rings um ihn her reges Leben: es ist Markttag! Eine Flut von Menschen drängt zwischen den kleinen Buden und Standplätzen, vor denen redselige Bardowickerinnen ihre Waren freundlich feilbieten. Alles ist da, was den Gaumen erfreuen könnte, auch praktische kleine Toilettenartikel fallen ins Auge. Und dann die Blumen – die Heidesträuße! Es ist ja August! Prosa und Poesie in bunter Pracht durcheinander! Jetzt holt die alte Glocke im Turm zum Schlage aus: zwölf Schläge dröhnen über die verkaufende und kaufende Menge dahin …

Dem Springbrunnen schräg gegenüber steht das Haus Nr. 1 am Ochsenmarkt! Seine Entstehungszeit fällt in das 16. Jahrhundert. Eine kleine Tafel aus schwedischem Granit ist dort oben zwischen den Fenstern im zweiten Stockwerk angebracht. Sie trägt die Inschrift:

„Hier wohnte und dichtete Heinrich Heine. 1823.“

Uralt schaut das Haus darein, stark hat die Zeit ihre Spuren eingegraben. Wenn die Märchenblume Glyzinie ihre Blütezeit hat, breitet sie ihren verjüngenden Lilaschim-

Das Heinrich-Heine-Haus in Lüneburg mit blühenden Glyzinien im Sonnenlicht

mer darüber. Das ist dann wie ein Wunder. Als ob das graue Gemäuer selbst in Blüte stände! Aus einer der länglich flachen Nischen im Portale, die unten in Sitzkonsolen auslaufen, hebt sich die Gestalt einer ehrwürdigen alten Frau leuchtend unter der Sonne hervor:

„Tante Emma" heißt man die 94jährige allgemein in der Heidestadt. Längst ist sie eine populäre Persönlichkeit geworden. *[Emma Wahlstab, geb. Koellmann (13.1.1836–26.3.1932), hatte 1854 den Verleger Andreas Bernhard Wahlstab (15.4.1826–1908) geehelicht.*

Das Paar bezog das Erdgeschoß des Heinrich Heine-Hauses, das sich schon seit 1824 im Besitz der Familie Wahlstab befand und das ihr Mann 1863 erbte. Um 1891 geht die Buchhandlung in andere Hände über. Das Paar zieht sich vom gesellschaftlichen Leben zurück und nimmt im zweiten Obergeschoß des Heine-Hauses Wohnung. Nach dem Tode ihres Mannes ist Emma Wahlstab Eigentümerin des Hauses, das sie 1920 an den Schlachtermeister Ludwig Meyer verkauft. Ihre Wohnung gibt sie nicht auf.] Sie sitzt da in der tiefen Nische vor dem Heinrich Heine-Haus, das ihr lange Jahrzehnte gehörte und hält einen frischen Heidestrauß in der Hand: ganz feierlich, als ob sie einen Märchenprinzen erwartete. Und sie erwartet auch einen …

Ihr bestes Schwarzseidenes hat sie angetan, auf dem schmalen klugen Kopf trägt sie ihr weißes Staatshäubchen mit den etwas verblaßten lila Seidenbändern und den weißen Perlen, die auch schon einen matten Glanz bekommen haben. Ein Hauch schlichter Vornehmheit und überlegener Geistesstärke liegt über dieser in Erwartung dasitzenden Frauengestalt. Jung schaut Tante Emma noch aus den Augen trotz ihrer 94 Jahre – jung in dem Sinne des noch lebendig Fühlenkönnens, des intensiven Lebens im Geiste und mit dem Willen zum Leben.

Sie sitzt und schaut mit dem Heidestrauß in der Hand, schaut unentwegt aus … Da kommt ihre Nichte über den Marktplatz gegangen. Sie will Abschied nehmen, ihr letzter Ferientag ist heute. Als sie Tante Emma so seltsam feierlich dasitzen sieht, beschleunigt sie ihre Schritte. Ein wenig erschreckt greift sie nach ihren Händen.

„Ja, mein liebes Kind", sagt die alte Dame in Herzlichkeit und schaut glückstrahlend aus den braunen Augen – „ich erwarte nämlich meinen Pflegesohn. Er hat sich anmelden lassen durch seinen besten Freund. Du weißt: durch den ‚Schwarzen', wie er überall genannt wird."

„Der Schwarze?! Warum – –"

„Ja, Kind, er trägt immer einen breiten schwarzen Schlapphut und ein schwarzer Pudel begleitet ihn. Heute früh sieben Uhr hat er meinen Pflegesohn angemeldet."

„Will er Dich abholen?"

„Pst", sagt Tante Emma, sie spricht jetzt leise und geheimnisvoll. „Er kommt im eigenen Auto direkt aus Afrika und bringt mir einen Diamanten mit – o! ich muß dankbar sein, mein Kind! Durch ihn bin ich nun sichergestellt, brauche mir keine Sorgen mehr zu machen."

Die Hände der alten Frau sind heiß vor fiebernder Erwartung, nach allen Richtungen schaut sie aus … Aber in den wenigen Autos, die vorübersausen, sitzt kein Pflegesohn mit einem Diamanten für Tante Emma.

„Wie wäre es, wenn wir hinaufgingen in Deine Stube und ihn dort erwarteten", sagt die Nichte und legt beruhigend den Arm um die Schulter der alten Dame.

„Wir öffnen da oben Dein Fenster und passen auf, wenn das Auto kommt. Sieh mal, mein Weg zu Dir war weit, ich bin recht müde."

Tante Emma erhebt sich sofort.

„Du hast recht, mein Kind."

Und so gehen die beiden die uralte breite Treppe hinauf, an deren Pfosten die geschnitzten Löwen noch immer Wache halten und sich baß wundern über der Zeit und Menschen Flugschritte. Oben beim offenen Fenster in der altmodischen Stube hört die Nichte dann, daß der Pflegesohn einst als kleiner Knabe in die Küche zu Tante Emma gekommen ist und ‚Kieler Sprott' angeboten hat. Viele prachtvolle goldene Fischchen, genau so golden wie die ungebärdige Locke auf der Stirn des armen schönen Knaben, der eine trostlose Kindheit bei einem jähzornigen Stiefvater gehabt hat. O, wie viele goldene Fischchen Tante Emma ihm abkaufte! Ganz wenig Geld wollte er dafür haben. Bescheiden war er gewesen, nobel und gut.

„Da schloß ich ihn in mein Herz, liebes Kind", sagt die alte Frau feurig jung, „und behielt ihn immer im Auge, bis wir schließlich ein Herz und eine Seele waren. Und nun ist er mein Pflegesohn!"

Sie steht jetzt etwas mühsam auf und lehnt sich weit aus dem Fenster. Aber er kommt nicht, der Pflegesohn, kein Auto hält vor dem alten Hause.

Hannchen, das kleine Fräulein bei Tante Emma, tritt in die Stube und schüttelt den Kopf über die Phantasien ihrer Herrin.

Die Nichte lenkt Tante Emma von ihren Träumen ab. *[Emma Böhmers Mutter war eine Schwester von Andreas Bernhard Wahlstab.]* Sie fragt nach vergangenen Tagen und interessanten Menschen, die den Weg der alten Dame gekreuzt haben.

Klar und bestimmt, mit akzentuierten Worten erzählt Tante Emma. Da sieht die Nichte im Geiste den zauberhaften Märchengarten wieder hinter dem Hause mit seinen entzückenden altmodischen Blumen, den schöngepflegten Rasen mit dem Taubenschlag, aus dem die weißen und grauen Tauben wie Märchenvögel ein- und ausflogen! Sie blickt in den geheimnisvollen großen Pavillon hinein, in dessen Mitte ein prachtvoller runder Tisch steht – für einen Goethe mit seiner geistvollen Tafelrunde wie geschaffen!

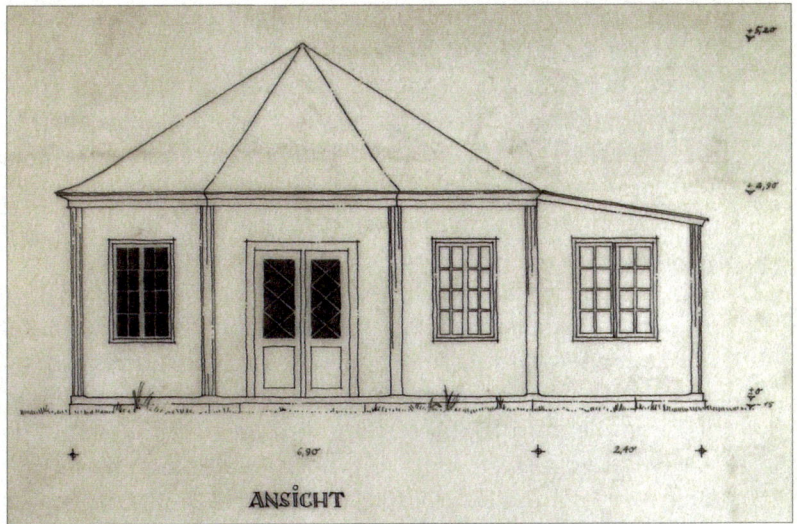

ANSICHT

Der verschwundene goethezeitliche Gartenpavillon des Heine-Hauses, gezeichnet von Karl-Heinz Scheuermann, September 1948. Stadtarchiv Lüneburg, P 18 O 3

[In diesem Pavillon war schon der Verlagsgründer Bernhard Gotthard Wahlstab, als einer von einhundert angesehenen Bürgern, am 5. April 1813 von französischen Soldaten verhaftet und als Geisel genommen worden.] Und dann erinnert sie sich zusammen mit Tante Emma an ein köstliches Intermezzo: eines Tages sollten junge Hähnchen gegessen werden. Das treue und fleißige Mädchen von ‚damals‘ aber verstand diesen Friedensbraten nicht tadellos, nach ihrer Herrin Sinn, zu bereiten. Marie begoß die Tierchen einfach nicht rechtzeitig in der Bratpfanne – sie war nämlich Braut und demzufolge träumerisch. Aber Tante Emma mitsamt ihrer Nichte wußten sogleich Rat.

Die Achtzigjährige faßte ihr Patenkind an die Hand, beide hoben zierlich den Rock und tanzten in graziösen Windungen auf die zerstreute Brautköchin hin und zurück, während sie hingebend dazu sangen:
„Wir winden dir den Jungfernkranz
Mit veilchenblauer Seide …“
Sobald der Schluß des Verses zuende war, mußte Marie unter dem Gesang: „Schöner grüner – schöner grüner

Jungfernkranz! Juchhe!" die geduldigen Hähnchen begie-
ßen. Und sie tat es mit Verve bei dem himmlischen Braut-
gesang von Tante und Nichte. Spiel und Tanz wurden solange wiederholt, bis der Brautköchin die Sache in Fleisch
und Blut übergegangen war. Tante Emma tanzte mit ihren
80 Jahren wie eine ganz Junge im weißen Frisiermantel
mit wehenden langen Haaren, denn sie war direkt aus der
Schlafstube zur Küche hinübergelaufen, um diese Unter-
richtsstunde zu geben.

„Deine Besuchszeiten bei mir waren herrlich", raunt die
alte Dame – „weißt Du noch, Kind, wie wir den Betrunke-
nen, der in der engen Gasse an den Seitenfenstern deiner
Logierstube vorübertorkelte, mit meiner Blumenspritze
pudelnaß begossen? Herrgott, noch heute könnte ich mit
meinen 94 Jahren solche törichte Streiche begehen – was
soll nur noch aus mir werden?!"

„Komm' – Erinnerung feiern", sagt sie impulsiv und
geht mit der Nichte über einen langen schmalen Gang *[im
2. Obergeschoß]*, den sie ihre ‚Kegelbahn' nennt. Sie betreten
das Logierstübchen, in dem viele bedeutende Menschen
gewohnt haben. Zum größten unter ihnen ward Heinrich
Heine vor ihrer Zeit. Der braune alte Kachelofen steht noch
da, er könnte erzählen! Überaus schlicht schaut er aus. Gra-
ziöse Frauengestalten verzieren ihn nur, deren Hände eine
Lyra halten, auch innerhalb der offenen Ofenröhren *[Braten-
röhren, mit einem Türchen verschließbare Ofenfächer]* erscheinen sie
wie schwebend auf den glänzenden braunen Kacheln.

„Samson Heine, des Dichters Vater, hatte sein Geschäft
in Düsseldorf liquidieren müssen und war deshalb im
Frühjahr 1822 in unsere Heidestadt gezogen", erzählt Tante Emma. „Viele von Heine's schönsten weltschmerzlichen
Liedern entstanden hier. Rudolf Christiani, der Sohn des
Stadtsuperintendenten, wurde ‚Harrys' Freund und verkehrte hier im Hause."

*[1928 schildert Erich Gottgetreu eine Begegnung mit der zweiundneun-
zigjährigen Frau Wahlstab: „Die Eltern Heines hätten gesellschaftlich tief
unter der Familie des Buchhändlers Wahlstab gestanden, besonders gerügt
werden Heines ungeniertes Benehmen und seine Respektlosigkeit. ‚Heine*

lief in Unterhosen durch das ganze große Haus, der stille Ort war im Hof gelegen, gewiß, aber hätte der junge Mann sich nicht richtig anziehen können, da sieben junge heiratsfähige Töchter im Hause waren? Sieben junge Damen!' Frau Wahlstab ist ehrlich entrüstet".]

Die alte Dame sitzt jetzt in einem behaglichen alten Sessel vor dem braunen Kachelofen.

„Jede Persönlichkeit von geistigem Rang, die unsere Stadt berührte, genoß bei uns Gastfreundschaft. Spitta, der Dichter von ‚Psalter und Harfe', und später Julius Wolff, als er seine Studien zum Sülfmeister hier machte. Auguste von der Decken war Freundin des Hauses, sie schrieb unter dem Namen A. v. d. Elbe ihre Lüneburger Geschichten. Eine wundervolle Aufführung der Nibelungen *[von Friedrich Hebbel]* hat sie unten auf der historischen alten Diele in Szene gesetzt, ich wirkte als ‚Brunhild' mit."

„Ja, das waren noch schöne Zeiten", schwärmt Tante Emma. „Die großen Meister der Geige verkehrten bei mei-

Teppichwirkerin auf der Diele des Heinrich-Heine-Hauses um 1890. Gemälde von Franz Sturtzkopf. Repro: Museum Lüneburg, A 264

nem Manne und mir: *[Joseph]* Joachim, *[August]* Wilhelmi, das *[Jean]* Beckersche Quartett. Charlotte Huhn, die dramatische Sängerin, wurde meine junge Freundin. *[Emil]* Palleske rezitierte in unseren Stuben. Alfred Brehm, der berühmte Tier-Brehm, war entzückt vom alten Patrizierhaus und seinem Märchengarten."

Die Nichte erinnert sich des Brautbildes von Tante Emma – ein entzückendes Stück Biedermeierzeit, da sie als Achtzehnjährige ihren Einzug in das blühende Haus gehalten hat. Auf leichten Schultern trug sie das den damaligen Frauen gewährte Wissen, aber mit aufnahmebegierigen Sinnen und dem weiblichen Talent der Einfühlung in ihre Aufgabe, den Geist des alten berühmten Hauses zu bewahren, damit es eine Pflegestätte höherer Interessen blieb.

Alle Geister des Hauses werden wach und locken Tante und Nichte, ihren Wegen nachzugehen. Vergessen ist für eine Weile der Pflegesohn, den Tante Emma's Phantasie im Geiste erschaut und glühend herbeigesehnt. Denn jetzt in ihrem hohen Alter ist sie eine arme Kleinrentnerin geworden. Aus ihren schön eingerichteten und früher aufs peinlichste gehaltenen Räumen sind Kostbarkeiten aller Art verschwunden. Ja, wo sind sie geblieben, die vielen wertvollen Sachen, die herrlichen Porträts aus alter Zeit? … Verkauft, verschenkt, an Menschen fortgegeben, die hin und wieder geholfen haben in unserer Zeit wirtschaftlicher Not.

Sie gehen beide in die Wohnstube zurück. Behaglich ist sie immer noch, trotz der traurigen Leere in ihr. Nur der kostbare Glasschrank an der Wand zeigt einige wertvolle Stücke. Auch Tante Emmas in Gips gegossene schmale aristokratische Hand. Der Platz in der tiefen Nische des historischen Eckfensters über der Doldenpracht der Glyzinien ist noch da, der altmodische kleine Nähtisch steht jetzt unberührt. Dem Flug der Schwalben um den alten Glockenturm folgen Tante Emmas Augen täglich …

„Verarmt, verarmt", denkt die Nichte und fühlt einen vernichtenden Schmerz im Herzen. Das Haus damals ganz unter Preis verkauft – danach die Inflation, die alles Geld wieder nahm. Gnadenbrot essen, nach über 70 Jahren des Wohlstandes und nobelster Gastfreundschaft. Nur noch die alten Räume mit Erinnerungen, bis der Erlöser Tod Befreiung bringt ...

„Meine Augen werden trüber und trüber, mein Kind", sagt Tante Emma in das Schweigen hinein. „Ich sehe nur innerlich klar, was die Vergangenheit mir gewährte, und ich fühle aus dem Wesen der Menschen viel Dunkles und Trübes heraus. Manchmal aber legt es sich doch wie ein Schleier über mein Denken und Tun ..."

Sie bricht plötzlich ab und bleibt versunken sitzen. Die Nichte denkt daran, welch langes glückliches Leben hinter Tante Emma liegt, wie sie als bildhübsche geistvolle Frau gefeiert worden ist! Krankheit hat sie kaum gekannt, sie sprühte vor Lebensfreudigkeit, war immer heiter inmitten der Schar ihrer Freundinnen und Verehrer. Vieler Geschehnisse erinnert sich die Nichte. Nicht gar so selten hat sie Tante Emma hart gesehen, ihr Charakter ist nicht weich und tolerant. Die Schärfe ihres Urteils geht aber mit Humor Hand in Hand und kann sehr ergötzlich sein. Voll Schelmerei steckt sie immer, auch heute noch. Wehe dem, dem sie nicht wohlwollend gesinnt ist. Sie erhält noch viel Besuch, auch interessante Leute aus fernen Städten gehen nicht an dem alten Hause vorüber, ohne der herzjungen 94jährigen zugehört zu haben.

In den letzten Jahren ist Tante Emma etwas mißtrauisch geworden. Im Unterbewußtsein empfindet sie wohl, daß ihr Gedächtnis nachläßt für die Gegenwart und sie beobachtet wird. Denn ihre Phantasien vom ‚Pflegesohn', die mit anderen Wahnideen abwechseln, erfüllen den Arzt mit Besorgnis. Die Nichte fühlt das alles tief heraus, sie kennt Tante Emma's Charakter am besten, obgleich gerade sie fern von ihr lebt in der Großstadt. Sie weiß um ihre außerordentlichen Eigenschaften und ihre großen Fehler, unter denen auch sie oft stark gelitten hat. Aber der besondere Reiz, der von dieser starkgeistigen und humorvollen Frau ausgeht, hält sie immer von neuem gefangen, wenn sie bei ihr ist. Dem großelterlichen Hause gehört ihre ganze Liebe.

„Min Döchting, min leive Deern", sagt Tante Emma plötzlich und greift nach den Händen der vor ihr Stehenden und hält sie fest, so fest, als ob sie sich für immer daran festklammern möchte, „du bleibst noch hier, gehst nicht bald fort?" forscht sie mit angstvollem Blick.

„Die Arbeit ruft, Tante Emma, das Verdienenmüssen steht erbarmungslos hinter mir. Wir sehen uns im nächsten Jahr wieder – bestimmt! Und ich schreibe Dir …"

Tränen rinnen über die welken Wangen der alten Frau. Erschreckend alt sieht sie plötzlich aus. Hoffnungslos müde. Sie leidet innerlich mehr als andere ahnen. Hart ist sie auch mit sich selber. Erschüttert steht die Nichte vor ihr. Hat sie Tante Emma je weinen sehen? Nie! Sie kannte nur die in Lebensfreude leuchtenden braunen Augen, den zuversichtlichen Blick, der nie ‚Frau Sorge' ins düstere Antlitz sah – bis jetzt im hohen Alter.

„Gott behüte Dich, Tante Emma", sagt die Nichte mit weinenden Augen und beugt sich zum Kuß auf die zitternden alten Hände nieder.

„Gott segne Deine Arbeit", flüstert Tante Emma – unaufhaltsam strömen die Tränen. Beide halten sich fest umschlungen. Es ist ganz still in der Stube geworden, kein Laut ist vernehmbar. Nur langsam löst die Nichte ihre Hand aus den fieberheißen Fingern der alten Frau. Sie geht und zögert noch an der Tür … ist es ein Abschied auf Nimmerwiedersehen? …

Mit schweren Knien steigt sie die Treppen hinab, auf der ihre Eltern und Großeltern herunter- und hinaufgestiegen sind, auf der Heinrich Heine seine Lieder im Innern bewegte und viele bedeutende Menschen ihre schöngeistigen Ideen in der Seele verarbeiteten. Dann steht sie auf der Straße und nimmt Abschied vom Märchenhaus. In ihm fühlt sie sich selbst als Dichterin, als eine Seele, die das Höchste leben möchte.

„Auf ein Wie – der – sehen!" tönt's oben aus dem geöffneten Fenster – wie aus weiter, weiter Ferne, schon dem Leben entrückt …

Erika. Sonntagsblatt der Lüneburgschen Anzeigen. 10. April 1932, S. 113–115. Emma Böhmer hat gemeinsam mit Dr. Friedrich Corssen auch verfaßt: Aus vergangenen Tagen. Zu Frau Emma Wahlstab's 90. Geburtstag. Präludium. In: Lüneburgsche Anzeigen, 12. Januar 1926, 2. Blatt

Freie Sklavinnen

Lena dekorierte mit wahrer Andacht die prachtvolle Festtafel bei ihrer Freundin. Sie liebte diese Tätigkeit. In ihrem Berufe als Schriftstellerin hatte sie viele Enttäuschungen, herbe Erfahrungen aller Art zu durchkämpfen. Die Freuden durch Anerkennung und klingenden Lohn mußten nur zu oft Bitterkeit mildern helfen. Hier aber – beim Schmücken eines Festtisches in einem reichen Hause – herrschte Frieden und Freude. Schönes durfte sie schaffen, das durch nichts getrübt wurde. Sie dekorierte häufig in Freundes- und fremden Kreisen. Es hatte sich herumgesprochen, daß sie die feine Kunst erlernt und Hervorragendes in ihr leistete. Durch Beziehungen wurden ihr immer neue Bestellungen.

Heute schuf sie ein Gedeck für ein Jagddiner. Die Freundin hatte ihren Schwager, einen Gutsherrn, mit seinen Gästen – den Jägern – zu Tisch eingeladen. Damen kamen nur wenige. Sie selbst hatte abgelehnt. Gesellschaften bedrückten sie, ließen ein starkes Unbefriedigtsein in ihrem Innern zurück. Auch fand sie den leichten geselligen Unterhaltungston nicht, so daß es ihr vorkam, als störte sie jeden heiteren Kreis.

Die Tafel sah reizend aus.

Lena hatte weiße Glashirsche auf einen grünen Seidenläufer gestellt. Dazwischen verstreut rankte aus feinen

Kristallröhren schlanker Vasen das lichte Grün zarten Frauenhaares.

Vor acht Tagen hatte sie den Tisch einer harmlos übermütigen Gesellschaft geschmückt. Jede Flasche war da ein Mensch gewesen, der Kopf aus Ton modelliert, das Kostüm aus geripptem Seidenpapier! Welchen Spaß die Leute gehabt hatten! O, und wie schön die Festtafel bei Professor Krause ausgefallen war, wo sie wie zur Goethezeit bunte Blumen herangeschleppt, große Feldblumensträuße gebunden und sie in alte wertvolle Gläser gestellt hatte! Um die Füße der Leuchter wurden Kränze gelegt von buntblühendsten Farben ...

Ja – solche Tage gaben sonnigen Glanz.

Prüfend umschritt sie ihr Jagdgedeck von allen Seiten.

Wundervoll sah es aus – wie geschaffen für Jäger!

„Aber Lena! Es ist ja bezaubernd geworden!"

Ihre Schulfreundin hatte den Eßsaal betreten. Sie war über Mittelgröße und ziemlich robust. Die kühlen, hellblauen Augen standen in seltsamem Gegensatz zu dem schwarzen Haar, das wenig geschmackvoll frisiert war. Betty Lindner besaß keinen Schönheitssinn. Sie hätte sonst viel mehr aus sich selber machen können, da sie durchaus nicht häßlich war.

Daß sie eine Festtafel künstlerisch bei sich dekorieren ließ, geschah aus zwei für sie stichhaltigen Gründen.

Erstens waren künstlerische Tischdekorationen jetzt Mode. Und auf Mode schwor Betty. Zweitens wollte sie ihre Kindheitsfreundin pekuniär unterstützen und dabei als Protegierende eine Rolle spielen. Aber freilich, sie war auch eine treue, anhängliche Natur. Sie vergaß es Lena nicht, daß diese in der Schule alle Rechenaufgaben für sie gemacht und sie französische und englische Extemporalien hatte abschreiben lassen. Unbewußt sah Betty noch immer zu Lena auf, trotzdem sie auf beständigem Kriegsfuße lebten.

· „Die Herren werden deine Kunst mächtig loben, Lena! Ach! wenn du dich doch verheiratet hättest! Du verständest es großartig, alles schön und gemütlich für einen

Mann zu machen! Oskar meint das auch. Deine Raschel
[Kosename für eine lebhafte Freundin] hätte ebenfalls heiraten
müssen, sie kocht so gut. Ihr wäret viel weiblicher geblieben und ..."

Lena lachte so herzhaft heraus, daß Betty gekränkt im
Sprechen innehielt.

„Dein Mann findet uns wohl schrecklich unweiblich,
was?! Verzeih, Betty, es ist aber wirklich zu komisch, wenn
du Andeutungen machst, die uns bessern sollen! Lieber
Himmel, wenn ich euch nun bessern wollte ... was sagtet
ihr dazu?!"

Betty machte ein verlegenes Gesicht, das aber gleich darauf ärgerlich ward.

„Uns bessern? Wieso?!"

„Die Frage gebe ich dir zurück", meinte Lena lächelnd.
„Wieso benehmen Raschel und ich uns unweiblich?"

„Gott, nein! Ihr seid nur so furchtbar selbstsichere Menschen – haltet immer für recht, was ihr tut – –"

„Haltet ihr etwa nicht für recht, was ihr tut?"

„Ich habe meinen Mann", sagte Betty und hob den Kopf
energisch hoch.

Lena lachte wieder.

„Ach, Betty, laß uns nicht streiten. Wir kommen doch
nicht zusammen. So ein ehrpusseliges korrektes Eheweib-
chen kann ja gar nicht die Frau von heute verstehen."

„Siehst du: ‚Die Frau von heute' – so'n gräßliches Wort,
Oskar ..."

„Bitte, Betty, ich lege kein Gewicht auf Schlagworte ...
kurz: Ihr begreift uns nicht – wir dagegen begreifen euch
aus euren Naturen heraus und lassen euch selbstverständlich auf eure Fasson selig werden – – –"

„Ums Himmels willen, rede so etwas nie vor Oskar,
Lena! Ich meine es doch gut mit dir. Es macht mich aber
schrecklich nervös, euch meinem Manne gegenüber immer
verteidigen zu müssen. Sieh, jetzt haben Herta und Lulu
wieder diesen gräßlichen Stolte als Mieter! Der Mensch ist
doch direkt verkommen ..."

„Er denkt gar nicht daran."

„Ja, wie sieht er denn aber aus! Schlampig – und immer den breitrandigen Hut hinten im Nacken – tut mit Dienstmädchen schön, führt unmoralische Reden! Dabei bildet er sich entsetzlich viel ein! Menschen, die er grüßen sollte, übersieht er einfach – mit Absicht!"

„Tut er das?" fragte Lena leicht ironisch. „Woher stammen denn deine Kenntnisse über ihn? Ich muß mich wirklich wundern."

„In Hertas und Lulus Hause wohnen Bekannte von uns."

„Aha! Wie die das Hinterhaus ausspionieren! Ich will dir mal etwas sagen, Betty: Die Leute gehen Lulu und Herta gar nichts an. Deinem Manne kannst du erzählen, daß Stolte sich ihnen gegenüber anständig benimmt. Er bezahlt auch prompt. Im übrigen ist er ein Original und ein schwermütiger Mensch. Dann ist er ungeheuer klug, Betty! Äußerst talentvoll! Vor allem aber besitzt er eins, was ganz, ganz wenige heutzutage besitzen: Herz nämlich! Ein feiner Kerl, was?"

Betty Lindner schüttelte unwillig den Kopf.

„Daß ihr auch immer Leute gern haben müßt, die wir nicht ausstehen können!"

Lena antwortete nicht. Sie dachte, was für grundverschiedene Frauen jetzt auf Erden lebten. Es gab noch so viele, die oberflächliche, anspruchsvolle Weltdamen waren, und andere, die Philisterfrauen mit scharfen Zungen und kühlen Herzen bis ans Ende bleiben würden, nur dem Manne gegenüber vielleicht die gehorsamen Dienerinnen spielten, wie zum Beispiel Betty hier. Wie nüchtern und öde die Ehe aber auch war! Wie kleinlich beider Gedanken! Und dann die große Anzahl der weiter Vorgeschrittenen! Die Kämpferinnen aus pekuniärer Not heraus! Die Schaffenden, welche der Stimme, die sie rief, in heißem, unermüdlichem Streben folgten und dabei bitter um die eigene Existenz ringen mußten! Die Arbeiterinnen aus eigener Lust heraus, frei vom Bann quälender Sorgen! Diese alle fühlten und dachten so himmelweit verschieden von den eitlen Weltdamen, den kleinherzigen Philisterfrauen

– so himmelweit gingen ihre Wünsche auseinander, und doch kreuzten sich ihre Wege auf Erden – –

War es ein Wunder, wenn sie in hartem Anprall aufeinander stießen?

„Du schwärmst natürlich nur noch für Frauen, die etwas leisten – geistig – meine ich", entfuhr es Betty. Sie sah das aus Lenas Augen heraus, die einen so intensiven Blick haben konnten.

„Ich schwärme leider für sehr wenige Frauen, kleine Betty. Denn ich finde, daß die enorme Konkurrenz im Berufskampf traurig viel Mißgunst und Egoismus bei Männern wie bei Frauen züchtet. Somit bleiben immer sehr wenige da, die liebenswert sind. Ich leide am Leben, Betty! Ich sehne mich nach Gefühlsdrang – nach Herz – nach allem, was geben und nicht nehmen will! Du siehst, wie unmodern ich empfinde!"

„O Gott, wenn du doch heiraten wolltest!"

„Und weißt du, Betty –", eine heiße Röte überflog Lenas Gesicht – „große Taten geschehen noch immer – man erfährt sie nur nicht – ganz einfache Menschen können sie begehen – mit dem Herzen! Sie bringen Opfer, die bewundernswert sind! Sie handeln wie Helden – ich sage dir, höchstes Erleben in unserer Verstandeszeit bedeutet nicht Ruhm und Ehre und Intelligenz, sondern Größe des Herzens besitzen, hinreißende Kraft des Gefühls, die sich umsetzt durch die Tat!"

„Lena, Lena, gut, daß Oskar dich nicht hört! ‚Oberverrücktheit' nennt er so etwas!"

Lenas große, sich sehnende Augen wurden wieder wach und hell. Sie lachten die Freundin jetzt an.

„Euer Jagddiner", sagte sie aufstehend. „Ich vergaß, Oskar sagt sonst – –"

„Du!" fiel ihr Betty aufgeregt in das Wort. „Laß uns nie wieder von diesen Dingen zusammen sprechen! Hörst du? Lieb habe ich dich – ganz gewiß, Lena, aber –"

„Aber?!"

Betty war blaß geworden.

„Oskar würde mich zwingen, mit dir zu brechen, wenn du mich irgendwie beeinflussen wolltest, deine Anschauungen zu teilen. Sprich vorsichtig vor ihm, wenn ihr zusammenkommt, ich warne dich!"

Ein herber Leidenszug lag plötzlich um Lenas fest zusammen gepreßte Lippen. Aus ihren Augen brannte Qual. Ihr Herz schlug vor Erbitterung, gewaltsam suchte sie sich zu beherrschen. Ein rasches Wort über Bettys Mann, und der Bruch war fertig zwischen der Kindheitsfreundin und ihr. Und dann – Betty war boshaft. Wenn sie Abneigung empfand, konnte sie ihr schaden im Beruf, da sie so viele Beziehungen in Kreisen besaß, durch die man noch verdienen konnte, wenn Fürsprache da war.

Diese Demütigungen!

„Siehst du, nun bist du empört, stehst da wie meine Feindin! Nichts laßt ihr euch sagen, herrschen wollt ihr nur immer!"

Lena trat auf Betty zu, ihr leidenschaftlicher Blick wurde mit einem Male ruhig. Die dunklen Augen senkten sich in Bettys flackernd zornige.

„Herrschen? Wir, Sklavinnen der Verhältnisse, der starren, engherzigen Anschauungen, die uns noch knechten trotz allem Fortschritt, von dem man schreibt und redet und höhnt! – Ach, Betty, Betty! Wir alleinstehenden erwerbenden Frauen sind auch heute noch immer nichts mehr als freie Sklavinnen. Verstehst du das? Wir erkämpften uns *innere* Freiheit. Trotz aller Hindernisse und Anfeindungen gehen wir den Weg, den das Beste in uns uns gehen heißt. Unter Leiden ringen wir uns durch zu jener Ruhe, die dahin gelangen möchte, über der Tragödie Leben zu stehen. Ja! wir sehnen uns, mit wehmütig stolzem Lächeln Kämpferinnen ohne Verbitterung zu werden!"

Mit weit offenen erstaunten Augen sah Betty auf die Freundin, deren ernste Ruhe ihr in diesem Augenblick unwillkürlich imponierte.

„So vieles müssen wir erdulden, was unserer unwürdig ist: das Spotten hinter unserm Rücken, das Sichbekreuzigen bei unserem Kommen. Wehe unserm Geschick, wenn

wir uns nicht wehrten auf unserm heimatlosen Wege,
Betty! Aus eigner Kraft müssen wir doch leben, du! Warum sprichst du als Frau nicht für die Frau? Du schweigst,
wenn man uns angreift! Sprich für mich! Rede von mir als
Schriftstellerin, hilf mir vorwärts! Du willst doch Freundin
sein! Nur Großdenkende und Warmfühlende sind unsere
Freunde, Betty!"

„Mein Mann kommt!" schrie Frau Lindner. Sie zitterte
vor Schreck.

„Ich muß gleich zu ihm hin und dann Toilette machen
für unser Diner. Grüß Raschel, Lena, und komme bald
wieder."

Sie reichte der Freundin die Hand.

„Du verzeihst ..."

„Geh – geh –", trieb Lena sie an.

„Vielen Dank noch, Lena! Dein Tisch wird gefallen!"

Sie rief die Worte schon an der Tür. Oskar durfte nicht
auf sie warten. Wenn er nach Hause kam, mußte sie sogleich für ihn bereit sein ...

Lena ging. Auf dem Flur wartete der Diener, den Betty
noch rasch geklingelt hatte, damit er der Freundin behilflich sein sollte. Widerwillig half er beim Mantelanziehen.
Das „Fräulein" putzte doch nur die Tafel für Lohn!

Lena war freundlich mit den Leuten. Diese aber legten
ihr den unbewußt vornehmen Anstand oft als Hochmut
aus. Auch das ernste, zurückhaltende Wesen, das ihre
grüblerische Natur hervorrief, verstanden sie nicht. Nur
bei ehrlicher, gutherziger Dienerschaft hatte sie Glück. Da
gewann sie rasche Fühlung und Verehrung. Wenn sie wie
hier sah, daß man von vornherein gegen sie war, dann allerdings blieb der Mann Diener für sie. Sie war die vornehme Dame für ihn. Kurz und herrisch wurde sie, sobald sie
bemerkte, daß er seine Bosheiten an ihr auslassen wollte.

„Fräulein, Sie vergessen Ihren Schirm", sagte er spöttisch
grinsend hinter ihr her, als sie die Flurtür schon geöffnet
hatte.

Die Stimme bebte ordentlich vor höhnischer Lust bei
dem „Fräulein". Es fiel ihm auch nicht ein, ihr das Verges-
sene nachzubringen.

Lena drehte sich nach dem lässig Dastehenden um.

„Bringen Sie den Schirm", sagte sie in einem Tone, der
ruhig, aber gebieterisch klang. „Bessere Manieren dürften
Sie sich als Diener eines herrschaftlichen Hauses ange-
wöhnen", fügte sie furchtlos hinzu und sah ihm gerade in
die Augen, als er mit dem Schirm zu ihr zurückkam.

Der Mann wurde weiß vor Wut.

„Soll das ein Vorwurf gegen meine Herrschaft sein?"
fragte er, vor Aufregung zitternd.

„Selbstredend ein Vorwurf gegen Sie", sagte Lena in äußerer Ruhe und ging aus der Tür.

Als sie eine Treppe tiefer gestiegen war, setzte sie sich
einen Moment auf den kleinen Ausruhestuhl am Treppen-
fenster. Die Kniee zitterten ihr.

Daß sie es auch nicht lernen konnte, solch kleine Demütigungen mit dem Augenblick zu überwinden, wenn
sie von ihr abgewehrt worden waren! Immer und immer
mußte sie in solchen Momenten die Bitternisse ihres Le-
benskampfes doppelt empfinden, die Erbärmlichkeit der
Welt auf das schmerzlichste fühlen. Sie haßte dann ihre
schwerlebige Natur, der es nicht gelang, leichtherzig über
Dinge hinwegzusehen, die nicht tragisch genommen zu
werden brauchten.

Auf der Straße begegnete ihr die alte Kochfrau Ohnefurcht, die zu Betty hinauf wollte. Lena kannte Frau Ohnefurcht schon seit Jahren. Sie hatte bei Verwandten und
Freunden gekocht und wohnte in ihrer Nähe.

„Na, wie geht's bei die Damen?" fragte die magere, zäh
aussehende Frau herzlich, und ihre abgearbeitete rauhe
Hand drückte kräftig Lenas schmale Finger.

„Wern Se bloß nur nich krank, gnädiges Fräulein, Se sehen man schlecht heute aus! Is wieder so viel Arbeit da?
Die olle Schreiberei is ganz und gar für Sie ungesund!"

Lena lächelte Frau Ohnefurcht freundlich an. Es stieg ihr etwas heiß in die Kehle, so daß sie nicht gleich zu sprechen vermochte.

„Was macht Fräulein Raschel? Alert wie immer? Was? Zahlen die reichen Damens denn gut?!"

Lena lachte.

Sie legte Frau Ohnefurcht fast zärtlich die Hand auf die Schulter.

„Ich werde oft ungeduldig und grolle dem Schicksal, das ist nicht gut. Geben Sie mir ab von Ihrer Frische und Ihrem gleichmäßigen Wesen, liebe Frau Ohnefurcht. Eine ganz Tapfere sind Sie!"

„Ach nee, Fräulein Lena, is nich so arg! 's sieht bloß so aus. Was der inwendige Mensch is, der bollert auch bei mich los, das kriegt denn mein Oller uff'n Kopp, wenn er so dösig dasteht und keenen Rat nich mehr weiß. So'n misepetriger Nachtwächter is gar nich helle, das sag ich Ihnen gradezu!"

Lena lachte hell auf.

„Sehn Se, das tut mich gut, wenn Se lachen. Partout hübsch sind Se denn! Und ganz jung! ... Was machen denn die Küchenfees? Se können nischt – sie wollen nicht – sie amüsieren sich? Was?!"

„Ganz genau so, Frau Ohnefurcht. Helfen *Sie* uns kochen, damit Fräulein Raschel mal entlastet wird, und ich die Zimmer nicht in Ordnung zu halten brauche!"

„Gräßlich, das Deubelszeug von Dienstboten heute", wütete die lebendige Frau. „Taugt in Grund und Boden nix mehr! Na, ich schmeiß es ihnen an den Kopf, von mir kriegen se die Wahrheit zu hören! Wenn ich raus bin aus der Küche, geht's los – auf *mir* schimpfen se dann, das macht mir aber nix aus!"

„Besuchen Sie uns einmal", sagte Lena, ganz erfrischt durch die robuste Kraft der tüchtigen Frau. „Es macht Freude, mit Menschen zu reden, die es gut mit einem meinen."

Frau Ohnefurcht nickte verständnisvoll.

„Wissen Se, Fräulein Lena, bei Sie müßte eine tüchtige Dame sein, die für Sie und Fräulein Raschel sorgte. Sie zwei dürften sich um rein gar nichts die Beine im Hause kaputt laufen. Sie arbeiten doch beide fürs Lebenmüssen. Nun bitt' ich einen, da is doch der Beruf allens für Se. Nix anders daneben dürften Sie haben."

„So klug und gut wie Sie sind wenige, Frau Ohnefurcht", sagte Lena und faßte die starkknochige Frau impulsiv um die Schultern. „Solche Worte sagt mir meine Kindheitsfreundin, der ich soeben die Tafel putzte, nie!"

Frau Ohnefurcht zog eine vielsagende Grimasse.

„Ach die! Sie hat ja keine Ahnung vons Leben! Kein Mitgefühl in ihr Herze! Bloß sie selber und der misepetrige Mann. Lieber Jott! Soo'ne Kleenköppe laufen am meisten auf'n Erdballon rum!"

Frau Ohnefurcht lachte schallend auf, drückte Lenas Hand und ging davon.

Lena sah ihr einen Augenblick nach.

„Eine Tapfere aus dem Volke", dachte sie. „Eine Frau der Tat, die das Rechte am rechten Platze tut. Für Mann und Sohn sich redlich müht und den Tisch vornehmer Leute besorgt. Eine rauhe Schale, aber ein guter Kern."

Und sie beneidete die einfache Frau um ihren praktischen Lebenssinn, der ihr versagt war. Oja, sie blickte klar in sich hinein.

Ihre Seele war wohl mutig, aber nicht froh. Und immer träumte sie noch von unwirklichen Dingen, stieg auf Bergesgipfel, lebte in Höhenluft!

Und das noch jetzt, in der Zeit der Verstandesmenschen!

Langsam ging sie weiter. Es war ja Mai! Die Sonne lachte ihr ins Gesicht, es blühte ringsum! Die Menschen hasteten nicht mehr so eilig vorüber, sie ließen sich gern von der Sonne bescheinen. Lichte Kleider trugen die Mädchen und Frauen. In offenen Autos fuhren Fröhliche, Kinder hielten Blumen in den Händen. In derLuft klang ein Singen und Jubilieren ... Mai, Mai!

Als Lena zu Hause angelangt war, setzte sie sich an den Schreibtisch und schrieb eine kurze Skizze nieder, die sie im Kopfe fertig hatte:

Im Restaurant.

Schon lange beobachtete ich ihn. Sehr bald, nachdem ich mein Essen bestellt hatte: ein halbes Rebhuhn mit Sauerkohl und Püreekartoffeln zu fünfundneunzig Pfennigen. Ich saß gemütlich in einer Sofaecke und hatte eine Anzahl Tische mit speisenden Menschen vor mir. Das war so etwas nach meinem Sinn: Studien machen. Bekanntlich verraten „speisende Menschen respektive Leute" von ihrer Psyche. Mir direkt gegenüber saß ein Materialist. Mit Kennermiene prüfte er jedes einzelne Gericht, das ihm der Kellner brachte – es lagen bereits drei Gänge hinter ihm – jetzt kam der vierte. Ab und an – nicht oft – sprach dieser kalt ausschauende Nabob mit einer ihm gegenüber sitzenden üppigen Frau, deren glitzernde Augen ihn zuweilen heimlich streiften. Die Seelen der beiden Leute waren nie auferstanden. Hinter ihrem Tisch saß ein einzelner Herr – ich konnte ihn von meinem Platze gut sehen. Er fiel mir gleich auf: durch die seltsame, halb bewußtlose Art, in der er aß. Durch den finsteren Ernst in den Zügen.

Er aß wenig, trank aber viel: Rheinwein und Sekt. Sein Blick war nach innen gerichtet, nichts beachtete er. Zwischen dem Essen grübelte er. Intensiv mit starrem Blick. Das Gesicht zog mich an. Schwerblütiges lag im Ausdruck der Züge. Hartnäckiges. Die Stirn war frei und offen, rein. Bei allen Leuten sehe ich gleich nach der Stirn. Sie sagt immer etwas. Eines stand bei mir fest: dieser Mann mußte tief unglücklich sein, verzweifelt. Wenigstens in dieser Stunde.

Was konnte er haben?

Meine Teilnahme war geweckt. Ich sah, daß selbst der Kellner, der ihn bediente, neugierige Blicke auf ihn richtete – auch er schien zu denken, daß der Herr eine sonderbare Miene habe. Ich bestellte Kaffee und eine leichte Zigarette. Zum Glück hatte mich das Auge des Grübelnden noch nicht getroffen, es wäre mir unlieb gewesen, wenn er sich beobachtet glaubte. Menschen, die leiden, ertragen keine neugierigen Blicke. Der Himmel weiß, daß ich mit denen, die da Leid tragen, tiefste Fühlung besitze.

Ich bestellte Zeitungen und las. Zuerst streiften meine Augen die vielen Flugversuche. Die hohe Politik durchlief ich eilends. Dann kam die Kunst. Nun entging mir nichts mehr. Dieser Göttin werde ich dienen bis an den Tod.

Nichts Großes war geschehen. Neue Bücher wurden angekündigt, neue Vorlesungen waren in Sicht.

Ich dachte an meine leere Geldbörse ... und seufzte schwer.

Auf der Bühne neue Autoren. Ein neues Drama gestern abend. In jeder Zeitung eine Kritik. Ich las sie alle, eine nach der andern. Der Dichter wurde furchtbar mitgenommen. So groß sein Ruf als Romanschriftsteller – so schwach sein Talent für die Bühne. Harte Worte mußte er hören. Seine Bücher erzählten von einem Menschen, der sich einsam in der Masse fühlt, der schwer unter ihr leidet. Interessante Konflikte sollte er in den Prosawerken bringen, eine eigene Note haben, viel Kraft ...

Das Drama dagegen war ein Reinfall gewesen. Ein Nichts. Fast wäre er ausgepfiffen worden. Der Ärmste! Was mußte er heute leiden – –

Ein Gedanke durchzuckte mich ... Wenn dieser Mann da drüben der Autor des Dramas wäre?! ...

Ich sah nach ihm hin ... Er saß mit aufgestütztem Kopfe. Die Augen irrten in verzweifeltem Trotze umher. Nichts sahen sie als innerlich das eine, das ihn kaputt machte. Er bestellte eine neue Flasche Champagner. Im Ausdruck der unglücklichen Augen lag jetzt ein Etwas, das mich ängstlich zu machen anfing. Wenn der Mann eine Dummheit beging ...

Vielleicht stand er vor einem Duell – oder war er betrogen von einer Frau? Nein! Immer wieder kam mir der Autor des vielgeschmähten Dramas in den Sinn – der Zufall spielt oft sonderbar!

Nun saß er in sich zusammengesunken ... dann hob er den Kopf – das Herz stand mir still vor dem Ausdruck in den dunklen Augen!

Seine Faust fiel auf den Tisch ...

Ich wußte kaum, was ich tat, als ich den Kellner herwinkte. Mit äußerer Gelassenheit, aber zitternden Pulsen, bat ich ihn, den Herrn zu mir herüberzubitten. Ich hätte ihn plötzlich erkannt, es sei ein Herr L. ..., mit mir selbst unglaublicher Kühnheit nannte ich den Namen des jungen Autors aus der Zeitung.

Der Kellner ging und sagte es ihm. Kaum merklich zuckte er zusammen, als er angesprochen wurde.

Ich sah nicht mehr hin, das Herz klopfte mir bis an den Hals.

Dann kam er – zögernd, mit zusammengepreßten Lippen, finster erstauntem Blick –

„Gnädige Frau wünschen? Habe ich die Ehre einer Begegnung gehabt – momentan erinnere ich mich nicht –"

Er sprach langsam, fast widerwillig. Mühsam rang er sich hinein in die Gegenwart.

Ich fühlte die Röte, die mein Gesicht überflutete, aber ich nahm mich zusammen.

Er war es also – wahrhaftig! Da konnte ich helfen! Dieser Gedanke machte mich mutig.

„Verzeihen Sie, wenn ich Ungewöhnliches tat", sagte ich freundlich, wobei ich unbefangen nach dem Stuhl neben mir deutete, auf den er sich schwerfällig setzte.

„Ich erkannte Sie nach einem Bilde. Ihre Bücher las ich, sie ergriffen mich stark. Längst habe ich gewünscht, Ihnen das sagen zu dürfen!"

Sein Blick hatte sich langsam konzentriert. Durchdringend haftete er an meinem Gesichte.

„Sie wissen wohl nicht", begann er, und alle Farbe wich aus seinen Zügen, „daß ich inzwischen eine schmähliche Niederlage erlitt – – –"

Seine Augen erhaschten die Zeitungen auf meinem Tisch ...

„Gewiß", sagte ich ruhig. „Ich las die Kritiken. Was macht das aus? Den Weg gehen doch alle ... Ein Erstlingswerk auf der Bühne. Unmöglich kann Sie das sehr bedrücken oder gar mutlos machen."

Er schwieg. Der starre Blick kehrte wieder. Ablehnendes lag in der Haltung.

„Es ist gewiß eine bittere Stunde", fuhr ich fort, „am nächsten Morgen nach der Premiere durch die Zeitungen solche Enttäuschung zu erleben –"

„O nein", sagte er mit zitternden Lippen halblaut dazwischen, „man fühlt schon am Abend beim Schluß des Stückes das Urteil der Presse – auch wenn das Publikum klatscht."

„Die Nacht dann und der nächste Morgen", meinte ich ernst. „Schwer ist das – aber Mitleid habe ich darum doch nicht mit Ihnen!"

Ein rascher Blick streifte mein Gesicht. Erstaunt – mit plötzlich erwecktem halben Interesse.

„Mitleid brauche ich auch nicht!" sagte er schroff. „Helfen tu ich mir selber, wenn ich schon will. Aber ich bin nicht mehr jung. Vierzig Jahre. Ich hab' vieles zu satt."

„Es gibt Leute, und es gibt Menschen. Menschen gehen Leidenswege – Leute sind meist von Sonne umstrahlt ... Möchten Sie tauschen? Die tiefen Erlebnisse des Einzelmenschen überstrahlen doch das inhaltslose Getriebe der Allgemeinheit – – jeder weiß das, der hin und wieder reiche Lebensstunden kostete – Ergreifendes liegt darin – –"

Mir bebte die Stimme ...

Er sah mich an. Fast teilnahmsvoll. Aber er schwieg.

„Nicht wahr – die einzelnen, die an Abgründen gehen – unterscheiden sich von den nicht Leidgewohnten gerade durch die Kraft ihrer Naturen!

Sie gehen immer wieder aufrecht nach Schicksalsschlägen, sie wachsen innerlich mehr und mehr."

„Sie wachsen – bis –"

Ich schüttelte den Kopf. Er sprach nicht weiter.

Eine kurze Zeit saßen wir schweigend.

„Der Glaube an sich selber überbrückt auch das Schwerste –", sagte ich endlich, als mir seine Wortkargheit nicht mehr gefiel.

„Schließlich – mein Gott, lernt der Künstler nicht aus Re-
zensionen? Scharfe Schnitte tun weh – aber sie heilen auch,
geben Kraft!"

„Ich glaubte so sicher an einen Erfolg", murmelte er.
„Wenn ich an mir selbst irre werde, ist es vorbei ... Nie
zweifelte ich an meiner Kraft – zum ersten Male vernichtet
man mich. Das Drama – gerade das muß ich haben! ich
muß! Ohne meine Kunst mag ich nicht leben! Wird man
nicht um alles betrogen? Die Menschen lügen! Das Glück,
alles! Die Kunst soll mir nicht lügen, meine Kunst! Ich will
kein Lügner sein!"

Seine Augen sprühten. Die Stirn glühte! Der ganze
Mensch bebte.

„Der gestrige Abend sollte viel Schweres auslöschen,
was mir die Jahre brachten. Sie nahmen – er sollte geben
und alles ersetzen, was ich verlor. Ich forderte es vom Geschick –"

„Man darf nicht fordern", sagte ich leise. „Wehe uns,
wenn wir es tun! Nur hoffen – wünschen – nicht mehr."

Mit trotzender Stirn sah er mich an.

„Ergebung ist nicht mein Fall."

„Auch nicht der meine. Mit Gewalt zwingt man nur
nichts. Schaffen und warten – warten voll zäher Kraft –
glauben –"

„An einem solchen Tage – nach solcher Nacht" – hohn-
lachte er.

„Die Stunden müssen durchgemacht werden – sie gehen
vorüber. Vielleicht segnen Sie sie noch einmal –"

„Segnen?!"

Groß sah er auf.

„Man segnet manches, dem man einst bitter gram war –"

„Da haben Sie recht."

„Gottlob, ein kleiner Lichtblick", wagte ich zu scherzen.

Er blieb ernst, aber der schlimme Zug um den Mund war
gelinder geworden. Ruhiger das Gesicht – – –

Nun blickte er auf – mir gerade in die Augen.

„Und Sie? Haben Sie das Glück gekannt? Kam es?"

„Ich hatte reiche Lebensstunden – tiefe Erlebnisse – beides habe ich noch – Glück? Nicht eine Stunde kam es je zu mir – das Schönste, das Höchste, was ich ersehnte, wich stets zurück – aber reich ist das Leben für jeden, der strebt! Schönheit erschließt sich dem Suchenden immer wieder."

Er nickte schwer.

„Gnädige Frau, ich danke Ihnen, mir in der bösesten Stunde meines Lebens Erlösung gebracht zu haben."

„Ach?" stotterte ich, befangen in einer Freude, die mir heilig dünkte.

Er stand auf.

„Sie gestatten, – lange vermag ich nicht über das Erlebte zu sprechen. Seien Sie überzeugt, daß ich innerlich freier gehe, als ich kam."

Er zog meine Hand an seine Lippen.

„Sie werden morgen mutvoll sein – Kraft haben?" fragte ich fast atemlos.

Ein schönes Lächeln ging um seinen Mund.

„Ich zwing es schon wieder."

Wir drückten uns kräftig die Hand. Wie zwei Kameraden, die im Feld beieinander gestanden.

Er ging.

Ich sah der aufrechten Mannesgestalt nach – – ein wundervolles Empfinden reiner Lebensschönheit durchdrang mein Inneres ...

War ich nicht reicher um eine tiefe Freude geworden?

Helene Lassen.

Freie Sklavinnen. Roman. Dresden 1915, 15. Kapitel, S. 170–190

Zum 200. Geburtstag von Frau Aja
Goethe's Mutter

„Hohe Liebe ist Geniesache" – dieses adelige Wort steht über dem Leben von Frau Rat Elisabeth Goethe, die am 19. Februar 1731 in Frankfurt a. M. als Tochter des hochangesehenen Schultheißen Johann Wolfgang Textor gebo-

ren wurde und eben siebenzehnjäh-
rig dem Kaiserlichen Rat Johann
Caspar Goethe die Hand zum
Lebensbunde reichte.

Gott schuf die Welt für Liebende, alle übrigen sind Eindringlinge.

Frau Aja war eine Lieben-
de. Eins der großen Herzen
war sie, die nicht müde werden, Gott und seine Menschen
zu lieben. Sie suchte und fand
nicht nur ihr Glück in der Hingabe an ihren großen Sohn, sondern
auch an andere. Einmal hat
sie sich selbst charakterisiert:
„Ich habe die Gnade von
Gott, daß noch keine Men-

Catharina Elisabeth Goethe. Kupferstich von Michael Wachsmuth nach Georg Friedrich Schmoll, 1774. Graphische Bearbeitung: Werner H. Preuß

schenseele mißvergnügt von mir weggegangen ist, wes
Standes, Alters und Geschlechts sie auch gewesen ist. Die
Menschen habe ich sehr lieb, und das fühlt Alt und Jung;
gehe ohne Prätension durch die Welt und bemoralisiere
niemand.“

Es gibt ein Wort Goethes, das seine tiefe Liebe zu dieser
einzigen Frau kennzeichnet Er schreibt in seinem Brief-
wechsel mit einem Kinde – an Bettina: „Von der Mutter
schreib alles auf, es ist mir wichtig. Sie hat Kopf und Herz
zur Tat wie zum Gefühl.“

Horcht auf Ihr Mütter und Jugendlichen! Vertieft euch in
eine Mutter, die ein Vorbild allen Müttern für ewige Zeiten
ist! Keine Gefühlsseligkeit strömte von Frau Aja aus – aber
eine große Gefühlskraft, die nur bedeutenden Menschen
gegeben ist. Jene herrliche Kraft, die nicht nur groß liebt,
sondern auch echte Güte schenkt, wo sie angebracht ist,
und daneben die nachahmungswerte Gabe der Abwehr
besitzt, wenn gerechte Empörung eine Abweisung fordert.
Frau Aja war ein Charakter. Sie war lebenslustig und geist-
voll, eine entzückende originelle, urwüchsige Persönlich-

keit. In ihrem genialen Herzen trug sie die so seltene Gabe des Humors, der hinreißend wirkte. Ihre bezaubernden Briefe an den großen Sohn bestätigen das glänzende Bild dieser mütterlichen herzjungen Frau, von der man sich nicht wunderte, daß sie Goethe geboren habe.

Das pedantisch gemessene Wesen von Goethes Vater wurde durch das warmherzige Naturell der geistreichen „Frau Rat" ergänzt, die ihren Mann um volle 26 Jahre überlebte. Diese mütterliche Frau war zugleich die verstehende Freundin ihres Wolfgangs, sein bester Kamerad. Er durfte sich rühmen, vom Mütterchen die Frohnatur und die Lust, zu fabulieren, erhalten zu haben. Eine Märchenerzählerin von Passion war Frau Aja. Da saß sie dann abends in ihrem grünen Sessel, und alles hörte ihr zu. Einmal wurde dieser Märchensessel von ihrem „Hätschelhans", dem Wolfgang, im Garten gefeiert. Man putzte den Sessel mit Bändern und Blumen auf und der Wolfgang, als Schäfer verkleidet, hielt eine Ansprache an den Sessel als den „Sitz der schönen Märchen."

An allen geistigen Bestrebungen Weimars und Frankfurts nahm Frau Aja regsten Anteil, sie verstand ihres Sohnes Genie bis in die Fingerspitzen und ging alle Wege mit ihm und seinem Werk. Bettina, die junge geniale Freundin der Frau Rat, schrieb ihrem angebeteten Freunde: „So entfernt Du von der Mutter warst so lange Zeit auch: Du warst nie besser verstanden als von ihr. Während Gelehrte und Kritiker Dich und Deine Werke untersuchten, war sie ein lebendiges Beispiel, wie Du aufzunehmen seiest."

Die Frau mit beseelter Innerlichkeit, die unserer Zeit Kultur wiederbringen würde, Frau Aja verkörperte sie. Solch liebende Frauen allein haben die Kraft und den Glauben, der die Welt erlösen kann.

Im letzten Jahre ihres Lebens war Frau Aja am lebendigsten sprach über alles in ihrer enthusiastischen Art. Aus den einfachsten Gesprächen entwickelten sich die feierlichsten, edelsten Wahrheiten, die für das ganze Leben ein Talisman sein können.

Sie sagte: Der Mensch muß sich den besten Platz er-
wählen und den muß er behaupten sein Leben lang und
muß all seine Kräfte daran setzen, *dann* nur ist er edel und
wahrhaft groß. Ich meine nicht den äußeren, sondern den
inneren Ehrenplatz, auf den uns stets diese innere Stimme
hinweist ...

... Die Poesie ist *dazu*, um das Edle, Einfache, Große aus
den Krallen des Philistertums zu retten. Alles sei Poesie in
seiner Ursprünglichkeit und der Dichter *dazu*, diese wieder hervorzurufen, weil alles nur als Poesie sich verewige.

Frau Rat Elisabeth Goethe war eine von Gott begnadete
Seele. Ihr großes Herz und ihr großer Verstand wiesen all-
zeit den richtigen Weg und gaben nicht nur dem geliebten
Sohn, sondern auch vielen anderen Menschen Erlösung
von leidvollem Geschehen.

Sie starb im Alter von 77 Jahren und wußte, daß ihr Ende
nahe war. Im Einschlafen wollte sie an die Musik denken,
die sie bald im Himmel empfangen würde. So schlummer-
te sie sanft hinüber.

Ihr Leichenbegängnis hatte sie vorher angeordnet, selbst
die Weinsorte und die Größe der Bretzeln bestimmt, womit die Begleiter erquickt werden sollten.

Wir Frauen von heute stehen erschüttert vor solch restlo-
sem Glück eines Menschen. Der Glaube an Großes ist viel
zu Vielen genommen. Wahr ist es, daß Frau Aja zu den
ganz seltenen Sonnenkindern gehörte, deren reich geseg-
netes Leben geeignet war, bis in das Alter hin einen Frohsinn behalten zu können. Vergessen wir aber nicht, daß
eine tiefe Seele auch im Leide innerlich wächst und sich
selber treu bleibt.

Goethes Mutter wäre auch unter viel Seelenleid ein großer Mensch geblieben.

Für edle Frauen gibt es keine Jahre, sie tragen die Jugend
im Herzen.

Erika. Sonntagsblatt der Lüneburgschen Anzeigen, Nr. 8, 22. Fe-
bruar 1931, S. 57f.

Güte

Niemals wuchs in uns Leidgeprüften Sehnsucht so sehr ins Grenzenlose als jetzt, da in der Heimat Not und Tod umgeht. Je härter das äußere Leben für den einzelnen sich gestaltet, umso verschwiegener, weil übermächtig, spannt unsere Seele die Flügel aus. Ihr Auferstehungsfest hat begonnen. Dieses Wunderreich in uns, über das jeder einzelne Mensch Herrscher ist, wird unser Rettungshort. Wir überwinden das Grauenhafte des Vernichtungswerkes um uns nur dann, wenn wir in unserer Seelen Einsamkeit Großes erleben, das erlöst. Was könnte die Welt und uns mehr erlösen als Güte.

Berührt jene echte, geistig kultivierte Güte, die Feindin aller schwachen Gutmütigkeit, nicht wie segnende Mutterhand? Ist sie nicht Heimat und Friedenshort?

Unser Verlangen nach ihr ist überwältigend geworden. Wenn wir Menschen uns einmal klar machen wollten, was wir einander sein könnten im gütigen Verkehr miteinander! In dieser seelisch zerrüttenden Zeit noch dazu, da alles Aufruhr in uns ist! Wahre Güte schaut tief. Sie ist das selbsterrungene Adelsdiplom der Seele; sie ist das Ergebnis höchster Bildung und eines großen Herzensreichtums. Der Gutmütige ist nur in dem Augenblick weich, wenn ihn durch Zufall irgendetwas an einem Menschen zu einem schwachen Grad von Mitleid zwingt, das ebenso rasch wieder schwindet, als es kam. Im übrigen kann er sehr hart und liebeleer durch diese Welt gehen und weit entfernt von Nächstenliebe sein. Darum tut schwache Gutmütigkeit auch selten wohl. An unrichtiger Stelle gibt sie sich kund. Doch ist sie am allgemeinsten verbreitet, während echte Güte selten ist.

Wenn wir das Leben begreifen lernen, fühlen wir eine Sehnsucht immer gewaltiger in uns wachsen: die Sehnsucht, gütige Menschen aufzusuchen und Verkehr mit ihnen zu pflegen. Die Fröhlichkeit solcher Menschen ist die Schönheit selbst. Ihr Ernst in Liebe und Freundschaft bringt uns Versöhnung mit dem Bittersten, das wir durchleben. Auch im oberflächlichen Verkehr untereinander ist ein gütiger Gruß, ein gütiges Anhören am Platz. Das Leben ist kurz. Wir werden seine Schönheiten umso reicher auskosten, je mehr wir an Güte zu geben und – auch zu empfangen verstehen.

Das Größte bei der Güte ist, daß sie schöpferisch ist. Sie schafft ja das Gute: sie baut auf. Eine Kraft ist sie, die fördernd wirkt; denn ihre Milde wird nie Schwäche sein. Wißt Ihr, was in dem Worte „Mensch" liegt? Leidensgefährte! Alle, alle! Wir Frauen besonders sollten das heilige Gefühl von Mensch zu Mensch steigern helfen. Schöpferische Gefühlskraft ist nicht Sentimentalität. Seelenkultur sollen wir offenbaren, die Welt erlösen helfen durch Güte, die sich in Taten umsetzt. Arbeiten wir daran genug?

Wir dürfen sagen, daß viele von uns Güte erleben und Güte geben. Reiche Herzen sind da, Großes geschieht. Welch tiefes Erleben tut sich uns auf, wenn edle Seelen sich uns nahen: Wenn ihr Verstehen uns Erquickung gibt! Die guten Worte, die sie zu uns sprechen, sind eine Fülle von Segen. Da lernen wir vom Einzelnen aus das ganze Leben von neuem freudig lieben. O, seien wir Verschwender an Güte und Kühnheit, leidende Herzen zu erlösen!

Ethische Kultur. Monatsblatt für ethisch-soziale Reformen. Begründet von Georg von Gizycki. Herausgegeben von Dr. Rudolph Penzig. 32. Jg., Nr. 6: Berlin, den 15. Juni 1924, S. 1

Moderne Monologe

Ich glaube an die wunderbarsten Geheimnisse zwischen Menschenseelen. An feinste Gedankenfäden, die wie durch ein Wunder von Mensch zu Mensch übergehen, um ihm Gewißheiten zu geben, die weder durch Taten noch durch Worte zu beweisen sind.

* * *

Was nennst du Glück?
Siehst du's in Wundern, die es nicht gibt?

In Sonnen ohne Finsternis?

Überall ist das Glück! Unsichtbar umfängt es uns blinde Menschen!

Du kannst es haschen und halten in deiner Liebe, in einer Kunst, in deiner Arbeit! Wenn du ein Großes aus dem Kleinen machst, dann ist es da!

Du aber tappst in Finsternis und blendest dich selbst – und der göttliche Lichtfunke schwebt unentwegt über dir!

* * *

Ich habe euch lieb, meine tapfer arbeitenden, meine fröhlichen, meine leidenden Schwestern! Ich weiß um eure Bitternisse und Kämpfe, um eure Freuden und Schmerzen.

Haltet aus! Haltet aus!

Unsere Zeit tötet die besten, aber sie tötet das nicht, was in der Zukunft durch euch leben wird!

* * *

Setze dich nahe, ganz nahe zu mir. Und nun sieh mir ins Auge. Halt' meine Hand. Sprich leise zu mir von deiner Kindheit und Jugend! Unzählige Male sah ich im Geiste den sonnigen, blauäugigen Knaben! Hört' ich das froh tönende Lachen aus seinem Munde, sah ich den tollen Übermut seiner Spiele! In dem Jüngling liebt' ich die leidenschaftlich bewegte Seele, den suchenden Geist, dem Großes vor Augen schwebte! Und ich fühlte sein Herz.

Jetzt weiß ich auch um seine Leidenschaften und Rätsel, die sich mir alle in dem Manne lösten, dem meine Liebe gehört.

* * *

Die neue Frau will um ihrer Seele willen vom Manne geliebt sein. Sie kann sich nur schrankenlos geben, wenn ihre Sinne durch Seelenliebe erwachen. Die Worte „begehren" – „besitzen wollen" – streicht sie im Buche des Mannes. Sie künden nur Eigenliebe und tyrannische Herrschsucht.

„Liebe!" schreibt sie mit goldenen Buchstaben nieder.

Liebe mich, wie ich bin! Liebe die Seele, den Leib. Aber liebe!

Und ich werde in den Tod für dich gehen aus meiner Liebe heraus!

* * *

Mann sein – heißt das brutal sein? Jüngling, lerne beizeiten von einer hochgearteten Frau dein Geschlecht besser und tiefer verstehen als von Kameraden, die alles kennen und alles wissen, weil sie „Männer" sind.

* * *

Wenn du mir sagst, daß du kein großer Mensch seist, so lächle ich durch Tränen.

Weißt du es nicht, daß ich so tief in dich schaute, um zu erkennen, daß in dir alles dafür lebt?

Ich sehe in deinem Auge, dem geliebten, das göttliche Licht!

* * *

Ihr, die ihr nur von brutaler Liebeserfüllung redet, die ihr nichts wissen wollt von seligen Möglichkeiten einer Liebe, deren Feuer dauernd bleibt, weil sie keusch empfindet – ihr lacht über die Träumer im wirklichen Leben! Wißt ihr, was euch hindert, im Liebesglück Erfüllung zu finden?

Ihr habt keine Seele! Ihr wißt nichts von dem aufrichtenden Zusammenleben im Geiste, dem heißinnigen Glück eines Blickes, dem hingebenden Kusse, der nicht berauscht, sondern tiefselig macht – von all dem zarten, leidenschaftlich bewegten, überreich machenden Glück einer Liebe, deren Sehnsucht nicht nach satter Befriedigung, sondern nach einem Leben verlangt, in dem Seele und Körper Erfüllung bis ans Ende finden.

* * *

Aus mir heraus möcht' ich das Leben leben,
Wie ich es will! Und fort im Flug
Über Klippen und Dornen, über Abgründe hin!
Durch sonnige Weiten und lachende Täler,
Durch Paradiese …. Paradiese!
Und wieder hinaus in das rastlose Leben
Ohne Furcht in die tobende Schlacht –

Aber endlich einmal zum Frieden hin,
Zur Ruh', zur stillen Wacht.

* * *

Aus dem Ertragen des Schmerzes wird die Weisheit geboren.

* * *

Richtet unsere Kunst euch noch auf, meine Schwestern?
Führt sie zu Höhen empor, die lichtbringend sind? O sie
ist groß, und ich tadle sie nicht!

Aber Licht muß hinein, Licht und Glauben! Schreitet
man nicht auch an Abgründen zu den Bergen empor?

* * *

Wenn du mich küßt, kommt Glanz in meine Augen!
Ein Lächeln, das um Leben weiß – um traum-
                                             erfülltes Leben!
Die Sehnsucht in mir hält zitternd vor Wonne
                                    den Atem an,
Da deine Gluten Liebe offenbaren.

* * *

Eine neue Liebe wird zwischen den Geschlechtern auf-
sprießen! Bekämpften Mann und Weib einander nicht
mehr in Haß als in Liebe? War der Leidenschaft Flamme
nicht ein Schwert, das sie durchdrang?

Ich sehe Strahlen aufleuchten in weiter, weiter Ferne –
leuchtende Strahlen – sternengleich.

Sie spenden irdische Liebe voll göttlichen Geistes!

* * *

Bei meiner Liebe, ihr tapferen Frauen, beschwöre ich
euch: Gebt euer Herz keinem Manne, der nicht weiß, was
echt und groß in euch ist! Der nicht hoch von euch denkt!
Mag er die minderwertige Frauenliebe verachten, – an
die hochgeartete soll er glauben! Er muß wissen, welche

Lebensschönheit seiner wartet, wenn ihr mit dem Reichtum eurer Seele euch ihm schrankenlos gebt.

* * *

Einmal leben im Glück! In wirklich zaubrischem Glück! In seine Wunder hineinlaufen als seliger Mensch! Trunken sein vor Lebenslust, untertauchen in Wonnen! Und in diesem Glück mit der Menschheit empfinden!

Die Erinnerung daran müßte ein Leben bedeuten.

* * *

Die Erfüllung des Lebens.

Mann und Weib in Liebe vereint!
Herz an Herz und Geist und Seele im Ergänzen!
Verschieden geartet, doch gleich gewertet.
Hand in Hand durch Sonnenland
Und schattenumdüsterte Wege!
Zu Menschen geworden im höheren Sinne!
Zu lichtumflossenen Gestalten, die hinauf zu den Bergen
schreiten!

* * *

Über alle Musik geht mir ein tiefes Glockenläuten – – –
Dann sehe ich dich. Meine Hände liegen auf deinem Haupte, ich segne dich wieder und wieder.

Moderne Monologe. Heidelberg: Carl Winter's Universitätsbuchhandlung, 1904

Wilhelmine Resimius-Berkow (1862–1942)

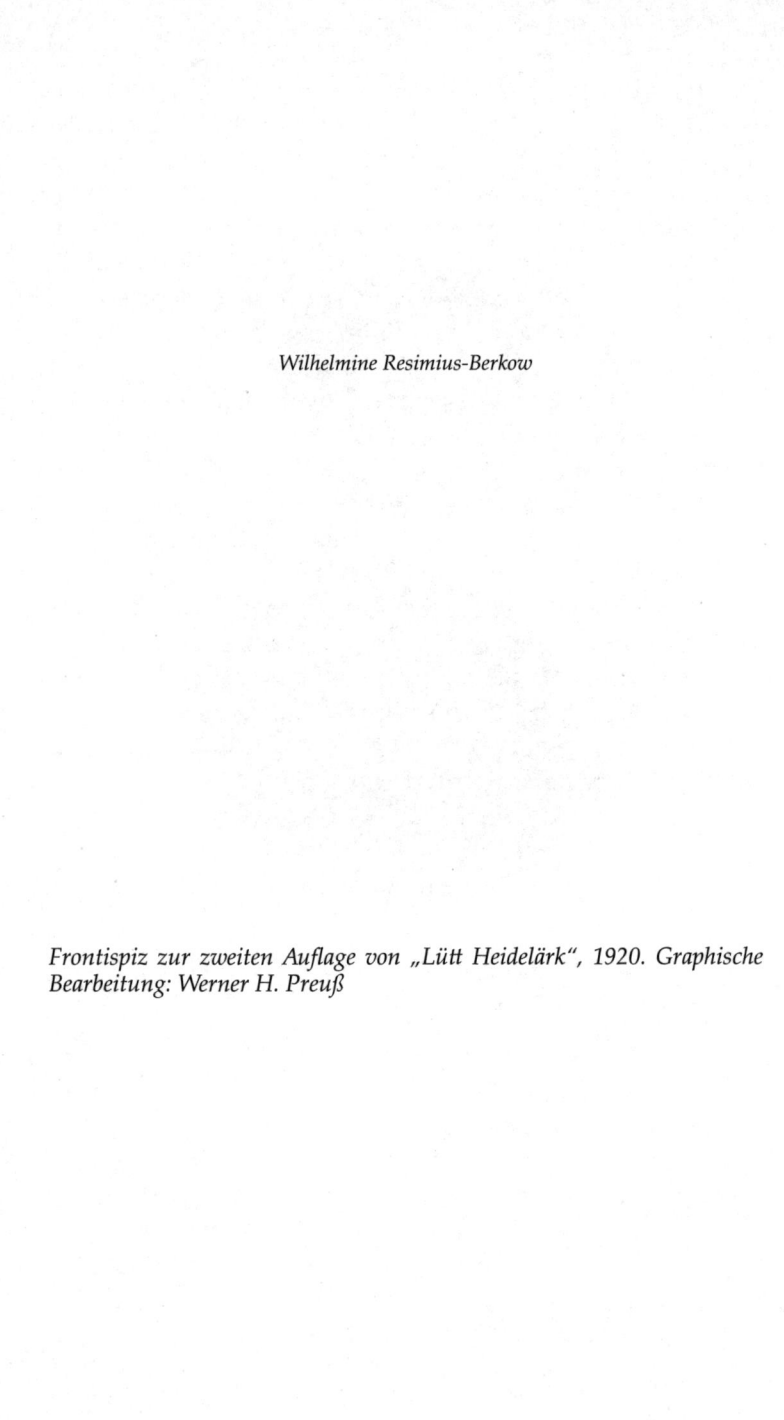

Wilhelmine Resimius-Berkow

Frontispiz zur zweiten Auflage von „Lütt Heidelärk", 1920. Graphische Bearbeitung: Werner H. Preuß

Einleitung

Eleonore Wilhelmine Magdalene Dorothee Resimius-Berkow kam am 10. April 1862 in Lüneburg als eines der älteren von elf Kindern des Arbeitsmannes Jacob Christian Berkow[1] (1832–1904) und seiner Ehefrau Anna, geb. Kraft (1830–1884), in Lüneburg zur Welt. Die Familie wohnte (Hinter der) Sülzmauer 43. Ab 1875 verzeichnen die Adreßbücher: Ritterstraße 22.[2] Wilhelmine Berkow war in erster Ehe mit dem Kürschner Emil Fränkel, geboren am 30. Mai 1864 in Groitzsch (Sachsen), verheiratet. Wann und wo die Ehe geschlossen wurde, entzieht sich meiner Kenntnis.[3] Aus dieser Verbindung stammte der Sohn Paul Albert Johannes Fränkel, geboren am 7. März 1890 in Rotha Kr. Borna (Sachsen), der später als Hoteldiener tätig war und zeitweilig bei der Mutter wohnte. Der Literaturhistoriker Franz Brümmer berichtet 1913 über diesen Lebensabschnitt:

„Nach ihrer Verheiratung kamen die Schicksalsschläge in ununterbrochener Folge: sie selber wurde schwer krank, ihr Mann nervenleidend, so daß ihr die Sorge um die Familie allein zufiel; ihre Tochter starb und bald darauf verlor sie auch den Mann. Als sie dann eine zweite Ehe eingegangen, mußte sie ihren Sohn in eine Heilanstalt bringen. In all diesem Jammer fand sie endlich Trost und Befreiung und neuen Lebensmut in der Dichtkunst."[4]

Am 11. November 1900 vermählte sich Wilhelmine mit dem Klempner Otto Resimius (geb. 9.9.1870 in Michow, Kr. Angermünde *[Brandenburg]*, gest. 19.5.1941 in Harburg). Das Ehepaar wohnte Neue Sülze 6A. Dort arbeitete Wilhelmine Resimius-Berkow als Plätterin *[Büglerin]*. Seit etwa 1912 lebte das Paar getrennt. Während ihr Mann nach Harburg gezogen war, verzeichnet das Adreßbuch für 1914 unter der Anschrift Ritterstraße 22 Wilhelmine Resimius-Berkow erstmals als „Schriftstellerin". Von 1919 an lebte sie Auf dem Klosterhofe 1 – nach manchen Zählungen 1A – parterre. Dort starb sie am 16. Januar 1942.

Begebenheiten aus ihrer Kindheit und Jugend schildert sie in den nachfolgenden biographischen Texten. An ihr Lebensende erinnert sich Ida Buchholz, Redakteurin der Lüneburger Landeszeitung:

„In ihrem Äußeren und auch in ihrer Wohnung im Klosterhofe, die ihr von der Stadt zur Verfügung gestellt worden war, war sie mehr als bescheiden, aber blühende Blumen standen in „bunten Scharben" immer in reicher Fülle vor ihrem Fenster, in das schon früh die Sonne schien. In ihren letzten Jahren konnte sie nicht mehr recht sehen, und es machte ihr Kummer, daß sie ihre Gedanken, die immer über ihre kleine Umwelt hinausflogen, nicht so flüssig aufs Papier bringen konnte, aber da gab es auch andere Hände, die das, was sie niedergeschrieben hatte, abschreiben konnten, so daß es in Druck gehen konnte. Sie erzählte gern von ihrer frühsten Jugend, über ihre Leidens- und Ehejahre aber schwieg sie sich aus […]. In ihren letzten Jahren sprach sie viel von einem Roman, den sie geschrieben hatte, eine Bauerngeschichte, die ihr ganzes Denken beherrschte und von deren Veröffentlichung sie viel erhoffte. Ob sich da kein Verleger fand oder woran es lag, daß der Roman nicht gedruckt wurde, das weiß ich nicht. Vielleicht hat sie mir noch etwas auftragen wollen, denn einen Tag vor ihrem Tode kam der Sohn zu mir und sagte, ich möchte doch noch mal hinkommen, seine Mutter wollte mich gern sprechen. Aber als ich da war, sah ich, daß sie das, was sie vielleicht auf dem Herzen hatte, mitnehmen würde in die Ewigkeit."[5] Ihr umfangreicher plattdeutscher Roman „De Söhn von Klüvershoff" wartet im Nachlaß weiterhin auf ein interessiertes Publikum.

Zum 70. Geburtstag von Wilhelmine Resimius-Berkow würdigte sie Dr. Friedrich Corssen, der Redakteur der Lüneburgschen Anzeigen, unter dem Titel „Lütt Heidelärk" mit folgenden Worten: „Leben und Natur wiesen ihr den Weg zu dem Geheimnis *[d.h. zum Wesen des Gedichts]*, gaben ihren Erzählungen und Liedern den Inhalt, und die Volkssprache der Heimat, in der sie alles, was sie fühlte und sich vorstellte, so echt und so zum Greifen deutlich zu sagen vermochte, ihre liebe schöne plattdeutsche Muttersprache, die sie mit den ersten Lautbildungsversuchen Vater und Mutter nachsprechen lernte, die ihr in Fleisch und Blut übergegangen ist, aus der ihr alles, was ein wirklicher Dichter zum Formen seiner Gedanken- und Empfindungswelt braucht, in reicher und ursprünglicher Fülle zuströmt, sie kleidet alles, was unsere Volksdichterin Eigenstes zu geben hat, in das Gewand ihrer köstlichsten Ausdrucksmöglichkeiten. [...] Mögen die Mitbürger und Mitbürgerinnen unserer Jubilarin ihre Schritte nun einmal wieder in den stillen so überaus reizvollen altertümlichen Winkel lenken, den das Gebäude der Rats- und Volksbücherei und die westliche Häuserreihe der Reitenden Dienerstraße mit dem Bardowickerwall bilden. Hier ‚auf dem Klosterhofe' der seinen Zugang von der Reitenden Dienerstraße hat, führt das etwas grobe Pflaster an der städtischen Speiseanstalt und dem städtischen Versorgungsheim vorbei zur Wohnung der Dichterin. Gleich da, wo das grüngestrichene Holzgitter zu Ende ist, liegt das weinberankte Häuschen, das die Stadt vor 16 Jahren der Sängerin von „Lütt Heidelärk" einräumte, ihr, die selber eine Heidelärk war."[6] In dem Text „De Klosterhoff un ick!" nimmt Wilhelmine Resimius-Berkow zu diesen – oder ähnlichen früheren – Äußerungen des Redakteurs Stellung.

Sie verstand es in besonderer Weise, in ihren Geschichten anrührende Szenen zu entfalten. Die Erzählung „Wenn die Not am größten" wirkt wie ein naturalistisches Theaterstück, bei welchem die Szenenanweisungen hochdeutsch angegeben, die Dialoge aber plattdeutsch gesprochen werden.

Werke

Lütt Heidelärk. Bremen: Boesking, [um 1910]. 2. Auflage:
Bevensen: Brodermann, 1920. 3. Auflage: Lüneburg: Selbstverlag [um 1930]; *Bunte Scharben.* Eernsthafte Vertelln's,
Döntjes un Leeder. Lüneburg: von Stern, [1919]. 2. Auflage: Lüneburg: Selbstverlag, 1921; *Neddeln un Rosen.* Plattdütsche un hochdütsche eernsthafte Vertelln's, Döntjes
un Leeder. Lüneburg: Selbstverlag, [ca. 1923]; *So is dat Lä-
ben.* Eernsthafte Vertelln's, Döntjes un Leeder. Lüneburg:
Selbstverlag der Verfasserin, [1929]; *Molli und sein Herr.*
Berlin: Verlag deutscher Tierschutzwerbedienst, [1930];
Drei Lieder für Singstimme und Klavier von Wilhelmine Resimius-Berkow, komponiert von E. Ganzer. [Liedertitel:
Bunte Blätter, welkes Laub; De Deef; De wille Deern.]. Lüneburg [vor 1932]. Ratsbücherei Lüneburg, N: Mus. 0269
= N: III, 1b.

Anmerkungen und Nachweise

1 Für den Namen findet man in den Adreßbüchern jener Jahre auch die
   Schreibweisen: Berka und Berkau.

2 Um 1900 lebte der Vater bei dem Arbeiter Carl Berkow in der Ritterstraße 27.

3 Die biographischen Angaben folgen einem tabellarischen Lebenslauf,
   aufgestellt 1976 nach der alten Kartei des Einwohnermeldeamtes. Stadtarchiv Lüneburg, ND Resimius-Berkow, Nr. 1

4 Franz Brümmer: Lexikon der deutschen Dichter und Prosaisten vom
   Beginn des 19. Jahrhunderts bis zur Gegenwart. Sechste völlig neu
   bearbeitete und stark vermehrte Auflage. Fünfter Band. Leipzig: Reclam,
   1913, S. 440f.

5 Ida Buchholz: Erinnerungen an Frau Resimius-Berkow. Fünf Seiten
   Typoskript. Stadtarchiv Lüneburg, ND Resimius-Berkow Nr. 1

6 Lüneburgsche Anzeigen, Nr. 81, 7. April 1932

Werke

Ut mine Läwenstied

1ck bün den'n teint'n April 1862 in Lüneborg up de Welt kaam'n.

Dat lütte Huus, worin mien ole, höltern Weeg stahn hett, is längst verswunn'n. Ick wör man ganz armer Lüde Kind. Bi miene Dööp sall dat en grot Helpholen *[große Aufregung und Geschrei]* west sein. Mien „Vaderschen" – ick harr gor veer von der Sort – hebbt eenöwerdatanner mal den'n Kopp schüddelt, dat so'n jämmerlich, swakes Ding, wat kuum pipsen künn, nah de Dööp dree klockenliche *[geschlagene]* Stün'n schreen däh, as wenn et pienigt wörd. Dat mößt wat to bedüden hebb'n. Noch dorto, wo ick mit 'ne „Glückshuuw" *[„Glückshaube", Eihaut über dem Gesicht des Neugeborenen, Vorzeichen eines glücklichen Lebens]* up den Welt kaam'n wör.

Vielicht heff ick awerst blot so schreet, dat se mi to fast wickelt harr'n. Orrer, ick harr all Ahnung, wi so trurig mi dat in Läwen gahn söll, un ick heff doröber al in vörut schreet.

So ward dat ok woll sien. Von de Glückshuuw heff ick bet hüt noch nix markt. Ja, ick harr en recht trurige Kindheit. Wi wör'n elm Kinner arl wi Orgelpiepen achter de Rehg weg. Mien leewe Vadder wör man een slichten Arbeitsmann mit dree Dahler Wochlohn. Un in'n Winder, wenn't sneen un freern däh, gornix. Denn güng dat jeden Dag mit'n grot'n Handwagen in't Holt. Männigmal en poor Stunn'n wieden Wegg. Morn's güng dat fröh los, un männigmal wör't arl düstere Nacht, wenn he wedder an't Huus kööm. Dat Tehrgeld för'n ganzen Dag wör'n twee

Sülwergroschen för'n Putt heet'n Kaffee un'n Stück Brot. För den'n Handwagen vull Holt gew dat acht Godegroschen, dat wör woll god 'ne Mark nah uns Geld. Dorför mößt he sick düchtig quälen, wenn dat up de Schossee bargan güng mit den'n swar'n Wagen vull Holt.

Och, wie duer mi mien arme Vadder, wenn he so dodmöd ant't Huus kööm. Mien grötste Angst wör awerst ümmer, dat he mal gornich wedder kööm, dat he mal in Holt'n dodfrör, orrer dat em en Wulf tofat'n kreeg. Ick harr mal wat von'n Wulf hört. Datt dat hier bi uns keene Wulf gew, woll ich nich recht glöwen. Eenmal wör ick ut luter Angst üm mien'n Vadder ball sülwst dodfror'n.

Dat wör, wi mien Vadder wedder mal solang utbleew, dat mien Mudder en grote Angst kreeg, dat em wat passiert wör. Dat wör all stickdüster un gräsig kolt. Alle näsenlang keek'n wi ut de Döhr, ob Vadder nich köm, dor wör gewiß wat passiert. Do kreeg ick en Dodesangst. Hemlich sleek ick mi nah'n Böhn rup un hal de ole grote Kaffeekruk. Dor göt ick de Kann' vull Kaffee, den'n mien Mudder jüst kaakt harr, rin un sleek mi dormit liesen ut de Döhr. As ick ut'n Sülldohr [*Sülztor*] up de Schossee wör, schüddel mi de Frust, wiel ick gorto dünn antagen wör. Denn sett ick de Kruk alle Oogenblick dahl up den'n Snee un warm mi de Hän'n. As ick äwer mark'n däh, dat de kruk allmälig köller wörd, bünn ick mien Koppdook aff un wickel de Kruk dorin. Keen Minsch begegen mi, den'n ick fragen künn, ob he mien'n Vadder nich sehn harr. Man blot en poor Kreih'n flögen äwer mi weg.

As ick ball an't Schosseehuus wör, könn ick nich mehr. Ick sett mi mit mien Kruk up en hartfror'n Sneehuup'n. Bang wör ich nich, man blot möd. Toletz föhl ick ok de grote Küll nich mehr.

Uppenmal hör ick en Wagen rattern. Dat wör woll mien Vadder. – Ick woll upstahn, awerst ick könn nich mehr. Nu rull de Wagen an mi vörbi, do schree ick in mien Angst: „Vadder! Vadder!" Do reet'n mi en poor Hän'n torhöcht un schüddelten mi, dat mi Hör'n un Seh'n vergüng. „Du vermuckte Deer'n, wo kummst du her, wat deihst du hier?

Släg sast du hebb'n!" „Och ne Vadder, ich woll di man blot
heet'n Kaffee bring'n. Ick harr so'n grote Angst üm di, dat
du dodfror'n wörst, orrer dat di en Wulf tofat'n kreegen
harr." „Du dumme Deern, denn harr ick jä doch den'n
Kaffee ok nich mehr
drinken könnt", lach
he. Denn reew he mi
mit de ruhgen, gra-
wen Hanschen *[rau-
hen, grauen Handschu-
hen]* Hän'n un Föt,
smeet de Kruk up'n
Wagen un mi dreih
he in'n olen, dicken
Sack, nöhm mi up
den'n eenen Arm
un mit den'n an-
nern tröck he den'n
Wagen. Tom Glück
güng't nu bargdahl.
Sünst harr dat woll
nich gahn.

As mien Vadder
mit mi un de Kaf-
feekruk in de Döhr
rin köm, kreeg mien
Mudder erst en blas-
sen Schreck. As se

Armer Leute Haus hinter der Sülzmauer im Winter um 1900. Foto: Wilhelm Riege. Museum Lüneburg, S 222 Sülzmauer

denn awerst sehg, dat ick noch läbennig wör, wickel se mi
ut'n Sack un slög mi ganz gehörig den'n Hinnersten vull,
un denn smeet se mi in't Bett. Mit de Kaffeekruk bünn ick
mien Vadder nie mehr in de Mööt gahn *[entgegen gegangen]*.

Mien gröttste Kummer wör, wenn mien Mudder, wenn
se weg güng, mi inslut'n däh, dormit ick nich von de Lüt-
ten wegglöp. Denn seet ick männigmal up'n Disch an't
Finster un keek ut. Awerst dor wör nix tosehn as de ole
Wallmuer, de nu ok all längst affdragen is. Bät'n bethen
[Ein bißchen weiter hin] wör an'n Wall so'n lütten Anbarg, dor

spälten de Kinner, un wenn de denn so vuller Lust süngen un lachen, denn ween ick männigmal bitterlich, dat ick nich ok mitmaken könn.

As ick so'n Deern von elm Johr wör, mößt ick all Huusmütterken spälen, nah'r Scholl gahn, kaken un reinmaken un nah de Lütten kieken, wenn mien Mutter krank leeg. Wi wahnten nu nich mehr achter de Muer. Mien Vadder harr sick so'n lüttes Hüsken för billig Geld in de Ritterstraat köfft, wat ok jetzt noch steiht.

Mien erstet lütt Gedicht heff ick mit twölf Johr to mien Mudder ehr'n Geburtsdag makt. Dat wör öwer'n Handuhl *[Handfeger]* un Ettputt *[Eßtopf]*, de ick ehr schenken däh. Doröber hett se sick düchdig freit. Von de Tied an seet ick öfter up'n Böhn un schreef mien Gedanken up. Wenn mien Mudder mi denn söken däh, seet ick baben upp'n Böhn achter en grote Tunn. „Du infame Deern", schüll se denn, „Du sittst hier baben achter de Tunn un ün'n schreet dat Kind sick dod, töw, di will ick bedichten!" Un denn löt se mi den'n Rehtstock ganz gehörig up'n Puckel danzen un de beschrebenen Fetzen Papier steeck se in't Füer. Dat däh mi benah noch weher, as de Släg, de ick dorför kreegen harr. Do heff ick vör't erste nich wedder dicht.

As ick konfirmiert wör, mößt ick mien Brot bi frömde Lüüd verdeen'n. Nu güng mi dat erst trurig. Keen Minsch woll so'n kleenlich, swackes Ding in Deenst näh'm. Denn mößt ick so'ne Stäen nehmen, de Annere nich hebben wollen, wo ick männigmal hungern mößt un ok noch Släg to kreeg, wenn ick de Arbeit, de wiet öwer miene Kräfte wör, nich so rasch schaffen könn. Später kreeg ick denn mal en Städ, wo ick dat bäter harr. Wat de een Söhn wör, de könn so schön malen. Datt bewunner ick denn ümmer. Bet he mi toletzt frög, ob ick ok wat von de Malkunst verstünn. Ne, säd ick, blot mal en poor lütte Verse könn ick mak'n. Do lach he un meen, dat wör ok woll wat Rechts sein, ick söll se em mal wiesen. Ja, un do fünn he se ganz schön, blot mit de Versföt, dat stimm nich. Un nu verklär he mi, dat de Versn ok Föt harr'n. Do wörd ick äwerst fünsch. Ick meen, dat he mi tom Narr'n harr. Do heff ick em nix wedder wiest.

Später kreeg ick denn en Posten, wo ick wiet von Huus köm, dor heff ick ok noch männiges beläwt, wat ick später in mien Läwensgeschichte mit vörbringen will. Nahdem heff ick freet *[geheiratet]*. Aewerst ok nu harr ick keen Glück. Kummer un Gram bröchten mi nu ganz un gor um miene swacke Gesundheit, dat ick toletzt gornich mehr arbeiten könn un ick in Not un Elend köm. Do versöch ick in mien Not mal wat mit Schriewen to verdeen'n. Mit „Hochdütsch" woll dat nich so recht gahn. Dor wör'n toväl Fählers in, wiel mi de bätere Schoolbillung fählte. Un tom Läsen, wat för mi villicht von Nutzen west wör, harr ick keene Tied un ok keene Lust. Lewer seet ick un grüwelte in miene eegenen Gedanken. Von irgendwecke annere Dichtungen heff ick mi nix utlehnt un ok nix nahschrewen. Dat, wat ick schafft heff, heff ick ut'n Läwen gräpen un de Natur affluuscht. Mien erstet plattdütsch Gedicht wör „Sien eenzig Glück." Do säd mi Eener, de dat got verstünn, ick söll plattdütsch schriewen, dor harr ick Talent to, un do schreew ick mien Book „Lütt Heidelärk." Dat geföll ok, awerst dat wör man lang-sam verköfft, wiel ick noch to we-nig bekannt wör. Un naher köm de Krieg. Nu wörd benah gornix mehr nahmen. Awerst nu heff ick freudige Hapnung up mien Book „Bunte Scharben", wat to'n Wiehnachten rutgewen ward. Un wenn dat got köfft ward un hett den lewen Leser un Lese-rinn got gefallen, denn will ick mi von Hart'n frein. Denn fallt tom erstenmal en Sünnenstrahl in mien lütt Stüweken in Klo-sterhoff. De Sünnenstrahl, wo ick mien Läwelang all up luert heff.

Bunte Scharben. Eernsthafte Ver-tells, Döntjes un Leeder. Lüneburg, November 1919, S. 3–6

Wilhelmine Resimius-Berkow, 1925. Sammlung Hans-Joachim Boldt

De Deef

Nülich abend bi'n Bohnenpahlen
Hett us Franz dat Hart mi stahlen,
Säd, in sinen ganzen Läwen
Woll he't mi nich weddergewen,
Meen sogor, he harr mi leew,
Düsse Slüngel, düsse Deef.

Gistern abend achter'n Brunnen
Säd he gor, he harr et funnen
Up de Bank bi'n Bohnenpahlen.
Söll nu Finnerlohn betahlen
Un nu büßen ohne Wahl,
Söll em küssen dusendmal.

Könn em gornich anners faten,
Wull em doch min Hart nich laten –
Hew et doch nich wedderkregen,
Hett doför sin Hart mi gewen.
Glöw nu sülwst, ick hew em leew,
Düssen Slüngel, düssen Deef.

Lüneburgsche Anzeigen, Nr. 81, 7. April 1932

De Klosterhoff un ick!

Nülich mor'ns stünd ick vör mien Döhr un keek un luer.
Ick söll Besök kriegen. Miene Kollegin Anna Gade ut Neu-
Steddorf woll kamen un de Redacktöhr woll kamen un de
Fotograf ok noch. De söll den'n still'n hübschen Winkel
in'n Klosterhoff, wo ick wahnen doh un den'n so wenige
Minschen kennt, obglieks he dicht an Marienplatz un de
Riedende Denerstrat liggt, verewigen un miene leewe Kol-
legin un mi glieks mit. Ist't nich fien word'n? – de herrli-
che historsche Winkel, wo in olen Tieden de Franziskaner
Mönche huust hebb'n un wo nu statts de Mönche ole Wief-

Die Schriftstellerin Anna Gade (1872–1942) zu Besuch bei Wilhelmine Resimius-Berkow im Klosterhof, etwa 1931. Links hinter dem Zaun liegt weinumrankt der Eingang zur Wohnung der plattdeutschen Dichterin. Sammlung Hans-Joachim Boldt

ken wahnen un ick ok. Un nu wi beiden erst – miene Kollegin un ick. De eene fien, de annere grow, de eene hochdütsch, de annere plattdütsch. So is't recht. Dennso kann

Ihre Wohnung Auf dem Klosterhof 1 wird zur Zeit zu einem Ausstellungsraum für die Lebensbedingungen der armen Bevölkerung Lüneburgs hergerichtet.

Eener an den'n Annern nich klingeln. Ick schreew jä geern leewer hochdütsch as plattdütsch, wiel hochdütsch doch lichter is as plattdütsch. Awerst de Redacktöhr säd, Hochdütsch leeg mi nich so god, wiel ick, wiel ick [!] nich in de Döchterschool gahn bün. Darför könn Annere denn wedder nich Plattdütsch. Jä, dat kann ick ümmer nich recht verstahn. Ick bün jä gornich in'ne plattdütsche School gahn, un in'ne Dochderschool erst recht nich. Dorüm, wiel dat eenfach keen geew. Dornach is denn dat plattdütsch Dicht'n de reine, unverfälscht Natürlichkeit. Dennso bruk ick mi jä nich to argern, dat ick nich so god hochdütsch dichten kann as Anna. Noch darto wenn de Redacktöhr dat seggt, denn mutt dat doch ok wahr sien, wat he seggt. Dorför is he doch de Redacktöhr – Een bät'n ut mien Läwenstied söll ick schriewn. Dat heff ick doch allmal dahn, dat steiht jä vör'n an in miene Bunten Scharben.

Mit de Dichterie is dat gornich so licht as dat utsüht, noch dorto wenn man mit Kumr un Gram in'n Hart'n un Smartn in de Hänn' schriewen mutt, un dorto noch mannig bittere Pill' to sluck'n kriggt, wenn man fragt ward: warüm man (ick) denn nich lewer arbeidn deiht statts to dicht'n. Wiel man doch man 'ne eenfache arme Froo wör.

De könn doch leewer wat anners dohn. Recht hebbt se jä, de dat seggt. Awerst erst mutt man doch woll ümmer könn, wenn man will. Ick woll jä ok geern wedder arbeid'n as ick fröher dahn heff. Awerst dat geiht doch nich mehr. Wiel ick doch all Johrelang krank bün.

Un wenn dat 'ne „Sünde" is, dat een slicht arm Froo dichtn kann, dennso hett doch unse leewe Herrgott daran Schuld un doch nich ick. Awerst daran, dat de Kunst bädeln gahn mutt, hett he keen Schuld. Daran sünd de

De wille Deern. Eines der „Drei Lieder für Singstimme und Klavier von Wilhelmine Resimius-Berkow, komponiert von E. Ganzer", vor 1932. Ratsbücherei Lüneburg, N: Mus. 0269 = N: III, 1b.

Minschen schuld, de sick woll freit, wenn se een schönes Book läst, awerst gornich daran denkt, woväl heete stille Tranen dorbi villicht uppt Pappir fall' n sünd. De denkt ok nich, dat wenn Mund un Oogen lacht dat Hart doch weenen kann. – För de Trurigkeit helpt ok de gode Trost von den Minschen nich, dat man, wenn man mal storwen is, villicht doch een lütten Liekensteen upp sien Graw kriggt, dorför dat man so väle Minschen eene lütte Freid mit siene Dichtung makt hett, wenn't ok man plattdütsch wör. Awerst freien wörd ick mi, wenn nu, wo ick noch läwen doh, recht väle kämen un sick mal den'n hübschen stillen Winkel un mien lüttes Hüsken upp'n Klosterhoff ankieken dähn.

Manuskript im Nachlaß. Stadtarchiv Lüneburg, ND Wilhelmine Resimius-Berkow, Nr. 1

Grotvader

Grotvader sitt in'ne Eck alleen
Un stütt den Kopp in'ne Hand. –
Lütt Peter spält mit Scharwen un Steen
Uennern Disch in'n Hupen witt Sand.

Grotvader, kiek her! – lütt Peter roppt lut;
Un kruppt ganz geswind nah em ran
Dat Schlott dat heff ick vör Di äni *[allein]* but:
Nu bück Di un kiek dat mal an!

Grotvader nu segg mal: segg is dat nich wohr,
Ball bün ick so grot all as Du; –
He stiegt em upp't Knee, he takt em int Hoor.
Och, Junge! so lat mi in Ruh!
Grotvader, nu segg, wie olt büst Du nu?
Mien Hoor sünd so witt ok as Dien –
He fat't em in'n Mund, – noch twee Tän'n hest Du?
Denn kannst woll so olt noch nich sien! –

Grotvader seggt lies: all söbentig Johr! –
Nu is mi dat Läwen ball leed! –
Grotvader, wat stöhnst Du? dat is jä nich wohr,
Di fählt blot Toback – ja, ick weet't.

Giff fix mi een Groschen, denn hal ick Di gau *[flink]*,
Un stopp Di Dien Piep vull Toback –
Denn lett'st mi mal smöken, meent Peter ganz slau,
Grotvader de lach up den Snack.

Nu zwüstert de Jung em heemlich in't Ohr:
Grotvader, wann starwst Du mal dod? –
Ick harr gern Dien Piep – de krieg ick, nich wohr?
Nu segg doch man „ja“ – büst ok god! –

Neddeln un Rosen. Plattdütsche un hochdütsche eernsthafte
Vertells, Döntjes un Leeder. Lüneburg o. J. (1923), S. 46

Wenn die Not am größten

Draußen, am Ende des Dorfes, steht eine halbzerfallene niedrige Hütte. Ein Lindenbaum streckt seine Zweige weit darüber hinweg. Sie sind zusammen alt geworden, er, der Lindenbaum und die beiden Alten drinnen im Hüttchen. Alles hat er miterlebt, Lust und Leid, Freud und Schmerz ihr ganzes langes Leben hindurch. Leise rauschen die entlaubten Zweige im Abendwinde. –

Bei dem spärlichen Licht einer kleinen Lampe sitzt ein altes Mütterchen und spinnt. Aber nur langsam gleitet der Faden durch die arbeitsharten Finger. Es ist kalt im Stübchen. Ab und zu führt sie die halb erstarrten Hände an den Mund, um ihnen Wärme einzuhauchen. „Ja, ja, dat will nich mehr, wie sall dat noch warden", seufzt sie leise.

Aber der blinde Alte im Lehnstuhl am Ofen hat die leise Klage wohl vernommen. „Wat is Di Mudder, hest Du äben wat seggt?"

„Och, nix, Vadder, mi freert man blot so, un denn sünd mi de Finger gliek stief." „Denn legg' man noch een bät'n Holt up, un sett Di bi mi her, un warm Di."

„Och, Vadder, dat ward ball arl. Un in't Holt kann ick bi de Küll nich gahn, de Weg is gor to wied. Mien olen Been willt mi nich mehr drägen. Awerst een bät'n utrauh'n will ick mi."

Sie rückt ihren Stuhl neben den des Alten und lehnt den Kopf an dessen Brust. Er nimmt ihre kalten Hände in die seinen. „Mien leewe, gode Mudder, wi mußt Du Di quälen, för mi mit. Och, wenn ick doch man sehn könn, denn könn ick doch ok noch een bäten mit verdeenen, so mußt Du för allens alleen sorgen."

Sie streichelt ihm das faltige Gesicht. „Och, Vadder, si still, ick doh et geern, so lang as ick kann." Morgen will Krüschbuersfroo dat Goorn hebben, denn mutt ick noch de halwe Nacht sitten un spinnen; sünst ward ick nich farrig. Wenn se mi man blot noch wedder Arbeit mitgifft; nülich hett se all brummt, dat so väle Knüttens in dat Goorn wörn, un den Möller sin Huushöllersch meen ok: Wenn ick nich mehr spinnen könn, denn schöll ick dat doch laten, so'n Plusterkram könn se nich bruken. Du leewe Gott, wat schall denn blot ward'n, wenn ick nix mehr verdeenen kann, denn möten wie in't Armenhuus."

„Quäl Di nich so, Mudder, schast sehn, de leewe Gott verlött uns nich. In't Armenhuus brukt wie nich rin, ne, ne, dar gah ick ok nich rin, väl leewer nah Klösters Kamp" (Friedhof), sagte der Alte mit erregter Stimme.

„Ne, dat schast Du ok nich, Vadder. Wi könn ja ok to'r Not unse Zick, uns ole Liese, verköpen. Un denn heff ick ok noch en groten Bolten Linn', weeßt woll – in min Bruutkist. Wi hefft ja doch sünst keenen, denn wi dat gäwen können.

Keen Deern – keen – keen." –

„Mudder, Mudder, si still!" fleht der Alte mit ängstlicher Stimme, „weck den Smart nich wedder up. – Is all so lang her, dat dat Glück von uns gahn is, – all veeruntwintig Johr."

„All veeruntwintig Johr", wiederholt sie schluchzend.

Erst uns Fritz – unse schöne Jung, so'n goden Jung, den hett de See begraawt. Un denn, denn uns Peter, de güng in die wiede Welt, un hett Vadder un Mudder vergäten, wer weet, op he noch läwt. –

„Still schast Du sin, von den, hörst Du, Mudder! Ick will sin'n Nam' nich mehr hör'n – nie nich! Dat is een slechten Jung weßt, von lütt up. Hett Släg nog krägen, hett all'ns nix holpen. Ick will em ok nich weddersehn." Tief läßt er das Haupt auf die Brust sinken und heimlich rollt Träne auf Träne in den weißen Bart.

„'t is äwer doch ok uns Kind – Vadder. – Wenn he nu doch noch wedder köm, – denn – denn wörst em doch nich von Di stöten?! –

„De, un wedderkamen", lacht der Alte bitter, „de is lang storwen orrer verdorwen. Hörst Du?! un nu si still!" –

Die Alte schweigt. Das Spinnrad summt eintönig weiter, aber immer und immer wieder reißt der Faden, den sie mit stillen, heißen Tränen netzt. „Is doch mien Jung, is doch ok mien Kind", flüstert sie leise.

Den nächsten Tag, als sie das Garn fertig gesponnen und gehaspelt, packt sie alles in einen Buckelkorb, um es der Krüschenbäuerin hinzutragen.

Gutmütig streichelt sie dem Blinden die Wangen. „Ick bliew nich lang, Vadder, ick bring Di ok Toback mit, denn kannst Du wedder smöken, hörst?"

„Ja, Mudder, äwer klöhn nich so lang, Du weeßt, dat ick nich geern alleen sin mag."

Nachdem sie die Haustür verschlossen, trippelt sie so schnell, als es ihre müden Füße gestatten, davon.

Die Krüschelbäuerin ist just beim Butterkneten, als die Alte mit ihrer Last in die Stube tritt. Ächzend setzt sie den Buckelkorb auf die Ofenbank und legt das Garn auf den Tisch. Die Bäuerin streicht die Finger an der weißen Leinenschürze ab, besieht prüfend die einzelnen Gebinde und zeigt sie murrend der am Webstuhl sitzenden Magd.

„Ne, ne, dat geiht nich mehr, Maaken Mudder, dat ward jä jümmer slechter, dor is jä Knutten bi Knutten in dat Goorn, dat is dat Spinnlohn gor nich wert."

Die Alte läßt das Garn durch die zitternden Finger gleiten und meint ängstlich: „Is doch woll nich so slimm, Krüschen Froo. Mußt denken, ick bün olt un min Finger sünd all stief, ick kann't nich bäter mehr!" „Denn mutt se dat Spinnen laten; umsünst will ick doch min Geld ok nich wegsmieten."

Sie zählt der Alten die sauer verdienten Groschen unwillig auf den Tisch. Die Alte hockt sich traurig auf die Ofenbank und sieht die reiche Bäuerin mit trüben Augen erwartungsvoll an, auf neue Arbeit hoffend. Aber die Bäuerin tut, als wäre die Alte gar nicht mehr da, bis diese verlegen und umständlich ihren Korb wieder aufnimmt und mit langsamen, schweren Schritten zur Tür geht. Dann bleibt sie noch einmal stehen und sieht die stolze Bäuerin mit Tränen in den Augen flehend an. „Is keen Arbeit mehr vör mi", frägt sie mit zitternder Stimme, „ick will't geern noch billiger maken."

„Ne, geiht nich mehr", antwortet die Bäuerin, ohne sich umzudrehen und eifrig die Butter bearbeitend.

Mit schwerem Herzen schleicht die Alte davon. Jetzt
muß sie in die Mühle, eine große Angst packt sie. Wenn
sie auch hier keine Arbeit bekommt, dann, – was dann?!
Eine geraume Weile muß sie warten, ehe die Haushälterin
sich blicken läßt. Als sie dann endlich kommt, läßt sie mit
kritischen Blicken das Garn durch die Finger gleiten. „Datt
heff ick mi woll dacht", meint sie spitzfindig. „Ehr Arbeit
ward jümmer slechter, Maaken Mudder, de is schier nich
mehr to bruken!"

„Ja, ja", erwidert die Alte angstvoll, „dat kummt von de
Jicht, min Finger sünd so krumm un stief, dat geiht nich
mehr so dull, wenn man olt ward."

„Denn mutt se dat Spinnen laten, dat is doch eenfach!"
„Un wo von schöllt wi denn läwen? Min blinne Vadder
un ick?" „Denn gaht jü man in't Armenhuus, is woll noch
Platz vör ju Beid."

„Ne, ne", wehrt die Alte mit beiden Händen ab, „dor
gaht wi nich rin, bi so väl Unrat, wat dor all in is, un denn
all'ns in en Stuv."

„Ach, se is woll noch körsch", meint dieHaushälterin
spöttisch lachend, „arme Lüüd, de olt sünd un to nix mehr
nützt sünd, de möten Gott danken, wenn se en Dack äwern
Kopp hefft, un dat se en Stück Brot hefft, verstaht Se mi?"
„Orrer will Se Bädeln gahn?", mit diesen Worten wirft sie
das Garn auf den Küchentisch, gibt der Alten das Geld
und geht schnell hinaus. Auch hier nichts mehr! Wie gebrochen wankt die Alte hinaus.

„Nu noch nah Bäckers Mudder", murmelt sie leise vor
sich hin, „un denn noch bi'n Höker, denn bin ick farrig
mit min Kundschaft. Un wenn ick von de Beiden ok keen
Arbeit krieg, – denn – jä, denn?!" – Mitten in dem Schmutz
der Landstraße bleibt sie sinnend stehen. Der Tag hat
sich geneigt, und langsam ziehen die Sterne am dunklen
Abendhimmel empor.

„Hüt in acht Dage is Hilgabend", fährt sie im Selbstge-
spräche fort, „solang hen mögen de poor Groschen woll
recken, denn is't all. Denn mutt ick uns Liese verköpen,
wenn se noch eener nimmt. – Se is man bannig mager,

un väl Melk gift se ok nich mehr. Mutt se all ganz billig weggäwen. Ja, dat mutt ick, sünst möten wi all tosamen hungern, Vadder un ick, un uns oll Liese." Ihre müden Augen blicken zu den Sternen empor. „Aewer, dat kannst Du doch nich togäwen, Du leewe Herrgott, wi sünd doch jümmer fromm un rechtschaffen wesen, bi all de Not un Plag."

Langsam trippelt sie weiter, und bleibt endlich zaghaft vor der Tür des Bäckers stehen, aus der gerade zwei Kinder mit Brot heraustreten. „Wer is in'n Laden", fragt sie den größeren Jungen leise. „Bäckers Mudder, un Wiehnachtsmänner sünd ok all dor, un Brunkoken mit Rosinken un Mandel, jä, un ‚Rüter to Peer' sünd ok dorbi. Maaken Grotmudder, kummt bi Di ok de Wiehnachtsmann? Kannst ok god bäden? Sünst kriegst Du nix", meint der Kleinste vorlaut. „Ole Lüde bruken nich mehr to bäden, de köpen sick sülwst wat", erwidert altklug der größte und dann trotten sie vergnügt nach Hause.

Langsam ist die Alte in den Laden getreten und wartet geduldig, bis die Bäckerin, die eifrig mit Aufbauen der Weihnachtsausstellung beschäftigt ist und ihr leises „Guten Abend" ganz überhört hat, sich nach ihr umwendet. „Süh, Maaken Mudder, na, wo geiht't, Se will woll'n Brot hebben, ja?" – „Ne, en Brot woll ick jüst nich, Bäckersfroo. Ick dacht, wenn Se vielicht noch en bäten vor mi to spinnen harn, wenn't ok man Heede *[Werg, Hanf- oder Flachsfasern minderer Qualität]* is, wiel ick doch so got nich mehr maken kann. Ick bün jä ok mit allens tofräden, wenn't man wat is!" „Ja, ja, man blot nich mehr vör'n Fest, da hebbt wi so väl to dohn, dat wi an sowatt gor nich denken könnt. Vielicht nah Nejohr, will mal sehen; to Wiehnachtsabend kann Se sick en Kooken halen, hett Se hört?" Ganz gedankenlos nickt die Alte mit dem Kopfe und bleibt noch zögernd stehen. „Will Se sünst noch watt, denn segg Se man gau." „Wet Se keenen, de unse Liese köpen deiht. Ick will, ick mutt, – wiel." „Ju oll Liese?" fällt ihr die Bäckerin schnell ins Wort. „Ne, Maaken Mudder, de ward woll keener mehr nähmen, dor is jä nix mehr mit los, de is all gor to olt, de dögt nich mal mehr to'n slachten watt."

Die Alte will noch etwas erwidern, aber kein Ton kommt über die zitternden Lippen. Draußen lehnt sie sich ein Weilchen an die Mauer, sie muß sich erst besinnen. Ein Frost schüttelt sie, sie zieht die dünne Jacke fester zusammen und wickelt die erstarrten Hände fest in die grobe Schürze. Wie im Traume wankt sie weiter, „de köfft keener, de dögt nix mehr, – is to olt, – jä, wenn man olt is, dögt man nix mehr. So is't, so is't", murmelt sie trostlos vor sich hin.

Bei der Höckerin muß sie sich erst ein Weilchen setzen, sie ist ganz erschöpft. Die Frau nimmt ihr mitleidig den Korb vom Rücken und schiebt ihr schnell einen Stuhl hin, dann holt sie eine Tasse heißen Kaffee. „Wat is denn blot, Maaken Mudder, is Se krank, denn harr Se doch to Huus bliewen schöllt", frägt sie gutmütig. „Och ne, dat is nix, Höckersch, mi is blot en bäten slecht worden, is all wedder vörbi, de Kaffee warmt, ick dank Di ok. – Hest doch woll een bäten Arbeit vör mi. Och, segg doch man nich ok ne! – Wat ward sünst min oll Vadder seggen, wenn ick mit den leddigen Korw wedder to Huus kam. Wenn ick nix verdeen, denn möten wi notlieden", schluchzt sie voller Angst. „Och, nu ween Se doch nich so, ick heff noch watt vör ehr, awer dat is man blot Heed", mit diesen Worten geht sie in die Kammer und holt einen Packen heraus, den sie der Alten in den Korb legt. Dankbar drückt die Alte ihr die Hand. „Is all god, wenn Se dat Goorn farrig hett, denn bring Se dat man glieks, Se schall denn ok noch een bäten to Wiehnachten hebben." „Ja, Du büst god, wenn se man all so wör'n", spricht sie tief bewegt, „un nu giff mi man flink en lütt Paket Tobak vör unsen Vadder, he smökt gor to geern mal de Piep. Ick mutt nu fix maken, sünst schillt he, dat ick so lang wegblew." Sie hockt ihren Korb auf und trippelt so schnell es ihre müden Beinen gestatten davon.

„Büst Du äwer lang weg bläwen, wo hest blot so lang klöhnt?", klingt es ihr entgegen, als sie ins Stübchen tritt. „Si man still, Vadder, ick mutt doch erst rund gahn. Nu will ick Di ok fix Din Piep stoppen, dat is doch Din best."

Drei Tage bis spät in die Nacht sitzt die Alte nun und spinnt. Sie will das bißchen Garn gerne fertig haben und dann nochmal versuchen, etwas Arbeit zu bekommen. „Man mutt sick bücken, mutt demödig wesen, 't helpt nich anners, wenn man olt un arm is", denkt sie kummervoll.

Die Höckerin hat ihr beim Abliefern des Garnes Zucker, Kaffee und sonst einige Lebensmittel eingepackt. „To'n Fest, Maaken Mudder." „Och, dat kann ick Di ja gor nich wedder god maken, Höckersch." „Deiht ok nich nödig", lacht sie freundlich. Die Freude hat der Alten Mut gemacht. Nicht ohne Hoffnung tritt sie bei der Krüschenbäuerin ein, die just mit Ausstechen des Pfefferkuchenteiges beschäftigt ist. Allerlei Figuren, wie die Kinder sie lieben, liegen ausgebreitet auf dem Tisch. Langsam wendet sie sich um, als die Alte schüchtern zur Tür herein tritt. „Na, wat will Se denn all wedder." „Och, Krüschenfroo, wes' Se man nich bös. Ick dacht, ick woll man noch mal fragen, un woll ehr bäden, dat Se mi doch noch wedder Arbeit gifft, wat schall ick sünst anfangen." – „Na, nu stöhn Se man nich gor to dull, ganz so slimm ward doch woll nich sien. – Sök Se man de Notgroschens her." – „Notgroschens, ach du leewe Gott, wo sünd de henn? De lange Krankheit von Vaddern hett allen's öwerslaken *[über alle Maßen erschlafft]*." „Jä, dat passiert annere Lüde ok, Maaken Mudder. – Swieg Se man still, de Stöhners hebben jümmer wat, wenn de Prahlers man wat hebben; vertro'n Se man up den leewen Gott, de helpt een Jeden, bäd' Se man flietig, dat is bäter as Stöhnen."

Da lacht die Alte schrill auf: „So – so is Se! – All mien Leed un Kummer kennt Se, un Se schaamt sick nix, un will mi olles Wief seggen, ick schall nich klagen, wi schöllt in't Armenhuus up unse letzten Dage! – Wohr Di, Du Giezkragen, vör Di is noch nich Abend, wer weet – hest Din ollen Vadder ok slecht behandelt, as he nich mehr arbeiten könn, hest em dat happen Eeten nich gönnt, un he hett Di doch allens gäwen. – Jä, kiek mi man so giftig an", fährt sie immer zorniger werdend fort: „Wer sien oll Vadder nich

ehrt, de is nich wert, dat em de Sünn beschient. Hest ok
Kinner, wohr Di, dat se't nich ok so mit Di makt, wenn Du
mal olt ward'n deihst."

„Nu makt Se aber mal fix, dat Se rutkummt", droht
die Bäuerin mit zornbebender Stimme. „Ja, ja, ick gah
all, äwer denk an min Wöer, ick kam Di nich wedder in't
Huus!" – Damit stolpert sie hinaus. Hohnlachend schlägt
die Bäuerin die Tür hinter ihr zu, „de olle Draaken, de lat
mi man wedder kamen, nich en Stück Brot kriegt se von
mi!" „Ne, dat will'n wi leewer unsen Karo gönnen, de hett
ok jümmer Hunger. Ja, Mudder?", meint der kleine paus-
backige Bengel, der auf der Bank hinter dem Tisch steht
und der Mutter bei der Arbeit zusieht.

Draußen in der Kälte kommt die Alte erst zur Besin-
nung. Selbst erschrocken über ihre Heftigkeit jammert sie:
„O Gott! o Gott, – watt heff ick nu dahn!! – ick woll doch
demödig wesen, un nu heff ick ehr utschimpt. – Ick armes
Wief, de rieke Buersfroo. Recht heff ick jä, awer, dörft man
dat seggen, wenn man so power [*arm*] is?" – Einen scheuen
Blick wirft sie nach dem hellerleuchteten Fenster des stolzen Bauernhauses. „Bi Di dörf ick nich wedderkamen, dat
is ut – vör immer!" Mit schweren Schritten wankt sie zur
Mühle. Wie sie am Küchenfenster vorüber kommt, hört
sie, wie die Haushälterin heftig mit den Mägden zankt. Sie
getraut sich kaum hinein zu gehen, aber Not bricht Eisen.
Sie streicht sich das spärliche Haar aus dem runzligen Gesicht, zupft sich das Kopftuch zurecht und tritt zögernd
in die weit geöffnete Küchentür. Ein heißer Qualm schlägt
ihr entgegen. Heute ist Schlachtefest. Die Mägde nehmen
die frischen Würste aus dem großen Kessel, und die Haushälterin legt sie in langen Reihen auf die mit Stroh be-
deckten Tische zum Abkühlen hin. Wie gut das riecht. Ihr
leises „Guten Abend" hat niemand vernommen. Sie geht
etwas weiter in die Küche hinein, bis an den Tisch, wo die
Haushälterin gewissenhaft alle die Würste zählt. Als sie
der Alten ansichtig wird, lacht sie boshaft. „Süh, Se kann
god rüken, dat hüüt slacht ward, will sick woll een Wust
halen?" „Ne, ne", stottert die Alte verlegen, „Se schall blot

so god wesen, un mi doch Arbeit wedder gäwen. Mamsell hett doch sünst ok keen slechtes Hart." „Dat weet ick", erwidert sie, sich geschmeichelt fühlend, „aber allto god is ok nix wert, dor ward man blot utnutzt." „Ach ne, ick will jä blot en bäten to'n Spinnen."

„Ne, dat is nix mehr, is binah nich to bruken, awer ick will nich so slecht sin, hol Se ehr Schört mal up!" Sie wirft ihr großmütig zwei Grützwürste hinein, „un hier hett Se ok noch een lütte Rosinkenwust to'n Fest. Nu si Se äwer tofräden, un kam Se nich glieks wedder antokrupen. Hett mi jüst bi'n Tell'n stört, mutt von vör'n wedder anfangen." Die Alte will etwas erwidern, bringt aber kein Wort über die Lippen. Sie sieht auf die heißen, noch dampfenden Würste in ihrer Schürze. Dann murmelt sie leise: „Vör Vadder, vör Vadder!" – In den vor der Tür abgesetzten Korb hat der mutwillige Kuhjunge ihr einige lose Tannenzweige hineingesteckt, sie merkt es gar nicht. So schwer wie heute ist ihr der Weg nach Hause noch nie geworden.

„Is god, Mudder, dat't wedder dor büst, mi wör de Tied all lang. Hest wat mitbröcht?" „Ja, Vadder, allerlei godes. Ick will blot erst oll Liese futtern un melken, denn kam ick wedder rin."

Sie stellt den Korb in die Ecke beim Fenster, dann nimmt sie den Milchtopf vom Bört und geht hinaus. Den Alten plagt die Neugier: „Will doch mal sehen, wat se krägen hett." Vorsichtig stapft er mit seinem Stock zum Tisch, tastet mit den Fingern hin und her und fühlt die fast noch warmen Würste. „Süh an! Süh an! Frische Wust heff ick lang' nich hatt, dat is wat rahres vör uns." Dann fühlt er sich an den Wänden entlang, bis er auf den Korb stößt. „Süh, Dannentwieg, wo schön de rükt." Er greift tiefer, ganz tief auf den Boden des Korbes, wo noch die Gabe der Höckerin liegt.

Ganz erschrocken tastet er sich wieder zum Tisch zurück, dann zur Ofenbank, er findet nichts. „Se hett nix wedder krägen, – nix to'n Spinnen, – och, du leewe Gott, watt schall nu warden?!" Wie gebrochen schleicht er zu seinem Stuhl zurück, tiefbekümmert senkt er das weiße

Haupt auf die Brust. „Mit uns Liese is nix mehr, Vadder, de Melk ward jümmer weniger", meint die Alte, als sie wieder ins Stübchen tritt. „Is all to olt, Mudder." „Ja, Vadder, hest Recht, wenn man to olt is, dögt man nix mehr! Nu will ick fix een Tass' Kaffee kaken, Du hest all Hunger, ick weet, hüüt kriegst mal wat rahres." „Ick heff keen Hunger, Mudder. Hest wat to'n Spinnen krägen, Mudder?" Einen Augenblick zögert sie, dann setzt sie sich neben ihn, drückt ihr Antlitz an seine Brust und schluchzt: „Nix heff ick krägen, gornix! – Ja, wi sünd nu öwer, Vadder – wi sünd to olt, wi dögen nix mehr – ne, ne! – Nu steiht dat Armenhuus vör uns apen, dat ward een truriges Wiehnachten." „In't Armenhuus – ne, leewer een End' maken. – Wat schöllt wi hier noch dohn!" – Der Alte sinnt. „Möchst woll mit mi gahn, Mudder? – Brukst keen Angst to hebben, is man ganz licht, wi slapen ganz still in, un denn is allens voröber. – Blot de Awenklapp tomaken, denn is genog." „Ick gah mit Di, Vadder, bün jümmer mit Di gahn, dat ganze Läwen hendörch, in Lust un Leed, in Freud un Smart. Ick bliew alleen nich hier." Sie küßt ihm die erloschenen Augen und streichelt ihm zärtlich die Wangen. „Uns' Herrgott will uns nich helpen, denn möt wi uns sülwst helpen. Man blot uns olle Liese – wer schall de wat gäwen?" Da pocht es leise an die Tür, die Alte horcht, jetzt noch einmal. „Wer is denn dor?" – Sie öffnet. „Een Handwerksbursk, un jüst hüüt!" – Der Fremde bittet um ein Stückchen Brot und um sich ein wenig erwärmen zu dürfen. „Jä, denn kumm man rin, stell Di man an'n Awen. Wi hefft man sülwst nich väl, awerst dat letzte Bät'n willt wi geern mit Di deelen." Ganz verstört geht sie an den kleinen Wandschrank und nimmt ein Stückchen Brot heraus, welches sie dem Fremden reicht. Der nimmt es dankend, ohne es zum Munde zu führen. „Ach so, Du hest ok Döst, ja, een Kumm Kaffee gäw ick Di ok. Is jä hüüt Wiehnachtsdag. Sett Di man dahl!" Sie schiebt ihm einen Holzschemel hin. Mit abgewandtem Gesicht setzt er sich nieder. „Kummst wied her?, un wo wulld denn hüüt noch hen? Nah Huus – hest denn noch Vadder un Mudder?" „Ja." „Ward de sick awerst freien."

„Ick weet nich", antwortet er leise und gepreßt. „Ick – ick
wör een slechten Jung, ick bün von Huus weglopen, bün in
de wiede Welt gahn, 't is all lang' her." „Jüst wi uns Peter –
ja! Och, ick woll em jä geern vergäwen – wenn he blot wedder köm – un Du doch ok, Vadder. – Och, segg doch man
jä!" „Wer weet – viellicht kummt jo'n Peter ok noch mal
wedder", tröstet der Fremde mit stockender Stimme. „Uns
Peter – ne, och ne – de kummt nienich wedder! – Orrer –
wörst – wörst Du viellicht uns –uns Peter – so kiek mi doch
man an!" Sie nimmt ihm den Hut, den er tief ins Gesicht
gezogen hat, vom Kopf und schaut ihn forschend an. „Ja,
ja! Du büst uns Peter,
– uns verlorne Jung. –
Och, segg doch man,
dat Du et büst, een
Mudderoog kennt ehr
Kind woll wedder." Da
springt er vom Stuhl
auf, reißt sie an seine
Brust und bedeckt
ihr welkes Gesicht
mit heißen Küssen.
„Mudder, kannst Du
mi vergäwen", dann
kniet er am Stuhle
des Vaters nieder.
Tieferschüttert blickt
er in die erloschenen
Augen. „Vergiff ok Du
mi, Vadder – Ick will Di
un Mudder up Hän'n
drägen, will allens
wedder god maken,
will för ju arbeiden."
„Ja, ja, ick vergäw Di,

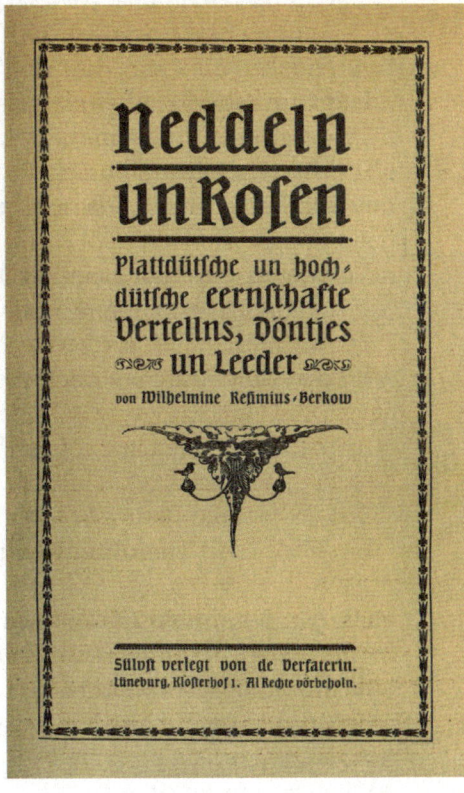

uns Herrgott schickt Di jüst tor rechten Tied. Ick un Dien
Mudder, wi woll'n beid ut de Welt gahn, woll'n starwen,
wiel wi up de Welt nix mehr wert wör'n, un nu – in'n letz-

ten Oogenblick kummst Du. – Herrgott, wi dank ick Di. Ja, wenn de Not am größsten, is Golteshülp am nögsten", spricht unter Freudentränen die Alte und küßt und streichelt immer wieder ihren verlorenen und wiedergefundenen Jungen, ihren Peter. Eine solche Weihnachtsfreude hatte das ärmliche Stübchen noch nie erlebt, und auch die alte Linde nicht, die leise im Abendwinde rauschte.

Neddeln un Rosen. Plattdütsche un hochdütsche eernsthafte Vertells, Döntjes un Leeder. Lüneburg o. J. (1923), S. 47–56

Das Christkind

Das Christkind geht von Haus zu Haus
Und teilet seine Gaben aus;
Im Palast, wie im Hüttchen klein,
Erstrahlt bald heller Kerzenschein.

Voll Sehnsucht spricht ein armes Kind:
Lieb Mütterlein, sag mir geschwind,
Ob wohl nicht gar der heilge Christ
Im dunklen Stübchen mich vergißt?

Ich hab gebetet laut und fromm:
O, heilger Christ, zu mir auch komm –
Schenk mir ein Bäumchen und ein Licht,
Ein Püppchen klein, mehr will ich nicht!

Die Mutter spricht mit bitterm Harm:
Mein liebes Kind, wir sind zu arm –
So arm, daß selbst der heilge Christ
Im dunklen Stübchen uns vergißt.

So, liebe Mutter, mache Licht,
Sonst findet uns das Christkind nicht,
Es kann im Dunkeln wohl nicht sehn,
Und wird dann leis vorübergehn.

Die Mutter drückt mit heißem Schmerz
Ihr flehend Kindchen fest ans Herz –
So komm – ich zeige Dir die Pracht,
Die draußen uns entgegenlacht.

O, welch ein Jubel, – welch ein Klang –
O, hör den herrlichen Gesang! –
Sieh dort den Baum im Kerzenschein,
Dort kehret just das Christkind ein.

Und voll Entzücken schaut das Kind –
Und hebt, die Hände ganz geschwind;
Du liebes Christkind, siehst Du mich? –
Ich warte schon so lang auf Dich!

Will bloß ein Zweiglein und ein Licht,
Ein Püppchen klein, mehr will ich nicht.
Ich will auch immer artig sein,
O, geh mit mir, Christkindelein!

Das Christkind hat noch keine Zeit –
Der Wind weht scharf und kalt – es schneit –
Und weiter geht's die Straß entlang –
Horch! überall derselbe Klang.

Und müde gehen sie nach Haus, –
Sie zieht ihr Kindchen weinend aus;
Nun schlafe sanft, Christkindelein
Es wird im Traume bei Dir sein.

Das Kindchen sieht im süßen Traum
Das Christkind mit dem Weihnachtsbaum.
Es lallt: Ich dank Dir, heilger Christ,
Daß Du nun doch gekommen bist.

Neddeln un Rosen. Plattdütsche un hochdütsche eernsthafte Vertells, Döntjes un Leeder. Lüneburg o. J. (1923), S. 119f.

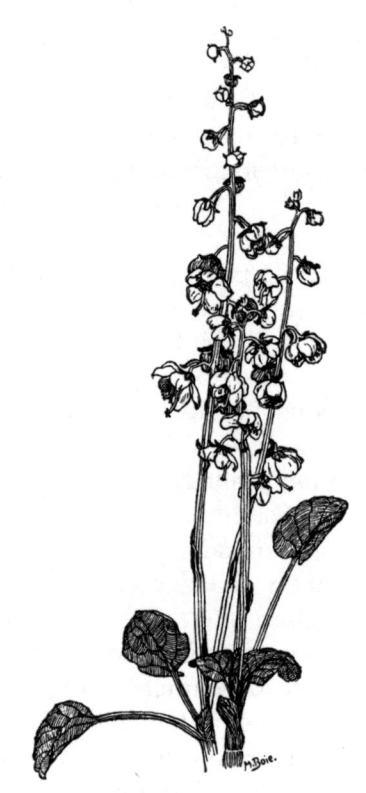

Helene Varges (1877–1946)

Helene Varges

Einleitung

Kindheit, Schule und Studium

Helene Varges kam am 17. November 1877 als Tochter des Kreisrichters Conrad Julius Varges in Johannisburg (Ostpreußen) zur Welt.[1] Ihre Geburt war überschattet vom Tod ihrer zwanzigjährigen Mutter Margarethe Varges, geb. Stiller, an Kindbettfieber. Über ihre ersten Schritte ins Leben erzählt sie selbst: Mein Vater „bat nun seine Eltern, ihm seine jüngste Schwester, Dorothea, nach Johannisburg zu schicken, um mich kleines Kind zu pflegen und ihm vorläufig den Haushalt zu führen. Das geschah dann und dauerte bis in den Sommer des nächsten Jahres (1878) hinein. Dann reiste seine Mutter nach Johannisburg und holte Tante Dorchen und

Helene Varges im Alter von etwa drei Jahren mit ihrer Tante und Pflegemutter Dorothea Varges. Foto: H. Moellendorf, E. Kiewing Nachfolger, Stetin, rückseitig datiert: Januar 1882. Nachlaß von Margarete Boie. Sammlung W. H. Preuß

mich nach Stettin, denn mein Vater wünschte, dass ich in seinem Elternhause und nicht in der Stiller'schen Familie aufwachsen sollte. So kam ich als kleines Kind von kaum dreiviertel Jahren zu meinen Großeltern nach Stettin",[2] und Tante Dorothea nahm sich ihrer an Mutters Stelle an. Auch als ihr Vater 1887 erneut heiratete blieb Helene bei ihr und den Großeltern. Diese Bindung war so innig, daß später mit dem Tod der Pflegemutter am 1. Juli 1925 ein neuer Abschnitt ihrer Künstlerbiographie einsetzte. Während sie zuvor ausschließlich mit Bleistift und Kohle gezeichnet hatte, kompensierte sie nun den Verlust mit der Entdeckung der Farbe. Sie begann mit Pastelkreiden zu arbeiten.[3]

Helene Varges wuchs in bildungsbürgerlichem Umfeld auf. Ihr Großvater Wilhelm August Varges war bis zum Eintritt in den Ruhestand zum Jahresende 1876 Professor des Marienstifts-Gymnasiums zu Stettin gewesen.[4] Sie selbst besuchte dort bis zum Oktober 1895 die renommierte „Private Töchterschule" ihres Onkels Dr. Carl August Wegener. Danach absolvierte sie ein Jahr lang die „Zeichenklasse" der Städtischen Handels- und Gewerbeschule. Im Oktober 1896 siedelte sie von Stettin nach Berlin über, um sich in einem „Oberkursus" an der Königlichen Kunstschule auf das Studium vorzubereiten. Bei einem Aufenthalt in Zoppot im Jahre 1897 lernte Helene Varges die drei Jahre jüngere Margarete Boie kennen, mit der sie von da an eine lebenslange Freundschaft verband. Beide waren selbständige Frauen mit einem besonderen naturkundlichen Interesse, einem wachen Bewußtsein für den Umweltschutz und einer ausgeprägten künstlerischen Neigung. Von Ostern 1897 bis Ostern 1902 studierte Helene Varges am Königlichen Kunstgewerbe-Museum in Berlin, „wobei sie für den Zeitraum von Oktober 1898 bis zum Studienabschluss ein Staatsstipendium erhielt."[5]

Helene Varges und die Lebensreformbewegung um 1900

Am 16. Oktober 1900 gründete Helene Varges Mitstudent Fritz Helmuth Ehmcke zusammen mit Georg Belwe und Friedrich Wilhelm Kleukens die Steglitzer Werkstatt, in der sich bald die Avantgarde der Buchkunst-Bewegung traf. Hier fand Helene Varges nach ihrem Studienabschluß Aufnahme und druckgraphische Arbeitsräume.[6] Besonders schöne, vom Jugendstil geprägte ornamentale Illustrationen schuf sie später für die Bücher von Margarete Boie. Daneben fertigte sie Exlibris an – personenbezogene, graphische Kunstwerke auf kleinstem Raum –, die ihr ehemaliger Lehrer am Kunstgewerbe-Museum, der Maler und Illustrator Emil Doepler, im Kreise von Sammlern bekannt machte.[7] Ihr Hauptreiz lag, nach Ansicht von Kennern, „in dem sehr sorgfältig und geschickt stilisierten und geschmackvoll verwendeten pflanzlichen Beiwerk, das in ihren einfachen Kompositionen einen großen Raum einnimmt, ja mit einigen auf den Stand oder die Neigungen des Besitzers und den Zweck des Blattes bezüglichen Attributen meist den einzigen Inhalt der Darstellung bildet."[8] Eine andere Nische im Kunstgewerbe fand sie schon während ihres Studi-

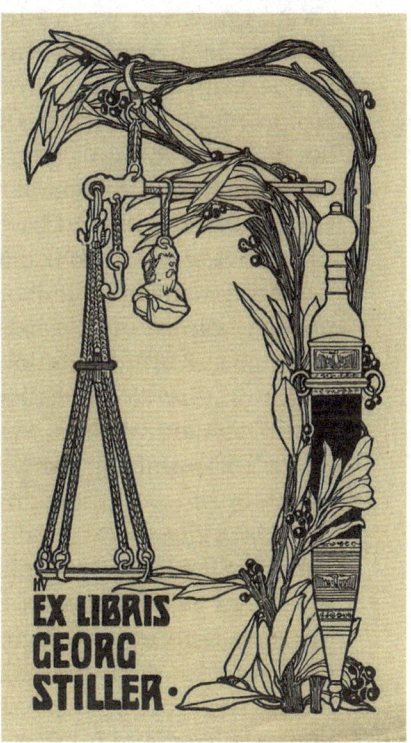

Exlibris für Georg Stiller, um 1900. Die Graphik ist am linken Rand mit „HV" signiert. Nähere Erläuterungen zur Person des Eigners und zum Motiv siehe Anmerkungen.[9] Ein Exlibris von Helene Varges für Georg Stiller erwähnt Walter von Zur Westen: Exlibris (Bucheignerzeichen). Bielefeld und Leipzig 1901, S. 65. Sammlung Werner H. Preuß

ums im Anfertigen von mikroskopischen Zeichnungen für medizinische Zwecke.[10]

Nicht nur auf dem Gebiet der angewandten Kunst war die Jahrhundertwende eine Zeit des Aufbruchs. Die gesamte grün-alternative Lebenseinstellung der Gegenwart geht, vielfach vermittelt, auf Ursprünge in der Lebensreformbewegung um 1900 zurück, die sich als Rückbesinnung auf Kultur und Natur der Heimat verstand. Von 1901 oder 1902 bis 1904 nahm Helene Varges als Zeichenlehrerin an dem pädagogischen Experiment des ersten deutschen Landerziehungsheims für Mädchen in der „Villa Ring" in Stolpe-Wannsee teil.[11] Das Internat war im Jahre 1900 von Bertha von Petersenn gegründet worden. Hermann Lietz, der Vorkämpfer der reformpädagogischen Bewegung, erläutert 1910 das Konzept und schildert den Widerstand, der sich den Reformschulen für Mädchen entgegenstellte:

„Denn man war und ist nur zu gewohnt und bereit, die Tochter, die in der ‚höheren Mädchenschule' eine oberflächliche, dürftige Schulung erfahren hatte, nun zum Abschluß in eine der üblichen standesgemäßen ‚Pensionen' nach Dresden, Weimar, Wiesbaden zu schicken, woselbst sie sich zumeist dilettantisch hauptsächlich mit Kunstgeschichte, Musik, Zeichnen und etwas Sport beschäftigen soll. Dort kann man sie denn zu je zweien wohlgeordnet auf den Straßen umhergeführt sehen, in Front und Nachhut sicher geleitet. Doch über Wert und Erfolg dieser Einrichtung schweigt man am besten. Da haben nun die Heime versucht, auch den Mädchen eine frische, fröhliche, tüchtige Jugend, *Kraftbetätigung* und ein Unternehmungsfeld zu verschaffen und so etwas von dem wieder zu *erneuern*, was einst in germanischen Landen zu den Zeiten Gudruns, Hildegundes und der Mathilde von Sachsen *vorhanden* war. Sie haben sie hinausgerufen aufs Land, in den Wald, auf den See, auf die Wiesen. Haben sie dort in fröhlichem Spiel sich tummeln, auf den Wellen mit den Boten, in Wind und Regen, in täglichem Lauf sich üben lassen. Sie haben sie aber auch in Garten und Werkstätten gerufen zu ernster praktischer Arbeit und in Küche, Keller, Wäscherei und Stube zur Erlernung und Führung des Haushaltes; und dann *wieder* zum Unterricht, in dem auch eine gediegene, kräftige Kost vorgesetzt wurde. Zimperliche, zum Spielzeug der Männerwelt oder zum Verblühen als alte Jungfern in Untätigkeit und Unbefriedigtsein verurteilte Zier- und Salonpuppen gingen allerdings nicht aus diesen Heimen hervor. Wenn die ins Heim Gekommenen entwicklungsfähig waren, dann verließen sie es, mochten sie auch schwächlich gekommen sein, doch zumeist gesund und stark an Leib und Seele, widerstandsfähiger gegen Wind und Wetter und ich denke auch gegen die Wechselfälle des Lebens, fähig sich selbst das Brot zu verdienen, begierig die Fragen weiter zu verfolgen, deren Behandlung mit ihnen begonnen war."[12]

Das Leben im Landerziehungsheim Stolpe-Wannsee kam Helene Varges Vorstellungen von einem naturnahen, vielfältig ausgebildeten, selbstbestimmten weiblichen Leben sehr nahe. Über den Zeichenunterricht im Sommer 1901 berichtet Frau von Petersenn: „Welcher Genuß, an Sonntag Nachmittagen unter den Waldbäumen zu liegen, zu lesen, zu zeichnen, zu vespern oder an heißen Tagen dort die Abendkühle zu genießen, bis Haus und See vor uns vom Mondschein umwittert und umwebt waren! Dann holten wir auch wohl unsere Decken heraus, um unter freiem Himmel zu schlafen, an wohlgeborgenem Platz, bewacht von unserem Hunde. Auch zum Zeichenunterrichte waren wir immer draußen, oft auch zu dem in der Botanik, damit wir erst einmal alles kennen lernten, was die nächste Umgebung an Pflanzen bot."[13] Helene Varges besaß auch später keine Staffelei: „Nein, ich sitze *immer* auf der platten Erde – Sand, Gras, Sumpf, Wasser – ganz schnuppe! Habe noch nie einen Stuhl mitgehabt. Als Unterlage habe ich vierfach zusammengelegtes Segelleinen, aber das benutze ich nur im Herbst und im Frühjahr, und sonst, um mein fertiges Bild auf dem Rückweg vor Feuchtigkeit zu schützen. Für gewöhnlich sitze ich auf meinem *[gummierten]* Kleppermantel".[14]

Und für die Zeit von Ostern 1902 – Ostern 1903 überliefert Frau von Petersenn: „Wir haben fortgefahren unsern Unterricht zu unterstützen durch möglichst viel Anschauung, (Aquarien, Kunst-, Bergbaumuseum, naturh. Museum etc.), unsere Zeichenstudien durch Landschaften, lebende Körper und zum Teil durch Zeichnen selbstmodellierter

Gegenstände anregend zu gestalten. Viel Gelegenheit zu Studien bot unsere diesmalige Sommerreise, an der auch die Zeichenlehrerin teilnahm. Im Gegensatz zur ersten Reise, bei der wir von Ort zu Ort wanderten, gingen wir im Sommer 1902 in ein Dorf an der Ostsee, wo wir uns 4 Wochen aufhielten und so recht Muße hatten, alles zu treiben, wozu ein dauernder Aufenthalt Gelegenheit bietet, botanisieren, zeichnen, Spiel am

„Watt mit Quellervegetation", im Landschaftbild und aus der Nähe betrachtet. Helene Varges verbindet wissenschaftliche Lehr-Illustration mit ornamentalem Buchschmuck. Aus: Paul Kuckuck: Der Nordseelotse. Hamburg: Otto Meißners Verlag, 1908, S. 233

Strand und im Wald."[15] Ein freies, naturverbundenes Kinderleben in einem Ferienheim am Meer schildert Margarete Boie noch fünfundzwanzig Jahre später (1928) in dem von Helene Varges illustrierten Band „Ferientage auf Sylt". Strand und Küste wurden zu ihrer beider Leidenschaft.

Als das Landerziehungsheim für Mädchen in Stolpe-Wannsee mit 25 „Bürgerinnen" an die Grenze der räumlichen Möglichkeiten stieß und die vorrückende Großstadt merklich in die Idylle einbrach, entschloß sich die Gründerin, den Schulbetrieb 1904 nach Schloß Gaienhofen an den Bodensee zu verlegen. Damit endete auch das Engagement von Helene Varges.

Mit Margarete Boie an der Nordsee, in Lüneburg und auf Sylt

Mit ihrer Freundin Margarete Boie zieht sie an die Nordsee, „wobei sie ihren Hauptwohnsitz in Emden nehmen, dabei sommers auf Juist, Helgoland und Norderney zu-

Helene Varges im modernen Jugendstil-Ambiente der Lüneburger Wohnung, Feldtraße 32, 3. Etage. Foto, rückseitig datiert: April 1912. Nachlaß von Margarete Boie. Sammlung Werner H. Preuß

bringen. Helene verbringt als wissenschaftliche Zeichnerin für Seetiere und Pflanzen alljährlich einige Monate auf Helgoland, wo sie für die Königliche Biologische Anstalt tätig ist. Margarete begleitet Helene nach Helgoland und schafft dort gemeinsam mit Helene postkartengroße hübsche Federzeichnungen von der Insel."[16] 1906 bringen beide als erstes gemeinsames kultur- und naturkundliches Buchprojekt einen Inselführer „Juist" im Selbstverlag heraus.[17] 1908 steuern sie Illustrationen zu dem Helgoland-Führer „Der Nordseelotse" von Paul Kuckuck bei.[18]

Über den Fortgang berichtet Helene Varges in einem Lebenslauf, der als Schreibmaschinen-Abschrift im Sylter Archiv erhalten ist. Sie spricht von sich in der dritten Person:

„Im Juni 1911 verzog sie nach Lüneburg, wo sie sich weiterhin durch Ausführung zeichnerischer Aufträge erhielt. Neben der Arbeit für wissenschaftliche Zwecke war es besonders die Herstellung der bekannten, im Verlage von Karl Werckmeister-Berlin erschienenen Bleistift-Portraits, die ihr den Lebensunterhalt lieferte."[19] Mit diesen lithographierten Bildnissen von Heerführern und Staatsmännern, Dichtern, Komponisten und berühmten Ärzten dekorierte ein bürgerliches Publikum Herrenzimmer, Bibliothek, Musik- und Konsultationszimmer. Stets signierte sie geschlechtsneutral mit „H. Varges". Auch in Büchern findet man ihre Bildnisse. So ziert ein von Helene Varges nach einem Foto sehr natürlich gezeichnetes Portrait Gottfried Kellers 1924 eine Schweizer Ausgabe des „Fähnleins der sieben Aufrechten".[20] Und noch 2013 verwendeten zwei große deutsche Verlage für Bucheinbände ihr Bildnis Richard Wagners.[21] In den Kriegsjahren 1915 / 1916 brachte

„Karl Werckmeisters Kunstverlag" darüber hinaus fünfzig „Neue deutsche Bilderbogen" in zwei Bänden heraus. Für diese Sammlung sehr patriotischer Blätter entwarf Helene Varges das Blatt „Ostpreußischer Landsturm".

Auch Lüneburger Motive von ihr sind verstreut gedruckt zu finden – teils nach der Natur, teils nach Photographien gezeichnet. So wurde 1919 eine Ansicht

Der Adam. Bleistiftzeichnung von Helene Varges.
Nähere Erläuterungen siehe Anmerkungen.[22]

der Hauses Lünertorstraße 4 im „Zentralblatt der Bauverwaltung" veröffentlicht.[23] Eine Lithographie des gegenüber liegenden Hauses Lünertorstraße 18 /Am Werder ist im Stadtarchiv Lüneburg vorhanden.[24] Eine als „Kohle-Zeichnung / Gouache" deklarierte „Landschaft mit großem Baum" tauchte im Dezember 2016 in den „Ebay-Kleinanzeigen", Raum Vechta, auf. Eine Bleistiftzeichnung desselben Motivs – die große Linde „Adam" im Gutspark Kaltenmoor – war 1927 in der Sonntagsbeilage Erika der Lüneburgschen Anzeigen publiziert worden.[25]

Auch wenn noch viele weitere Zeichnungen und Buchillustrationen von Helene Varges zu finden sein mögen, steht doch fest: der Erwerb des Lebensunterhalts auf diese Weise war sehr mühsam. Ihre vermutlich aufwendigste Arbeit verrichtete sie wohl ganz ohne Bezahlung aus reinem Interesse: Von Herbst 1911 bis Frühjahr 1913 durchstreifte die passionierte Ornitologin die Umgebung Lüneburgs. Insgesamt 97 Vogel-

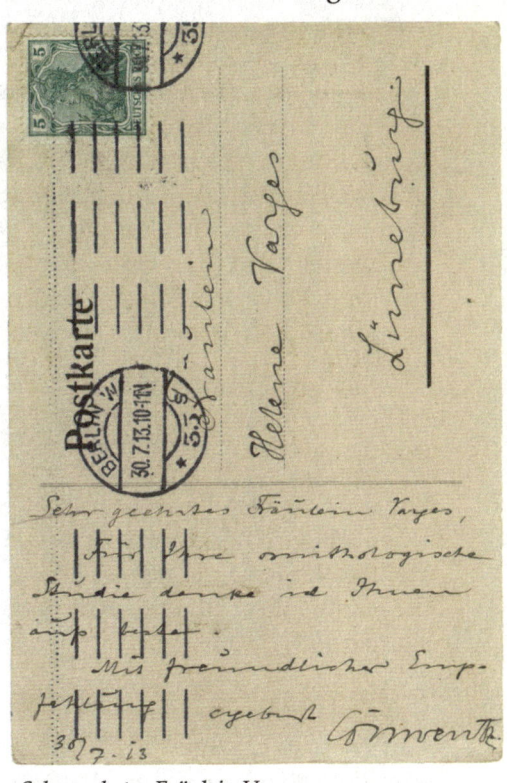

„Sehr geehrtes Fräulein Varges,
Für Ihre ornithologische Studie danke ich Ihnen aufs beste.
Mit freundlicher Empfehlung ergebenst Conwentz. 30.7.13"
Dankeskarte von Hugo Conwentz, dem Begründer des staatlichen Naturschutzes, für das von Helene Varges übersandte „Verzeichnis der Vögel, die bei Lüneburg in den Jahren 1911–1913 beobachtet sind." Ansichtskarte des Teufelsteins im Fluß Ferse bei Pemplin. Sammlung Werner H. Preuß.

arten konnte sie bestimmen und in ihrem Verhalten be-
schreiben. Ihre Aufzeichnungen veröffentlichte sie 1913
unter dem Titel: „Verzeichnis der Vögel, die bei Lüneburg
in den Jahren 1911–1913 beobachtet sind", in den „Jahres-
heften des Naturwissenschaftlichen Vereins für das Fürstentum Lüneburg".[26]

Am 6. Januar 1919 zogen Helene Varges und Margarete Boie nach Westerland auf Sylt. Die Insel sollte für die
Schriftstellerin Heimat für ein Jahrzehnt, für die Künstlerin bis zu ihrem Tode werden. Dieser lange letzte Abschnitt
im Leben von Helene Varges, in dem sie ihr künstlerisches
und wissenschaftliches Engagement für den Naturschutz
noch stärker entfalten konnte, ist durch ihren Neffen Günter Varges und die Umweltwissenschaftlerinnen Beate
Ahr und Roswitha Kirsch-Stracke gut dokumentiert. Daher soll im Folgenden nur noch ihr Charakter etwas tiefer
profiliert werden.

Ein Charakterbild

Für die Schriftstellerin Claretta Cerio (geboren 1927), die
einen großen Teil ihrer Kindheit auf Sylt verbrachte, war
Helene Varges eine gütige, ältere Vertraute. In der Autobiographie ihrer Jugend „Mit Bedenken versetzt" erinnert
sie sich 1981:

„Fräulein Varges war während unserer Westerländer
Zeit Mamas einzige Freundin, ein Mensch, mit dem sie
eine tiefe Wahlverwandtschaft verband. Sie stammte aus
Ostpreußen und war mit einem Auftrag der Biologischen
Anstalt auf Helgoland, die Flora und Fauna der Flutkante
und Küste zu zeichnen, Ende des Ersten Weltkrieges von
jener Insel nach Sylt gekommen und hier geblieben. Mehr
wußte man nicht über sie, sie teilte sich wenig mit und
schien lieber zuzuhören. Klein und zierlich, die glatten,
weißen Haare kurz geschnitten, ohne frivole Konzessio-
nen in ihren meist grauen Schneiderkostümen, eine stets

Helene Varges: Düneneinschnitt, Pastell. Sölring Museen, Sylt, Inv. Nr.: 2008-604

makellose weiße Seiden-
bluse mit einer Brosche
am Hals als einfachen
Schmuck, wirkte sie
wie eine Silberstiftzeich-
nung, klar umrissen in
den Konturen und, trotz
Verzichts auf Farben
und Kontraste, von ei-
nem eigenen Schimmer
umgeben. Etwas von
der zarten, gepfleg-
ten Unauffälligkeit, der
vornehmen Eleganz ih-
res Äußeren spiegelte
sich auch in ihren Bil-
dern wider, größtenteils
kleinformatige Pastelle
der Sylter Landschaft –

*Helene Varges, wie gewohnt in freier Natur auf
der Erde sitzend, am linken Rande ein Kind,
um 1930. Das Foto ist rückseitig mit Bleistift
beschriftet: „v. Frl. Lerche aufgenommen".
Nachlaß von Margarete Boie. Sammlung Werner H. Preuß*

Heide, Sand, Meer, Himmel, Dünen; einzige Variation war
die Beleuchtung. Die Landschaften ihrer Bilder umgaben
einen nie, man ,trat nicht hinein', sie bewahrten immer
eine gewisse Distanz, als würde man sie durch das umge-
kehrte Ende eines Fernrohrs betrachten.

Helene Varges wohnte an dem damaligen südlichen
Stadtrand von Westerland in einer bescheidenen Wohnung, der die vielen Bücher, Malutensilien und Bilder ein
intimes Gepräge verliehen, das eine reichere Einrichtung
nicht erreicht hätte. Mich behandelte sie mit Achtung und
freundlicher Zurückhaltung – wie Kinder behandelt werden möchten und es so selten werden. An meinen Gedichten korrigierte sie Satzzeichen, Rechtschreibung, Gram-
matik, nicht was ich aussagen wollte; das sei meine Sache,
nicht ihre, sagte sie.

Sie war unpolitisch, aber eine glühende Patriotin und
glaubte, was man einem so abseits lebenden Menschen
wie ihr nicht nachtragen konnte, der Nationalsozialismus
sei ein würdiger Verfechter und Repräsentant ihrer Vater-
landsliebe.

Der Ausbruch des Krieges wurde für sie eine persönliche
Tragödie. Trotz ihres geringen Einkommens zeichnete sie
unentgeltlich, an Hand von Photographien, die Porträts
gefallener Soldaten für deren Angehörige und sparte sich
auch das Nötigste ab für Feldpostpakete. Sie wurde zuse-
hends zarter, als würde die körperliche Materie allmählich
von ihr weichen, und kurz nach Kriegsende starb sie – es
ist nicht übertrieben, dies zu sagen – aus Kummer bei der
Erkenntnis dessen, was im Namen aller Deutschen verbro-
chen worden war."[27]

Brieffreundschaft mit Joseph Wittig und Lebensende

Kann man in einem totalitären System unpolitisch bleiben, in dem es kein Wort und keine Handlung gibt, welche nicht ideologisch bewertet werden? Es war möglich,

unkritisch zu bleiben, sich weder für noch gegen das Regime hervor zu tun. Im August 1938 lernte Helene Varges den Religionsphilosophen und Volksschriftsteller Joseph Wittig (1879–1949) kennen, der damals mit seiner Familie auf Sylt Erholungsurlaub machte. Daraus erwuchs eine bis zum Lebensende anhaltende Brieffreundschaft. Joseph Wittig lebte in Neusorge/Schlegel, Krs. Glaz (Schlesien), und war als ein Wegbereiter der Ökumene 1926 von der Katholischen Kirche exkommuniziert worden. Kurz vor der Vertreibung aus seiner Heimat 1946 wurde er wieder in die Kirche aufgenommen. Er starb 1949 im Forsthaus Göhrde. Gemeinsam mit dem jüdischen Religionsphilosophen Martin Buber und dem protestantischen medizinischen Anthropologen Viktor von Weizsäcker gab er von 1926 bis 1930 die Zeitschrift „Die Kreatur" heraus, in der auch Walter Benjamin und Autoren aus seinem Freundeskreis publizierten. Sie war eine literarische Plattform vorurteilsfreier, geisteswissenschaftlicher Diskussion. Wittig hegte eine „geheimnisvolle religiöse Mystik, die in seinen schöpferischen Werken überall zum Vorschein" kam, und eine „tiefempfundene, geradezu romantische Vorliebe für Naturschilderungen […], wobei die Natur in allen seinen Erzählwerken […] menschliche Emotionen, menschliche Gedanken und menschliches Tun widerspiegelt."[28] Dieser Auffassung von Natur und Religion waren auch Margarete Boie und Helene Varges zugeneigt.

Während des Nationalsozialismus konnte sich der freie Gedanke nur in Andeutungen äußern. So schrieb Joseph Wittig kurz nach Kriegsbeginn an Helene Varges am 16. November 1939 in niedergeschlagener Stimmung: „So sehr abgewandt bin ich der Gegenwart; sie hat nur noch Bangigkeit und Schrecken für mich […] Wie jung sind Sie da gegen uns! Wie begeistert können Sie noch von Bombenfliegern schreiben, die soeben eine Anzahl Menschen, ‚Feinde', im Meeresgrund versenkt haben! Deutschland braucht solchen Heroismus."[29] Daß der letzte Satz nicht der Ansicht Joseph Wittigs entsprach, sondern an mögli-

che Zuträger der Partei gerichtet war, ergibt sich aus den
folgenden Schreiben.

In einem Brief vom 19. November 1940 äußert Joseph
Wittig Helene Varges gegenüber unverblümt: „… dann
will ich mich wieder ganz dem Evangelium zuwenden,
wenn dies dann noch (nach dem Kriege) statthaft ist. Ich
wollte für meine Freunde zu Weihnachten meine ‚Spiele
und Gespräche', die ich 1932–1936 für den Rundfunk und
für den Jugendhof Hassitz geschrieben habe, ‚als Manuskript' drucken lassen. Das geht nicht mehr; es muß ein
Verleger sein. Der Verleger fühlte sich aber verpflichtet,
das Manuskript in Berlin vorzulegen. Der Minister für
Propaganda und Volksaufklärung hat entschieden, daß
die Veröffentlichung ‚keineswegs erwünscht' sei. Dann
also nicht! die Stücke sind ausgesprochen national gehalten, aber eben auch religiös. Mit meinem jungen Freunde
habe ich starke geistige Differenzen. Ein Parteigenosse hatte einen Nachbar listig ausspioniert und dann angezeigt.
Das hält nun der Freund für richtig und sogar für pflicht-
gemäß. Da wende ich mich mit Schaudern ab. […] Er freut
sich über das worüber ich weine."
   Und als Helene Varges ihm Margarete Boies „Bo der Riese" mit ihren Illustrationen zum Geschenk gemacht hatte,
antwortete ihr Joseph Wittig am 5. März 1943: „Dank für
die ‚Rarität', den vergriffenen ‚Bo der Riese' der mich so
herzlich erfreut hat, daß ich nicht nur die hübschen Illu-
minationen angeschaut, sondern auch den Text Wort für
Wort gelesen habe, dies allerdings mit Schaudern; die nordischen Sachen sind doch immer voll Totschlag, und ich
bin gar nicht von der Sorte; ich liebe anderes Heldentum.
[…] Ich habe früher die Menschen geliebt, Gerechte wie
Sünder. Jetzt kommt mich das Speien an."

In Joseph Wittig hatte Helene Varges also wenigstens einen Freund, der mutig seine Ablehnung des Nationalsozialismus bekannte und ihr damit ein Licht aufsteckte. Ihren
Patriotismus und ihre Heimatliebe, die sich auch im Na-

turschutz ausdrückten, so in eine verabscheuungswürdige
Ideologie verkehrt zu sehen und der eigenen Verblendung
dabei gewahr zu werden, konnte die Fassungskraft eines
Menschen übersteigen.

Zur geistigen kam die materielle Not. Ihr Neffe Günter
Varges bemerkt dazu: „In den letzten Kriegsjahren wur-
den die Bilderwünsche vieler Leute immer drängender.
Helene, so pflichtbewusst wie sie war, meinte an ihrem
Platz in der Kriegs-Gesellschaft alles hergeben zu müssen,
was an Leistung nur möglich war.

Für die Angehörigen der vielen gefallenen Sylter Soldaten malte sie kostenlos Erinnerungsporträts nach Fotos. Das tat sie meistens von 20 Uhr abends bis 01 Uhr am
Morgen mit eiserner Energie, während sie tagsüber so viele Pastelle im Freien malte, wie sie nur schaffte."[30] Sie kam
mit fünf Stunden Schlaf am Tag aus. Denn auch die Land-
schaftsbilder wurden ihr während des Krieges gleichsam
aus den Händen gerissen. Hunger und Kälte quälten sie in
ihren letzten Tagen. An Luise Hoene, die älteste Schwester
Margarete Boies, schrieb sie in ihrem letzten Brief am 16.
März 1946:

„Der lange Winter macht mir hier ziemlich zu schaffen,
da wir nur quatschnasses Holz zum Heizen haben. Ich hatte im Durchschnitt den ganzen Winter nur etwa zweimal
wöchentlich geheizt und meine Zimmertemperatur ist jetzt
meistens 5°R" (entspricht 6°C), „auch an Heiztagen komme
ich selten über 7° hinaus. Richtig warm bin ich nur – beim
Essen! […] und mit der Kürzung der Rationen ist es so flau
damit, daß ich gewöhnlich meine ganze Kraft brauche, um
gegen die Schmerzen in den erstarrten Händen gegenan
zu gehen."[31] Obwohl ihr von Freunden und Kunden Le-
bensmitteln zugesteckt wurden, war sie bei höchstens 1,65
Meter Körpergröße schon im Dezember 1942 auf 39 Kilo-
gramm Körpergewicht abgemagert.[32] Der Tod Margarete
Boies am 4. Februar 1946 und wenig später eines anderen
sehr engen Vertrauten griffen sie zusätzlich an. Helene Varges starb am 21. März 1946 in Westerland auf Sylt.

Typisch für den Buchschmuck von Helene Varges: der dekorative Titel von „Flutkante und Inselflora", 1923. Sammlung Werner H. Preuß

Schriftstellerische Werke

Flutkante und Inselflora. Ein Bilderbuch für Sammler und Naturfreunde. Westerland/Sylt: Bücherstube von Carl Ludwig Jensen, 1923; 2. neu bearb. Aufl. Neumünster: Karl Wachholtz, 1936; 3. völlig neu bearb. Auflage unter dem Titel: *Flutkante und Küstenflora.* Herausgegeben Dr. Erich Kolumbe und Dr. h.c. Willi Christiansen unter Mitwirkung von Hansjochen Barbrack. Hamburg: Verlag der Gesellschaft der Freunde des Vaterländischen Schul- u. Erziehungswesens, 1961

Aufsätze und Zeitungsbeiträge (Auswahl)

[*Als Mitverfasserin*] M. Boie: *Juist*. Mit Buchschmuck von H. Varges. Emden: Selbstverlag d. Verf., 1906; *Möven am Emder Delft*. In: Ornithologische Monatsschrift. Jahrgang 1911. 36. Band. Herausgegeben vom Deutschen Verein zum Schutze der Vogelwelt e.V. Magdeburg: Kommissions-Verlag der Creutzschen Verlagsbuchhandlung, 36. Band, 1911, Nr. 11, S. 411–415; *Vom Helgoländer Vogelzug*. In: Hamburger Fremdenblatt, 1912, Nr. 19, Feuilleton; *Verzeichnis der Vögel, die bei Lüneburg in den Jahren 1911–1913 beobachtet sind*. In: Jahreshefte des Naturwissenschaftlichen Vereins für das Fürstentum Lüneburg. Heft XIX, 1911–1913 Lüneburg: Buchdruckerei von Heinr. König, 1913, S. 83–96; *Wie Lüneburg die große Zeit erlebte*. In: Erika. Sonntagsblatt der Lüneburgschen Anzeigen. Nr. 30, Lüneburg, den 30. Juli 1916, S. 233–235; *Der neue Weg.* In: Jahrbuch des Nordfriesischen Vereins für Heimatkunde und Heimatliebe, 1928, Heft 15, S. 156–160; wieder abgedruckt in: Manfred Wedemeyer: Margarete Boie. Die Dichterin der Insel Sylt. München, Wien: Profil, 1997, S. 57–63; *Ein alter Garten auf Sylt.* In: Die Heimat, Jg. 37, 1927, Heft 3, S. 49–52; *Von Tieren, Pflanzen und Pflanzentieren am Sylter Strand.* Zur Unterhaltung und Belehrung. Westerland : Sylter Seefahrer-Museum, Druckerei Fr. Ball [1929]; *Wie Sylt unsterblich wurde.* In: Der Türmer, 1934, Heft 10, 337–340; wieder abgedruckt in: Wedemeyer: Margarete Boie, a.a.O., S. 91–99; *Leuchtendes Erleben in Westerland.* In: Westerländer Kurzeitung, 26. 6. 1934; Buchschmuck und Illustrationen in zahlreichen Büchern.

Zur Biographie

Claretta Cerio: *Mit Bedenken versetzt.* München: Franz Schneekluth Verlag, 1981; Joseph Wittig: *Kraft in der Schwachheit.* Briefe an Freunde. Herausgegeben von Gerhard Pachnicke unter Mitwirkung von Rudolf Hermeier. Moers: Brendow Verlag, 1993; Erich Schlee: *Die Zeichnerin Helene Varges.* In: Nordelbingen. Beiträge zur Kunst- und Kulturgeschichte. Band 61. Heide: Westholsteinische Verlagsanstalt Boyens & Co, 1992, S. 181–200; Günter Varges: *Helene Varges. Werk und Malerleben.* Emden: Verlag Polarship, 2007; Beate Ahr und Roswitha Kirsch-Stracke: *„Die künstlerische Freude am Reichtum der Naturformen gab den Anlass..."* Die Naturschutz-Pionierinnen Margarete Boie (1880–1946) und Helene Varges (1877–1946). Pilotstudie zur Quellenlage. (= *WEITER_DENKEN* Nr. 1.) Herausgegeben von gender_archland. Forum für GenderKompetenz in Architektur Landschaft Planung, Fakultät für Architektur und Landschaft der Leibniz Universität Hannover. Hannover, Januar 2010.

Anmerkungen und Nachweise

1   Zu den Lebensdaten von Personen der Familie Varges, vgl. den Stamm-
    baum, aufgestellt von Hans-Ulrich Wegener, München, 25. August
    2011: http://www.familiewegener.de/pdf/nachkommen-w-varges.pdf
    (22.07.2017). Großvater mütterlicherseits: Superintendent Robert Stiller,
    geboren 1818 in Arys (Kreis Johannisburg) „und im biblischen Alter von
    92 Jahren 1910 in Zoppot gestorben." (Dr. Hans Lippold: Arbeit und Brot
    für 900 Menschen. In: Das Ostpreußenblatt, 16. Februar 1974, S. 16)

2   Günter Varges: Helene Varges. Werk und Malerleben. Emden: Polarship,
    2007, S. 14

3   Vgl. Helene Varges an Helene Höhnk, 25. August 1938, Anlage: zwei-
    seitiger handgeschriebener Lebenslauf. Landesarchiv Schleswig, Abt.
    399.19 Höhnk Nr. 769. Zitiert: Beate Ahr und Roswitha Kirsch-Stracke:
    „Die künstlerische Freude am Reichtum der Naturformen gab den Anlass..."
    Die Naturschutz-Pionierinnen Margarete Boie (1880–1946) und Helene
    Varges (1877–1946). Pilotstudie zur Quellenlage. (= WEITER_DENKEN
    Nr. 1). Herausgegeben von gender_archland. Forum für GenderKom-
    petenz in Architektur Landschaft Planung, Fakultät für Architektur und
    Landschaft der Leibniz Universität Hannover. Hannover, Januar 2010,
    Anhang (CD)

4   Vgl. http://geb.uni-giessen.de/geb/volltexte/2008/6129/pdf/Koessler-
    Vaders-Vries.pdf (22.07.2017)

5   Günter Varges: Helene Varges. Werk und Malerleben, a.a.O., S. 15

6   Vgl. Jahrbuch der bildenden Kunst 1903. Herausgegeben von Max Mar-
    tersteig. Zweiter Jahrgang. Berlin: Deutsche Jahrbuch-Gesellschaft m.b.H.,
    Verzeichnisse: III. Ausübende Künstler, Spalte 256: „Varges, Helene:
    Kunstgewerblerin. Geboren in Johannisburg, Ostpreußen. Kunstschule
    und Kunstgewerbeschule: Berlin. Mitglied der Steglitzer Werkstatt. –
    Wannsee bei Berlin, Villa Ring." (Eintrag nach persönlichen Angaben
    von Helene Varges, Abkürzungen aufgelöst)

7   Vgl. Mitteilungen des Exlibris-Vereins zu Berlin, 2. Jahrgang, 2. Heft, Mai
    1908, S. 19: „Herr Professor Doepler verteilt an die Anwesenden Exemp-
    lare seiner neuesten Exlibris und zeigt Blätter seiner früheren Schülerin
    Fräulein Helene Varges" in der 152. Vereinssitzung am 13. April 1908.

8   Vgl. Walter von Zur Westen: Exlibris (Bucheignerzeichen). Bielefeld und
    Leipzig: Verlag von Velhagen & Klasing, 1901, S. 64

9   Eine originelle Komposition für einen Onkel oder Cousin mütterlicher-
    seits. An einem Ölbaumzweig mit Blättern und Oliven hängt links eine
    Stabwaage, an dieser wiederum als Gegengewicht in der Mitte eine
    männliche antike Büste. Am Ast rechts lehnt ein „Unguentarium", ein
    kleiner römischer Flakon für Salböle in Form einer länglichen Amphore.
    Als Grundlage für Salben und Duftöle diente in der Antike insbesondere
    Olivenöl. Das Parfüm-Fläschchen ist wie ein Schmuckstück dekorativ
    verziert und mit zwei Ösen für ein Halskettchen versehen. Schwach
    erkennbar sind Adler mit ausgebreiteten Schwingen an den Manschet-
    ten als römisch-deutsches Symbol. Die Bildelemente kennzeichnen den
    Eigner also als humanistisch gebildeten Händler mit edlen kosmetischen
    Ölen, Salben und Parfümen aus Italien. Sammlung Werner H. Preuß

10 Vgl. zum Beispiel: Ludwig Feinberg: Über Amöben und ihre Unterscheidung von Körperzellen. In: Fortschritte der Medizin, Bd. 17, 1899, Nr. 4, S. 121–127

11 Vgl. die einseitige typographische Abschrift eines Lebenslaufes von Helene Varges, Sylter Archiv Zug. Nr. 159/55a,

12 Hermann Lietz: Die deutschen Landerziehungsheime. Gedanken und Bilder. Leipzig: R. Voigtländers Verlag, 1910, 33f.

13 Bertha von Petersenn: Das zweite Jahr im D.L.E.H. für Mädchen zu Stolpe am Stolpersee bei Wannsee. Sommer 1901. In: Hermann Lietz: Das vierte Jahr in deutschen Land-Erziehungsheimen. Leipzig: R. Voigtländers Verlag, 1902, S. 42–52, hier S. 44

14 Brief an Hilde Helbing, 10. Januar 1938. Zitiert: Günter Varges: Helene Varges. Werk und Malerleben, a.a.O., S. 28

15 Bertha von Petersenn: Deutsches Land-Erziehungsheim für Mädchen Stolpe (Wannsee) Ostern 1902–03. In: Hermann Lietz: Das fünfte Jahr in deutschen Land-Erziehungsheimen. Leipzig: R. Voigtländers Verlag, 1903, S. 53–55, hier S. 54

16 Günter Varges: Helene Varges. Werk und Malerleben, a.a.O., S. 33

17 Vgl. M. Boie: Juist. Mit Buchschmuck von H. Varges. Emden: Selbstverlag d. Verf.,1906

18 Vgl. Paul Kuckuck: Der Nordseelotse. Lehrreiches und lustiges Vademekum für Helgoländer Badegäste und Besucher der Nordsee. Hamburg: Otto Meißners Verlag, 1908

19 Sylter Archiv, Zugang Nr. 159/55a

20 Gottfried Keller: Das Fähnlein der sieben Aufrechten. Bern und Leipzig:Verlag Ernst Bircher A.G., ohne Jahr (1924). Bildnachweis: S. 72

21 Vgl. Richard Wagner: Ausgewählte Schriften und Briefe. Frankfurt am Main: Fischer Klassik, 2013; Sven Oliver Müller: Richard Wagner und die Deutschen. Eine Geschichte von Hass und Hingabe. München: C. H. Beck, 2013

Helene Varges: Buchschmuck zu: Margarete Boie: Die treue Ose. Westerland 1923, S. 38

22 An diesen Baum und die traumhafte Atmosphäre des Ortes erinnert
   sich der Redakteur Dr. Friedrich Corssen 1927: „Unlöslich verknüpft mit
   Kaltenmoor sind die Namen des ersten Menschenpaares. Zwei schöne
   Linden sind ihre Träger, die nach Lüneburg Ausschau halten, die eine
   an der Hagener Landstraße, die andere am Saume des bebauten Feldes
   in Sicht der Gartenhäuser auf der Kuhweide. Und zwar steht Eva an
   der Landstraße und Adam inmitten der Sonnenuntergangsherrlichkeit
   von Kaltenmoor. Mit Recht. Es hätte dem ersten Manne wenig ähnlich
   gesehen, sich selbst zu Gunsten der Frau an den geringeren Platz zu
   stellen. Unter den gewaltigen Ästen des Adam ist mancher goldbeglänz-
   ter Augenblick genossen von den Gartenhausbewohnern, die den Weg
   dahin frei hatten, solange ihr Beispiel noch keine Schule gemacht hatte."
   Die Gegend ist heute nicht wiederzuerkennen. Der Straßenzug Am
   Blümchensaal / Deutsch-Evern-Weg hieß früher Hagener Allee. Dort
   stand Eva nahe der heutigen Grundstücksgrenze Deutsch-Evern-Weg-
   Nr. 18/20. Wo jetzt die Kurt-Schumacher-Straße zwischen Haus Nr. 20
   und 22 in einen alten Waldweg mündet, befand sich die westliche Ecke
   des Kaltenmoorer Gutsparks. An diesem Weg stand Adam hinter dem
   heutigen Grundstück Kurt-Schumacher-Straße Nr. 22 am Rande des
   Hains. 1912 wurde der Neubau des Gutshauses augenscheinlich auf
   diesen herrlichen Baum ausgerichtet, denn die Sichtachse läuft über Park
   und Teich schnurgerade nach Westen auf den Adam als perspektivi-
   schen Fluchtpunkt zu.
   Friedrich Corssen: Kaltenmoor. Ein Erinnerungsblatt. In: Erika. Sonntagsblatt der Lüneburgschen Anzeigen, Nr. 16, 17. April 1927, S. 123–125.

23 Vgl. K. Mühlke: Ausbauten, Utluchten und Beischläge in den Küsten-
   ländern der Nordsee und Ostsee. In: Zentralblatt der Bauverwaltung.
   Herausgegeben im Ministerium der öffentlichen Arbeiten, 39. Jg, Nr. 64,
   6. August 1919, S. 377–379 (Fortsetzung aus Nr. 63, Schluß in Nr. 65), hier
   S. 377

24 Vgl. StALg ND Dreyer 8

25 Vgl. Friedrich Corssen: Kaltenmoor. Ein Erinnerungsblatt. In: Erika.
   Sonntagsblatt der Lüneburgschen Anzeigen, Nr. 16, 17. April 1927, S.
   123–125, hier S. 123

26 Jahreshefte des Naturwissenschaftlichen Vereins für das Fürstentum
   Lüneburg. Heft XIX, 1911–1913. Lüneburg: Buchdruckerei von Heinr.
   König, 1913, S. 83–96

27 Claretta Cerio: Mit Bedenken versetzt. München: Franz Schneekluth
   Verlag, 1981, S. 92f.

28 Anthony W. Riley: Der Volksschriftsteller Joseph Wittig (1879–1949). In:
   Martin Huber (Ed.) et al.: Bildung und Konfession. Tübingen: Niemeyer,
   1996, S. 147 – 163, hier S. 154

29 Zu den folgenden Zitaten vgl. Joseph Wittig: Kraft in der Schwachheit.
   Briefe an Freunde. Moers: Brendow Verlag, 1993. Zitiert: Beate Ahr und
   Roswitha Kirsch-Stracke: „*Die künstlerische Freude am Reichtum der Natur-
   formen gab den Anlass…*", a.a.O., Anhang (CD)

30 Günter Varges: Helene Varges. Werk und Malerleben, a.a.O., S. 28

31 Günter Varges: Helene Varges. Werk und Malerleben, a.a.O., S. 24

32 Vgl. Günter Varges: Helene Varges. Werk und Malerleben, a.a.O., S. 13
   und 30

Werke

Wie Lüneburg die große Zeit erlebte

3wei volle Kriegsjahre sind über uns hingerauscht, und manch einer fragt sich wohl: war's nicht erst gestern, da das erste Extrablatt ins Haus geflogen kam und wir mit noch ungläubigen Augen und ahnungsvoll aufhorchenden Herzen Österreichs Kriegserklärung an Serbien lasen? Hören wir nicht noch den brausenden Gesang vom Markt herüberschallen und das Hurrah der Tausenden antworten auf begeisterte Ansprachen? Sehen wir nicht noch den Widerschein der ersten Siegesfackeln auf jungen, hellen Knabengesichtern? Oder fällt uns ein, daß auch von jenen Sechzehnjährigen, die damals noch die Fackeln trugen, jetzt viele draußen stehen und die eiserne Wacht halten in Feindesland? Braun und schmal und männlich sind sie geworden, die Kindergesichter von damals. Und

Extrablatt der Lüneburgschen Anzeigen zur Mobilmachung am 2. August 1914. Archiv der Lüneburger Landeszeitung

wir? Vielleicht war's doch nicht gestern, sondern wir sind inzwischen hundert Jahre älter geworden, von Grund auf andere Menschen – ob besser oder schlechter – gleichviel; jedenfalls anders! Aber der Schritt der Weltereignisse, der uns vor zwei Jahren dröhnend in die Ohren gellte und uns bis in die Tiefen unseres Wesen erzittern ließ vor Begeisterung und Opfermut, der ist uns unmerklich zum Taktschritt marschierender Soldaten geworden, und wir laufen mit, ob Großes oder Kleines an uns vorüberzieht.

Was uns so schnell den Taktschritt lehrte, war die schier unbegreifliche Ordnung und Sicherheit unseres Staatswesens, nein – ich möchte sagen: unseres Volkswesens. Zuerst erkannten wir das staunend, bald aber erwarteten wir es nicht mehr anders; aus den stürmisch begehrten „Extrablättern" wurde der tägliche „Heeresbericht", und man wunderte sich bald, wenn er nicht pünktlich auf die Minute an der gewohnten Straßenecke klebte. Das ist symbolisch für alles andere. Wir haben das Handwerkszeug des Krieges in Waffen und Worten kennen gelernt und hantieren damit wie sonst mit Alltagsgeräten. Und als auch auf der Höhe des Sieges unsere Füße festen Boden fühlten in dieser unwandelbaren Ordnung und Gesetzmäßigkeit, da erhob sich wieder der dunkle Schatten neben den deutschesten Tugenden: die Kritiksucht und Nörgelei. Wenn auf der neu gewonnenen Ebene, ein kleiner Erdrutsch stattfindet, – wenn wir ein paar Schritte noch einmal tun müssen, wenn der Feind uns ein paar hundert Meter des eben eroberten Schützengrabens wieder wegnimmt, – wenn der Boden hart und unbequem ist, und wir ein wenig tägliches Entbehren tragen sollen, dann fangen wir an die Köpfe zu schütteln und mit bangen Gesichtern zu fragen: wie soll es nur werden? Wissen wir denn wirklich nicht mehr, was wir in jenen Augusttagen 1914 gefühlt und gedacht, gefürchtet und gehofft haben? Was wir alles tragen wollten – wozu wir bereit waren, und wie still und im Innersten erschüttert und losgelöst wir das eigene Sein der Allgemeinheit hingaben? Nur Kinder und Toren konnten doch wohl annehmen, daß eine Welt von

Feinden, – daß, außer den kleinen, drei große, mächtige, und in ihrer Art kräftige Völker durch einen schneidigen Handstreich auf die Knie zu zwingen wären, und daß ein Volkstum so stark und mächtig, wie die Erde es noch nie gesehen hat, geboren werden könnte ohne Leid und Tränen aus ein paar glänzenden Waffentaten, Reiterstückchen und Geistesblitzen? Nein, damals wußten wir es: harte, heiße, übermenschlich schwere Arbeit gibt es für uns zu tun, für alle und für jeden Einzelnen, und wir sind bereit, wir *wollen* sie tun. Es geht nicht um Mein und Dein, um Mehr oder Weniger – es geht um's Leben.

Ein paar Aufzeichnungen aus den Tagen der Mobilmachung fallen mir in die Hände, lose Tagebuchblätter mit kurzen, nüchternen Angaben und wenigen nach Ausdruck ringenden Gedanken. Sie wurden hingeschrieben flüchtig und absichtslos im Drang der großen Zeit; jetzt legen sie an ihrem kleinen Teil doch ein Zeugnis ab von dem, was war und was geworden ist.

1. August 1914: Gegen Abend ging ich zum fünften Mal in die Stadt und fand vor der Redaktion der „L.A." *[Lüneburgschen Anzeigen]* einen weißen Zettel mit Blaustift beschrieben: „Die Mobilmachung ist erfolgt. Der Sonntag ist der erste Mobilmachungstag."

Man fühlte sich erlöst von unerträglicher Spannung.

Die ganze Woche hindurch sind Ströme von Feriengästen abgereist und noch größere Ströme auswärtiger Lüneburger heimgekehrt. Die stille Stadt ist in vollstem Aufruhr. Die Stimmung ist ernst, zielbewußt, einig. Alle sind tief davon durchdrungen, daß es die rechte Zeit ist und der Kaiser nicht anders handeln konnte und durfte, ja daß wir froh und dankbar sein können, solchen Kaiser zu haben. Ein großes Verantwortlichkeitsbewußtsein und ernste Bereitschaft sind der Grundzug.

Abends auf dem Bahnhof. Die Stimmung war wundervoll, aber noch viel bewunderungswürdiger das Verhalten der Beamten – still, geduldig, unermüdlich freundlich stand jeder Mann auf seinem Posten, und trotz des großen

Andranges und der furchtbaren Verantwortung gab es
kein Anschnauzen, keinen unnützen Lärm, kein müßiges
Gerede. Die Gestellungspflichtigen wurden hin und her
durch die Sperre gelassen, wenn die erwarteten Züge noch
nicht kamen, und selbst die unvermeidliche Betrunkenheit
Einzelner wurde stillschweigend übersehen und fand keinen Reibungspunkt.

Wir erwarteten eine Verwandte aus der Schweiz zurück,
aber sie kam nicht, und als wir nachts unverrichteter Sache
nach Hause gingen, schloß sich uns eine Dame an, die wir
nur flüchtig von Ansehen kannten. Man redete aber, als
wäre man seit undenklichen Zeiten miteinander vertraut.
Ein Sohn und zwei Schwiegersöhne von ihr gingen mit, erzählte sie, aber – „daran darf man jetzt nicht denken, man
muß sich selbst ganz vergessen."

Zwischen Johanniskirche und Gymnasium begegnete uns ein junges Paar, eng umschlungen – sie schritten
tapfer aus, und dabei sangen sie mit leiser, halb erstickter
Stimme: „Deutschland, Deutschland, über alles."

Auch den ersten kleinen, feldmäßig gerüsteten Trup-
penzug – etwa 40 bis 50 Mann – sahen wir von der Bahn
kommen.

3. August: Heute ist man schon ganz gewöhnt an der
Anblick der feldgrauen Truppen. Soeben – morgens um
9 Uhr – zog eine größere Kolonne bei uns vorbei, ein aus
allen Truppenteilen zusammengewürfelter Zug: Kürassie-
re, Ulanen, die verschiedensten Husaren, Dragoner, Jäger
usw. Sie hatten augenscheinlich auf dem Lande Pferde
ausgehoben.

Im allgemeinen finde ich, daß sich die Mobilmachung
ganz anders abspielt, als man sie sich nach Schilderungen
von 1870 vorstellte. Der übliche Abmarsch der Regimen-
ter unter klingendem Spiel mit wehenden Fahnen, mit viel
Hurra und Tränen scheint ein müßiger Traum zu sein. Man
sieht überall kleine Abteilungen, die nüchtern, schnell und
ernst nach dem Bahnhof marschieren, einzelne Soldaten
und Offiziere, Ordonanzen usw. Alles geht fabelhaft ruhig und ordentlich vor sich, und man hat das Gefühl, jeder

weiß genau, wohin er gehört und was er zu tun hat. Man sieht auf den Gesichtern viele verschiedene Auffassungen sich spiegeln – ernste, traurige, angstvolle – auch solche, die versuchen, sorglos und übermütig zu scheinen. Sieht man aber genauer zu, so ist es doch alles dasselbe: sie wissen *alle*, daß sie *alles* dranzusetzen haben, und sind bereit dazu, jeder auf seine Weise.

Natürlich wird schon großer Unfug mit dem Sturz auf die Lebensmittel getrieben. Die Leute wollen nicht einsehen, daß sie dadurch selbst die Preise ganz unnötig in die Höhe schrauben, aber das wird sich geben. Man spricht davon, daß Einheitspreise festgesetzt werden sollen.

5. August: Heute morgen gingen wir in die Michaeliskirche. Pastor E. sprach über 1. Petri 5,6 *[So demütiget euch nun unter die gewaltige Hand Gottes, daß er euch erhöhe zu seiner Zeit.]* – tiefernst, einfach klar und eindringlich. In der Predigt erwähnte er, daß wir uns, wie er soeben erst gehört hätte, nach *drei* Fronten zu wenden hätten. Die Wenigsten hatten das Extrablatt mit Englands Kriegserklärung schon vor der Kirche gelesen. Wie ein erstarrender Hauch legte sich die Nachricht auf alle Gemüter, die ihre Tragweite verstehen konnten.

Nach der Kirche fand sich auf dem Sande eine große Menschenmenge zusammen; jeder strebte in fieberhafter Erwartung den neuesten Nachrichten entgegen. Vor der Redaktion war der größte Andrang, aber es gab kein Stoßen und Schelten, es hatte auch niemand Eile. Eine stille Würde lag im Verhalten des Volkes. Der Druck, die Spannung schien fast unerträglich. Eine Bergeslast lag auf allen, und wir wußten, daß wir alle ohne Ausnahme daran mittragen mußten. Aber in Einzelnen schien sich das „wir müssen" schon zu wandeln; in jungen und alten Augen blitzte es auf, das tapfere „ wir wollen, wir werden", und schon nach einer kurzen Stunde war die Stimmung verändert. Starkes Vertrauen und fröhlicher Trotz bekamen die Oberhand, und jetzt am Abend sagt man schon: wie gut, daß England Farbe bekennen mußte! Nun wissen wir doch, woran wir sind; nun gibt es *ganze* Arbeit.

7. August: Gestern abend sahen wir eine Schwadron unserer Dragoner abfahren. Es ging dabei so sachlich und pünktlich zu, als wäre es nur ein Auszug ins Manöver. Keine Szenen – das Publikum ernst und interessiert, die Soldaten voller Leben und Fröhlichkeit. In den vordersten Wagen stiegen die Offiziere. Als der Zug sich in Bewegung setzte, streckten sich aus jedem Fenster sechs bis acht Arme heraus. Die zurückbleibenden Kameraden hoben die Hände und: „Auf Wiedersehen!" tönte es wie aus einem Munde. Irgendeine Stimme aus der Menge rief: „Heil und Sieg!" Die Soldaten sangen. Hinter ihnen in den breiten Öffnungen der Wagen tauchten, magisch beleuchtet von Stall-Laternen, die schönen Köpfe der Pferde auf. Langsam rollte der Zug in die Dunkelheit hinaus, ab und zu ein hochbepackter Fourage-Wagen zwischen den andern. Stummes Tücherschwenken der Menge, die dann still nach Hause ging ohne Gedränge, obgleich es wirklich sehr eng war. Während des Wartens unterhielten wir uns mit einem neben uns stehenden Manne. „Wir sind acht Brüder", erzählte er, „und wir gehen alle mit. Ich muß übermorgen weg. Wenn sie mich bloß nach Rußland schicken! Auf die Franzosen hab' ich noch nicht die richtige Wut!" Wir fragten nach seinen Eltern: „Ja, meine Mutter lebt noch; Frau und Kind habe ich auch, und der Abschied ist schwer, aber wenn wir erst draußen sind und alle alten Kameraden wiedersehen, dann denken wir gar nicht mehr rückwärts!"

8. August: Gestern abend das neueste Telegramm: die Einnahme von Lüttich. Das ist also die erste Festung, die unsere Truppen genommen haben! (So lautet der eine einzige Satz, den ich über Lüttich schrieb, und ich suche vergeblich nach mehr. Das Tagebuch schweigt. Aber die Erinnerung redet laut und weiß noch, als wäre es gestern gewesen, daß Worte die Erregung nicht ausdrücken konnten, mit der man jene erste große Nachricht hinnahm. Hatte man es doch bis dahin noch immer nicht begriffen, daß alles, was wir aus den Erzählungen unserer Großeltern kannten, nun für uns Wirklichkeit werden sollte, grausame und starke Wirklichkeit, in der wir – wir selbst mit-

ten darin standen. Eine Festung war erstürmt worden von unseren Truppen, das heißt von denen, die noch vor wenigen Tagen neben uns gestanden hatten, harmlos, fröhlich, lieb und vertraut, „unsere Jungens", die man noch oft recht herzlich gerüffelt, erzogen und behütet hatte. War es möglich, daß sie nun den Feuerschlünden des Feindes gegenübergestanden, in Nacht und Graus gekämpft, gestürmt, geblutet hatten? Nun würden sie kommen, die ersten Verlustlisten und die Verwundeten selbst; wir hörten die brausenden Lieder, bald auch die Glockenklänge vom Turm, wir schrieben schon Feldpostbriefe. Es war alles, wie die Alten es uns erzählt hatten, und doch so ganz, ganz anders!)

9. August: Superintendent W.'s *[Wachsmuths]* Predigt über Psalm 124 war heute wie ein einziger Jubelschrei: „Frei geworden!" „Unsere Seele ist entronnen wie ein Vogel dem Strick des Voglers; der Strick ist zerrissen, und wir sind los." Wir sind frei geworden von Selbstsucht und Schwäche, Uneinigkeit und Kastengeist, Eitelkeit und Kleinlichkeit, Unreinheit und Genußsucht, Luxus – wir sind frei geworden zur großen, erlösenden Tat – ein einig Volk von Brüdern! –

Nach der Kirche lasen wir die Meldung von dem heldenhaften Untergang der „Königin Luise".

Nachmittags ein friedlicher Wald- und Feldspaziergang. Sehr schwüle drückende Luft. Über die reifen Erntefelder und die üppig blühenden Wiesen strich der laue Sommerwind. Hie und da ein vollbeladener Erntewagen, der eilig heimgeführt wurde. Schwalbengezwitscher überall in der Luft: matte Sonnenstrahlen auf den Waldwegen, Duft und Blühen, Gedeihen und Stille – seltsame Gegensätze zu der Kriegsunruhe und Zerstörung! Ein Doppelposten mit Gewehr im Anschlag am Anfang der Uelzener Landstraße und ein mit zur Absperrung bereitem Drahtseil umwundener Baum dicht daneben waren die einzigen sichtbaren Anzeichen des Krieges. –

15. August: Gestern nachmittag rückte unsere erste Einquartierung an: ein etwa vierzigjähriger Sergeant, Ange-

stellter der H.A.P.A.G. [*„Hamburg-Amerikanische Packetfahrt-Acti-en-Gesellschaft", Hamburger Reederei*] Er erzählte uns, daß er sonst beim Laden der Schiffe im Hamburger Hafen beschäftigt sei. Er ist verheiratet und hat ein zehnjähriges Töchterchen. Seine ganze Art, seine Auffassung des Krieges, die Ruhe und Zuversicht seiner Stimmung, die Bescheidenheit, mit der er immer wieder betonte, er hätte aber kein Essen zu verlangen, und sich so herzlich bedankte – alles das machte uns einen schönen Eindruck und zeigte wieder, wie stark das Gefühl für Recht und Sitte in unserem Volk entwickelt ist, und wie hoch solch einfacher Mann in der Kultur steht. Heute morgen nahm er gerührten Abschied und sagte, er würde uns bald eine Karte schreiben, und wenn der Krieg vorüber wäre, würde er uns besuchen und uns seine Frau vorstellen. Nachher winkte er noch bis zur Ecke der Lindenstraße zu unsern Fenstern hinauf.

(Das Schreibeversprechen hat er gehalten, die Karte erhielten wir sehr bald aus seiner Garnison, aber noch ist der Krieg nicht zu Ende, und wir wissen nicht, ob es dem treuherzigen Menschen gelingen wird, auch den zweiten Teil seines Versprechens zu lösen.

Weiter spricht das Tagebuch von den buntesten und unsinnigsten Gerüchten, die kein vernünftiger Mensch glauben möchte, und die doch hie und da an den Nerven zerrten, bis die ganze Aufregung verebbte an der „steinernen" Ruhe des Generalquartiermeisters: „Amtlich, Großes Hauptquartier, den ...ten August" las man, und wie Gespenster vor dem Sonnenaufgang waren alle Gerüchte zerstoben.

Hand in Hand mit und neben unverantwortlichster Vertrauensseligkeit taumelte die Spionenfurcht und -jagd durchs Land und zeitigte die lächerlichsten Auswüchse.)

Da lese ich weiter:
... ... Ein lustiges Stückchen von der Spionenfurcht wurde mir heute erzählt: Ein verboten wüst und schwärzlich aussehender Kerl wird der Behörde eingeliefert. Er be-

hauptet zwar steif und fest, kein Russe zu sein, aber man ist ganz sicher, einen Spion erwischt zu haben.

Ob er sich denn ausweisen könnte?

„Jawoll!" Ein schmutziger Zettel kommt zum Vorschein, ein – Stellungsbefehl zum dritten Mobilmachungstage in Celle!

„Ja, um Gotteswillen, Mensch, heute ist doch schon der fünfte Mobilmachungstag – warum sind Sie nicht längst in Celle?"

„Wenn se mir doch immer festnehmen! Überall, wo ick hinkomm', arretieren se mir ja doch wieder!"

Hoffnungslos!

Man schickte den Mann unter Bedeckung eines Beamten in Uniform auf die Bahn, aber mein Gewährsmann meinte: „Aus dem Zuge schmeißen sie ihn ja doch wieder 'raus – so wie der Kerl aussieht, kommt er nie nach Celle."

16. August: Sehr komisch wirkte die Kriegserklärung Montenegros. Darüber war nur eine Stimme unter herzlichem Gelächter: „Nun können wir einpacken, nun wird's ganz schlimm!"

Heute morgen gingen wir auf den Markt, um die Vereidigung der Dragoner mit anzusehen. Es war eine weihevolle Feier. Die Mannschaften in ihren blitzenden Sonntagsuniformen im Karree aufgestellt. Quer durch die Mitte eine Reihe von Offizieren mit flach ausgestreckten Säbeln. Eine Schwadron nach der andern trat in der Mitte an, rechts und links von den Offizieren: gruppenweise legten sie die linken Hände auf die Säbel, die rechten wurden zum Schwur erhoben. Ein Leutnant in feldgrauer Uniform, der unter dem großen Mittelkandelaber stand, verlas mit schöner, klarer Stimme die Eidesformel, die im Chor wiederholt wurde. Nachdem alle vereidigt waren, hielt ein Ulanenoffizier eine Rede, von der wir aber nur sehr wenig verstanden. Ein kurzer Satz klang scharf und klar zu uns herüber:

„Wenn Ihr Eurem Kaiser dient, seid Ihr Ritter und Fürsten –"

Dann kam das Kaiserhoch, und dem „Heil dir im Sieger-
kranz" – von allen mitgesungen – folgte gleich „Es braust
ein Ruf". Die Soldaten sangen prachtvoll. –

Gestern erhielt ich eine Karte von D.W. Ihr Bruder, der
Stabsoffizier auf *[dem Schlachtschiff]* „Ostfriesland" ist, hat
nach Hause geschrieben:

„Wir haben zehn Jahre den Krieg geübt, und – wir sind
fleißig gewesen."

Das ist die typische Stimmung der Marine: ruhige Zuversicht ohne Überhebung, – ihrer Kraft und ihrer Pflicht-
treue bewußt. –

22. August: Der Verlauf des gestrigen Tages, der die
große Siegesbotschaft brachte, war vielleicht das Merk-
würdigste, was ich je erlebt habe. Morgens war das Wetter warm und sommerduftig mit stiller Luft und mattem
Sonnenschein. Am Himmel wanderten weiße Wölkchen,
die sich gegen Mittag zu einem leichten, grauen Schleier
verdichteten.

Früh erfuhr man den noch abends vorher bekannt gege-
benen Einmarsch unserer Truppen in Brüssel.

Mittags wurde es so eigen dunkel, obgleich am Himmel
noch viel Blau zu sehen war und ab und zu matte Sonnenflecken auf die Straße fielen. Um halb zwei gedachten wir
plötzlich der angekündigten Sonnenfinsternis und richtig!
Hinter dem Schleiergewölk sah man die Sonne wie einen scharfgeschnittenen, zunehmenden Viertelmond. Sie
leuchtete ab und zu silbrig durch die Wolkenfetzen, und
man sah deutlich den dicken, schwarzen Mondschatten
auf ihrer linken Seite. Dann verschwand sie hinter dem
grauen Himmelsvorhang.

Es war etwas Atemloses in der Luft – so als hätte eine
mächtige Stimme Schweigen geboten.

Zwischen fünf und sechs Uhr verbreitete sich die Nachricht von einem großen Siege in der Stadt, und wir hielten
es bald nicht mehr zu Hause aus. In der Rotenstraße leuchtete uns eine mächtige schwarz-weiß-rote Fahne entgegen,
und darunter klebte das Extrablatt:

„Eine siegreiche Riesenschlacht zwischen Metz und den Vogesen."

Überall strahlende, aufgeregte Gesichter, ein Winken hin und her zwischen Bekannten und Unbekannten, ein wortloses Grüßen! Hausväter und Ladeninhaber sah man eifrig bemüht, ihre Fahnen auszuhängen. Vor der Redaktion ein schwarzer Menschenhaufe, über dem sich die große Fahne ganz leise hin und her bewegte. Es war sehr still und ein wenig grau.

Wir gingen zu Bekannten, und während wir dort im Garten saßen, fing es an zu donnern und zu blitzen, aber das Gewitter kam nicht herauf; es regnete auch nicht. Um sieben waren wir wieder zu Hause.

Abends gegen halb zehn brach plötzlich das Gewitter noch einmal los, und nun fing es an zu regnen – stark, gleichmäßig und ruhig. Es war, als wollte die Natur einen wohltuenden, feuchten Schleier über die Erde breiten und damit Staub und Blut, Unruhe, Qual und Freude zudecken. Und in dem rieselnden Grau wurden Stimmen laut, erst einige, dann viele und immer mehr – ein Locken und Rufen, Pfeifen, Flöten, Zirpen, Schreien und Grüßen – das gefiederte Heer der Lüfte auf der Wanderschaft, Millionen und Abermillionen von Zugvögeln!

Zu denken, daß diesmal die große sehnsüchtige Wanderschar über die Nordsee hergeflogen kam, ohne wie sonst aufgehalten zu werden von den blendenden Lichtarmen des großen Wächters auf Helgoland!

Andere Augen, andere Arme wachen und kämpfen jetzt für uns über der Nordsee und schützen uns Heimat und Hafen.

Heute morgen horchten wir auf das Blasen vom Johannisturm. Klar und deutlich schallte der Choral zu uns herüber: „Ich bete an die Macht der Liebe."

29. August: Die Siegesbotschaften häufen sich, und selbst die traurigen Nachrichten aus Ostpreußen vermögen nicht den Jubel zu dämpfen, denn man weiß und fühlt es: auch dort wird geholfen werden. Die Stimmung ist aber nicht laut, sie ist still, feierlich, erschüttert – ganz überwälti-

Ostpreußischer Landsturm. Bilderbogen, 1915. Helene Varges thematisiert die große Militärparade am 2. September 1914 in Berlin, bei welcher Kriegstrophäen aus der jüngst vergangenen „Schlacht bei Tannenberg" (26. – 30. August 1914) mitgeführt wurden. Die bärtigen Veteranen des Landsturms aus Osterode / Ostpreußen hatten eine russische Fahne erbeutet und präsentierten sie (zusammengerollt links) den begeisterten Schaulustigen. Helene Varges gestaltete das Blatt nach photographischen Vorlagen. Der Liedtext von Friedrich Rückert stammt aus dem Jahr 1813 und wirkt heute ungenießbar.
Neue deutsche Bilderbogen. Berlin, Karl Werckmeisters Kunstverlag. [1. Band, o. J. (1915)]. Repro: Universitätsbibliothek Heidelberg

gend. Nur ab und zu ertönen wie ein Brausen die alten Sturmlieder. –

Da bricht das Tagebuch ab: Der Schritt der großen Zeit wurde zu gewaltig, die Arbeit drängte, und Taten, nicht Worte erheischte das Leben. Jede Kraft ausnutzen, auf daß neue Kraft daraus erblühe, jede Gabe treu verwalten als kostbares, nur anvertrautes Gut und jedem schlaffen und unfrohen Gedanken zornig die Tür weisen – das wurde die Losung der großen Zeit.

Arbeiten wollen wir und schaffen mit jedem Atemzuge, die Herzen ungebeugt, den Blick geradeaus und ohne Furcht.

Das dritte Kriegsjahr begrüßen noch dieselben deutschen Herzen der Mobilmachung von 1914.

Erika. Sonntagsblatt der Lüneburgschen Anzeigen. Nr. 30, Lüneburg, den 30. Juli 1916, S. 233–235

Möven am Emder Delft

„Möven im Land, Sturm an der Hand", sagt der Ostfriese, und die Erfahrung bestätigt das Sprichwort. Auch an heiteren und stillen Tagen sieht man hie und da einzelne Lachmöven, die den Kanälen landeinwärts folgen, auf den Weiden herumstolzieren und die weite, flache Landschaft schmücken wie Edelsteine, die in der Sonne aufblitzen, aber wie gesagt: nur vereinzelt zeigen sie sich am schönen Tage. Sieht man sie in Scharen sich tummeln über den winterlich öden Weideflächen; schwimmen sie zu zwanzig, zu fünfzig, ja zu Hunderten beisammen auf den „Tiefs", dann geht man selten fehl mit der Vermutung, daß der nächste Gezeitenwechsel einen Sturm im Gefolge haben wird. Noch eine andere Witterungserscheinung aber bringt die Möven mit unfehlbarer Sicherheit „ins Land", das heißt in diesem Falle: nach Emden, – das ist der Frost, und zwar nicht nur starker und andauernder Frost, sondern schon der allergeringste; wenige Kältegrade genügen, um die

Margarete Boie: Am Delft. Federzeichnung aus der Mappe: Emden. Bilder aus der ältesten Hafenstadt Ostfrieslands. Emden: Verlag von J. Röling, o. J. (1910)

schönen, weißschimmernden Vögel dem Charakteristikum des Emder Stadtbildes unfehlbar beizufügen. Dann spielen sich am Delft, dem Binnenhafen der alten, ostfriesischen Stadt, dieselben reizenden Szenen ab wie an der Alster, nur noch reiner und ursprünglicher als in dem rauch- und nebelverhüllten Hamburg.

Eine leichte Eisschicht bedeckt teilweise den Binnenhafen. Hie und da sind große Löcher, kleine, grauweiße Eisschollen schwimmen darin herum, nach der Ausfahrt zu ist offenes Wasser. Die kleinen Motorboote, die in der wärmeren Jahreszeit den Verkehr mit dem Außenhafen vermitteln, haben ihre Fahrten eingestellt. Hie und da liegt am Bollwerke ein kleiner Segler verankert – das ist alles. Stumm und tot ruht die Wasserstraße, während sich vor dem Rathause und auf der früheren „Brücke" der lebhafte mittägliche Verkehr der kleinen Stadt abspielt. Da leuchten im Schutze der alten Giebelhauser, die dicht am Wasser stehen, auf den schmutzigen Eisschollen ein paar blitzende Flecke auf, es bewegt sich etwas – eine Lachmöve fliegt

Möwen am Sylter Strand. Linolschnitt von Helene Varges. Sölring Museen, Sylt, Inv. Nr.: 2008-588

auf, eine zweite folgt ihr, dann eine Dreizehenmöve, und wir werden gewahr, daß die trübe, graue Fläche bevölkert ist von Hunderten und Aberhunderten von Möven, die dort stumm sitzen am Rande ihrer Scholle und sich gar reizend spiegeln in dem schwarz beschatteten stillen Wasser. Plötzlich gibt es eine große Aufregung; kreischend fliegt der ganze Schwarm auf, und noch ehe der menschliche Witz begriffen hat, daß eine Schüssel voll Abfall vom Balkon des einen Giebelhauses ausgeschüttet wurde, hat sich das Mövenvolk schon kreischend, schreiend, sich balgend, sich überschlagend, im fast unentwirrbaren Knäuel auf das willkommene Futter gestürzt. Kaum zwei Minuten dauert das entzückende Schauspiel, dann ist alles verzehrt und die weiße Schar (Es sind stets bei weitem überwiegend alte, ausgefärbte Exemplare.) zerstreut sich wieder. Einzelne fliegen noch eine Weile unruhig hin und her und fangen mit ihren hellen Schwingen die Strahlen der matten Wintersonne auf; andere sitzen schon wieder stumm und stumpfsinnig auf ihrem kalten Beobachtungsposten und warten auf die nächste Futtergelegenheit.

Ich hatte die kleine Szene beobachtet und dachte: wer doch dies leuchtende Gewimmel photographieren könnte!

Am nächsten Tage brachte ich wirklich meinen Apparat mit. Kaum war ich einige Male am Wasser auf und ab gegangen, um einen günstigen Platz auszusuchen, als die Möven auch schon aufmerksam wurden. Einzelne kamen an, umkreisten mich, näherten sich mir auffallend, schwammen ein Stückchen auf dem Wasser, kreischten, erhoben sich wieder. Ich sah mich um. Richtig! da hinter mir ist ja ein Bäckerladen! Kaum war ich darin und hatte mir „altes Brot" gefordert, als auch schon die freundliche Bäckersfrau sehr verständnisvoll wurde und mir ihre Hilfe für die Möven-Fütterung und -Photographie anbot. Da war ich an die Richtige gekommen, denn es war ersichtlich, daß sie eine große Liebe für die schönen Tiere hatte, und sie schon längst aus eigenem Antriebe gefüttert hatte. Als sie mit einer großen Schale voll Brocken draußen erschien, hatten wir sofort das ganze gefiederte Volk um uns. Die Lachmöven waren am vertrautesten, aber auch die Dreizehenmöven rückten uns sehr bald näher, nur die vereinzelte Silbermöve – ein junges Tier – beäugte mißtrauisch den Apparat und hielt sich sorgfältig außer Schußweite. Auf den bereiften Planken eines kleinen Anlege-Vorbaues balgten sich ungefähr zehn bis fünfzehn Lachmöven. Mit großem Brocken im Schnabel zogen einzelne ab, verfolgt von dem kreischenden Neide der Kameraden.

Ich knipste mehrmals – in stiller Sorge, ob meine Kamera den Schnelligkeitsanforderungen dieser rapiden Flügelbewegungen wohl Genüge leisten würde. Die letzte Platte hob ich auf, weil ich noch immer auf die Silbermöve hoffte, aber vergebens. Sie hielt sich fern. Ein frecher Spatz versuchte zwischen den großen Tieren einen Brocken wegzustehlen, duckte sich vor den Schnabelhieben, konnte aber doch nicht widerstehen und – erreichte keck sein Ziel. Da setzte sich eine Nebelkrähe mitten unter die Möven, aber ihr war nicht wohl – es waren doch der Konkurrenten zu viele – unverrichteter Sache strich sie ab, und gleich darauf flog wie ein Fetzen Zeug, man wußte kaum woher, eine Dohle in das Gewimmel, aber auch ihr wurde angst, und sie sah sehr jämmerlich aus, als sie ihrer größeren Verwandten folgte. Dieser kleine Zwischenfall interessierte mich insofern, als ich früher oft beobachtet habe, daß bei einem Einzelkampfe zwischen Möve und Krähe gewöhnlich die Möve den Kürzeren zieht.

Immer noch wartete meine letzte Platte; schließlich riß mir der Geduldsfaden, ich gab die Silbermöve auf und benutzte einen Augenblick, in dem nur wenige Möven auf der Fläche waren, um noch ein ruhigeres Bild zu erlangen. Die Brocken waren verzehrt, nur noch wenige Krümel lagen auf den Holzplanken, meinen Apparat hatte ich in den Bäckerladen getragen und wollte nur noch einen vergessenen Lederriemen holen, als ein zerlumpter Straßenjunge neben mir mit höhnischem Grinsen sagte: „Dö is de Silbermev'!" – und wirklich, da saß sie dicht vor mir auf dem Pfahle, ganz ruhig mit halb ausgebreiteten Flügeln und besah sich das Schlachtfeld. Sie hatte nur das Verschwinden des ominösen schwarzen Dinges abgewartet. Sanft waren meine Gefühle nicht!

Am nächsten Tage ging der Wind nach Westen herum, mit dem Froste war's vorerst zu Ende, und als ich mittags am Delft vorbeiging, schwammen kümmerliche fünf oder sechs Möven auf dem trübem Wasser. „Ja", sagte die Bäckersfrau, „komisch, nicht wahr? Kaum setzt der Frost ein, so sind die Möven in hellen Haufen hier, und ebenso schnell verschwinden sie, sobald Tauwetter eintritt."

Das Ergebnis in der Dunkelkammer war nicht ganz so unbefriedigend, wie ich gefürchtet hatte. Es waren immerhin einige Möven leidlich klar zu sehen; nur konnte ich aus dem Hintergrunde nicht klug werden, bis mir allmählich ein Licht aufging, dass mein Platten-Lieferant mir halb verdorbenes Zeug angeschmiert hatte; zum Glücke aber war bei vier Platten ausgerechnet der Teil verdorben, auf dem die Möven nicht waren, und beim Kopieren kam ein magisch dunkler Hintergrund heraus, der zwar nicht ganz naturgetreu war, den hellen Vogelkörpern und ihren cha-

rakteristischen Flugbewegungen aber als sehr vorteilhafte
Folie diente.

Einige Tage vergingen. Es war wieder leichter Frost ein-
getreten, der jedoch sehr schnell einem westlicheren Win-
de wich. In der Voraussicht, keine Möven anzutreffen,
ging ich eines Mittags nach dem Delft, um der freundlichen Bäckersfrau das versprochene „Mövenbild" zu bringen. Zu meinem Erstaunen fand ich Land und Wasser sehr
belebt. Im goldenen Sonnenscheine flogen sie umher, meine gefiederten Freunde, schaukelten sich auf dem Wasser
und saßen auf den Dächern der Giebelhäuser, wie Tauben
anzusehen, auf dem Rathause, auf Telegraphendrähten
und -stangen, ja sogar auf den kleinen Holzbalkons der
Häuser am Delft. Unter ihnen befanden sich in friedlicher
Gemeinschaft (so lange kein Futter in Aussicht stand!)
eine Menge Nebelkrähen und Dohlen. Ein entzückendes
Bild! Es stimmte mich etwas nachdenklich, denn was in
aller Welt hatten die Möven da noch zu suchen – mit dem
Froste war's doch vorbei? Die Aufklärung dieses Rätsels
bekam ich schon gegen Abend, als der klare Sternenhim-
mel und die trockene, scharfe Luft mir verrieten, daß die
Möven wieder einmal klüger gewesen waren als ich – der
Frost war nämlich noch nicht ganz abgetan.

Im Bäckerladen erlebte ich noch eine lustige, kleine Szene mit einer alten Gemüsefrau vom Lande, die sich lebhaft
für das Mövenbild interessierte, weil die Möven – „diese
Rackers" – ihr in der Frostzeit ihren Kohl angefressen hatten, was sie ihnen augenscheinlich sehr übelnahm.

*Möven am Emder Delft. In: Ornithologische Monatsschrift.
Jahrgang 1911. 36. Band. Herausgegeben vom Deutschen Ver-
ein zum Schutze der Vogelwelt e.V. Magdeburg: Kommissions-
Verlag der Creutzschen Verlagsbuchhandlung, 36. Band, 1911,
Nr. 11, S. 411–415*

Margarete Boie (1880–1946)

Margarete Boie

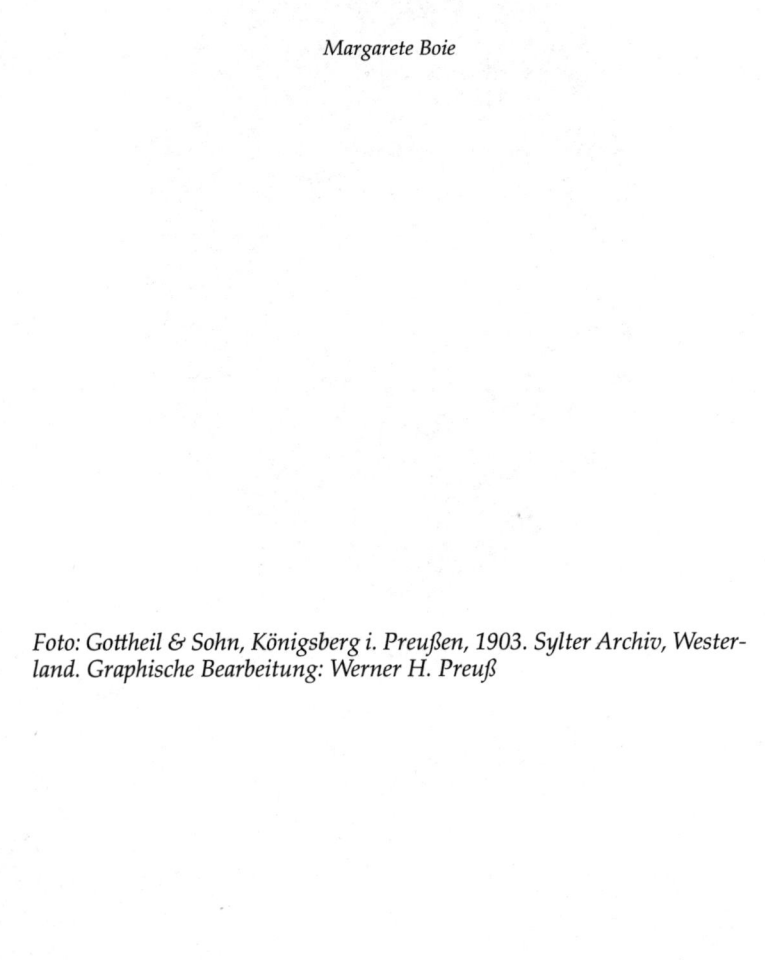

Foto: Gottheil & Sohn, Königsberg i. Preußen, 1903. Sylter Archiv, Wester-
land. Graphische Bearbeitung: Werner H. Preuß

Einleitung

Ein Lebenslauf für die Reichsschrifttumskammer

Über ihr Leben gibt Margarete Boie in einem eigenhändigen Lebenslauf Auskunft, den sie am 5. April 1937 der Reichsschrifttumskammer einsenden mußte. Wie damals üblich spricht sie über sich in der dritten Person:

„Margarete Boie, geboren am 22. Okt. 1880 als Tochter des Majors im Gr. Generalstabe Bernhard Boie und seiner Ehefrau Ida, geb. Vennigerholz, in Berlin. Der Vater wurde von einer Garnison zur anderen versetzt: Berlin, Königsberg Pr., Münster Westph., Danzig, Königsberg Pr., Graudenz, Thorn, wo M.B. stets die sogenannten „Höheren Töchterschulen" besuchte. Am 7. Mai 1896 starb der Vater in Thorn als Generalleutnant und Gouverneur von Thorn.

Nach des Vaters Tode zog die Mutter mit ihren fünf Kindern, von denen M. B. die mittelste war, in des Vaters ursprüngliche Heimat Danzig zurück, zunächst nach Zoppot. Von 1900 – 1902 besuchte M.B. die Handels- und Gewerbeschule in Danzig. Von 1902 – 1904 war sie als nichtwissenschaftliche Hilfsarbeiterin im naturwissenschaftlichen Westpr. Prov. Museum tätig, gab diese Arbeit aber 1904 wieder auf, da sie keinerlei Zukunftsaussichten hat[te].

Ein kleines väterliches Erbteil ermöglichte es M.B., von nun an bis zum Kriege ein Wanderleben zu führen, zusammen mit der Landschaftsmalerin Helene Varges, deren Neigung folgend besonders die Nordseeküste studiert wurde: Juist, Norderney, Emden, Helgoland. M.B. lernte zeichnen, schrieb auch einen Führer von Juist und eine ostfriesische Erzählung „Die Kinder der fremden Frau", die in Zeitungen, aber nie in Buchform erschien.

Die Kriegszeit verlebten beide in Lüneburg, wo M.B. mehrmals den zweiten, für kürzere Zeit auch den ersten Schriftleiter in den „Lüneburgischen Anzeigen" vertrat.

Januar 1919 gingen beide nach Sylt, wo M.B. zunächst zwei heute vergriffene unbedeutendere Arbeiten beendete und danach ihr großes Syltwerk schuf.

Im Sommer 1928 musste M.B. Sylt verlassen, da ihre Gesundheit das angreifende Klima nicht mehr vertrug. Auf dem Festland vollendete sie die beiden letzten Bände des Syltwerks, die 1930 erschienen.

1936 endlich erschien ein großer Roman aus der dänischen Geschichte „Eleonora Christine und Corfiz Ulfeldt", dessen Vorarbeiten schon auf Sylt begonnen waren.–"[1]

Margarete Boie, 1927 in Erfurt. Foto: Atelier Albert Schöllkammer. Original: Sylter Archiv, Nachlaß Margarete Boie. Zuerst veröffentlicht in: Sylt und seine Dichterin. In: Büchereiblatt. Ein Führer zu neuen Büchern unserer Zeit. 5. Jg., Nr. 16, Düsseldorf-Kaiserswerth: Verlag Otto Fritz, 28. August 1930. Graphische Bearbeitung: Werner H. Preuß

Im offiziellen Schriftverkehr mit der Reichsschrifttumskammer, hielt sich Margarete Boie bedeckt, um möglichst wenig Interesse auf sich zu lenken. In einem Fragebogen, den sie am 17. Juni 1936 ausfüllte, offenbarte sie noch, „dass ich als freie Schriftstellerin natürlich immer gearbeitet habe, aber infolge jahrelanger Kränklichkeit auch jahrelang fast völlig erwerbslos war und von meinen Angehörigen erhalten werden musste, teilweise auch jetzt noch werden muss." Als Leumundszeugen für ihre politische Einstellung kann sie „niemand nennen, da ich mich politisch nie betätigt habe." Einer Zeitungsredakteurin ist das schwer zu glauben. Am 8. August 1933 fügte sie dem noch hinzu, daß sie „als alte Offizierstochter stets selbstverständlich national gewesen" sei – eine dehnbare Formulierung, die eines nicht bedeutet: ein klares Bekenntnis zum Nationalsozialismus. Das war alles, was sie über ihre Lebensverhältnisse und ihre politische Einstellung der Behörde preisgab. Ihr genügte es, wenn die „Begutachtungsstelle für das pädagogische Schrifttum" bei der Reichsleitung der NSDAP am 10. März 1936 nichts weiter berichten konnte als: „Fräulein Boie ist nicht in der Partei und nicht im NSLB *[Nationalsozialistischer Lehrerbund]*. Da über sie nichts festzustellen ist, sind wir nicht in der Lage, ein Gutachten abzugeben." An einer förderlichen Stellungnahme war Margarete Boie offenbar nicht interessiert. Sie hat sich den Nazis nicht angebiedert.

Redakteurin in Lüneburg und „Der Auftakt"

Nach Lüneburg kamen Helene Varges und Margarete Boie 1911. Vom 3. Juli an wohnten die beiden Künstlerinnen in der Feldstraße 32, dritte Etage. Das moderne, 1906 errichtete Haus gehörte dem Bauunternehmer und „Kunststeinfabrikanten" Heinrich Seelmeyer. Drei Jahre später, am 3. September 1914, zogen die Freundinnen in den Wilschenbrucher Weg 47, parterre. Ihre neue Hauswirtin hörte auf den klingenden Namen Philippine Jürdens. Diese Wohnung behielten sie, bis sie am 6. Januar 1919 nach Westerland auf Sylt wechselten.[2] Zu ihren Lüneburger Freunden zählten die Familien des Schriftleiters der Lüneburgschen Anzeigen Dr. Friedrich Corssen und des Stadtsuperintendenten Paul Wachsmuth, dessen Tochter Berta sich am 18. September 1917 mit Margarete Boies jüngstem Bruder Claus vermählte. Auch der expressionistische Maler und Kunstkritiker Ernst Lindemann (1869–1943), ein Cousin

Dünenlandschaft. Aquarell von Ernst Lindemann, rückseitig beschriftet „Aquarell 1923". Sammlung Werner H. Preuß

Friedrich Corssens, und seine Lebensgefährtin, die Lehrerin Olga Poeschmann, gehörten zu ihrem Kreis.[3] Beide liebten wie Margarete Boie und Helene Varges die Landschaft an Nord- und Ostsee.

In den ersten Juni-Tagen und vom 3. Juli bis 3. August 1916 zeichnete Margarete Boie als verantwortliche Redakteurin der Lüneburgschen Anzeigen. In diese Zeit fallen politische Leitartikel, wie der über „Die erste große Seeschlacht in der Nordsee" am 2. Juni, den sie später kritisch in ihrem Roman „Der Auftakt" zitiert. Sie erprobte sich im Genre der Reportage und schilderte am 14. Juli 1916 „Die Kindererholungsstätte im Scharnebecker Walde". Ihrer Freundin Helene Varges ermöglichte sie am 30. Juli 1916 die Veröffentlichung des Aufsatzes „Wie Lüneburg die große Zeit erlebte" in der Wochenendbeilage „Erika". Auch einen „Feldpostbrief" ließ sie am 5. Juli 1916 drucken, der aus menschlicher, aus „weiblicher" Perspektive die „feindlichen" zivilen Opfer des Krieges in den Blick nimmt. (In ihrem Roman „Der Auftakt" werden es bald die daheim gebliebenen Deutschen sein.):

„Feldpostbrief. Von einem Lüneburger in Feindesland, der an seine hier wohnenden Eltern schrieb, die uns den Brief zum Abdruck gütigst überließen, wird berichtet über die trostlosen Zustände für die Einwohner der dort von uns besetzten Gebiete. Wenn man dies liest, so können wir unseren Vaterlandsverteidigern und ihren Führern nicht dankbar genug dafür sein, daß sie durch ihre Tapferkeit und Aufopferung den Feind von unserem Lande fernhielten und es in seinem jetzigen Zustande bewahrten. Wir lassen nun den Brief folgen:

15.6.16
Meine lieben Eltern!
Heut abend bekam ich Euer Paket mit Schokolade, Kuchen und Wurst sowie Mutters lieben Brief. Wo ich bin usw. habt Ihr wohl schon von Käte erfahren. Ich hab hier bei den Dragonern manchen Bekannten getroffen, so Fuhlboom, Raunos Sohn *[der älteren Lüneburgern noch bekannte Konditor Walter Rauno (1895–1976)]* und Seelmeyer *[Bautechniker Heinrich Seelmeyer, der Sohn ihres ehemaligen Vermieters. Er fiel am 5. April 1918.]*, Georgs Bekannten. Jetzt eben bin ich durch die Quartiere meiner Leute gegangen und hab von den Gärten aus ins weite Land geschaut, das wie im tiefsten Frieden daliegt. Überall wächst der Segen des Sommers, aber er reift dem landfremden Soldaten entgegen. Verbittert, verarmt sind die früheren Eigentümer. Die Häuser verfallen, keine Hand rührt sich, die ersten kleinen Schäden zu bessern und unbarmherzig legen Regen und Sturm Breschen in Dach und Gemäuer. Hat die Zerstörung begonnen, so schmilzt der Lehmstein, aus dem die meisten Häuser gefügt sind, förmlich dahin. Keine liebende Hand pflegt die Gärten. Zwischen Schutt und Unkraut stehen die Rosenstämme, und wo Soldaten Gärten anlegten, sieht man ihnen an, daß sie zusammengesucht und für den Augenblick geschaffen sind. Denn keiner hat hier eine bleibende Stätte. Ich denke an mein Haus und meinen Garten. Wenn dort fremde Eroberer so gebieten sollten! Hier hinter der Front merkt man erst, wie schwer Feindeshand auf dem Lande liegt.

Ein Zimmer im Haus bleibt dem Eigentümer, gewöhnlich ist es die große Diele mit Herd und Kamin, die zugleich Eß-, Wohn- und Schlafzimmer ist. Alle übrigen
Räume gehören der Einquartierung, die zu jeder Tages-
und Nachtzeit über die Diele in ihre Zimmer geht. Die Möbel sind verschleppt, verbraucht, nur wenig Gutes ist noch
da – wer weiß, wie lange.

Hühner und Kühe haben die Bewohner, aber Milch und
Eier müssen abgeliefert werden. Man läßt den Einwohnern
nur, was unbedingt zum Leben nötig ist. Die meisten sind
alt und lebensmüde. Was noch irgend arbeiten kann, wird
zu Erntearbeiten, zum Chausseebau usw. gezwungen. Im
Hause wohnt mit mir ein altes Mütterchen, 64 Jahre. Sie ist
im Gegensatz zu den meisten Dörflern sauber und eigen;
aber unendlich traurig blicken ihre guten Augen und mit
Seufzen fängt sie morgens ihre Hausarbeit an. Wir haben
ihr heute Holz gesägt und gehauen – wenn ich solch Elend
sehe, steigt's mir bis an den Hals und schnürt mir die
Luft ab. Machtlos, ratlos stehen wir vor dem unsäglichen
Unglück; vor tiefer Not und großem Leid im Menschen-
schicksal und in all dem Trüben den Glauben an das Licht
nicht verlieren – es gehört ein großer Lebensmut dazu.

Nun Ihr Lieben alle ich grüße Euch vielmals.

Euer Hans."

Wenn Margarete Boie dieses Zeugnis des Mitgefühls mit
dem „Feind" in Dankbarkeit für die deutschen Vaterlands-
verteidiger einbettet, zeigt sie damit auch, daß sie schon
mit der Kriegszensur umzugehen weiß.

Neben ihrer Arbeit als Zeitungs-Redakteurin verfaßte
Margarete Boie in Lüneburg mehrere Erzählungen und
den Roman „Der Auftakt", der erst 1922 erschien. Er thematisiert die Auflösung aller Lebenswünsche und Moral-
vorstellungen in der gleichmachenden Verelendung aller
Stände während des 1. Weltkriegs. Die täglichen Mühen
der Lüneburger – vor allem der Frauen – schildert Margarete Boie dabei so plastisch, daß wir noch heute am Alltags-

Die von Stern'sche Buchdruckerei und die Lüneburgschen Anzeigen, Am Sande 31. Federzeichnung im Stile des Architekten Franz Krüger. Lüneburger Adreß-buch 1914, S. 292

empfinden vor mehr als einhundert Jahren Anteil nehmen können. Auf Emigranten wirkte die lebendige Darstellung der Heimat schon zu ihrer Zeit stark. So schreibt der Rezensent des Romans einer deutschsprachigen brasilianischen Zeitung (1922):

„Schlägt man die ersten Seiten dieses Buches auf, so fragt man sich unwillkürlich mit ungläubigem Lächeln: Noch ein Kriegsroman? Man hätte doch wahrlich genug, übergenug davon. Blättert man jedoch weiter, so erstaunt man über die starke Sprache des Inhalts, über den kühnen Gedankengang der Schriftstellerin und vor allem über die überaus vornehme, gründliche und menschliche Beobachtungsgabe. Nicht über Schlachtfelder, nicht in das eigent-

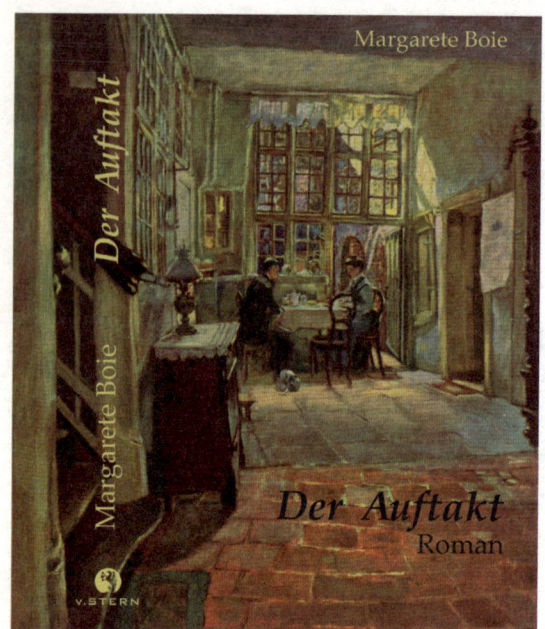

liche Toben des Krieges führt sie uns, sie schildert in lebendigen Farben das Gefühlsame menschlicher Herzen, das Schicksal einer Familie, die zurückblieb in der kleinen Stadt, die hier in sich den Krieg erlebte und verspürte. Die trauten Straßen und Gäßchen dieses Städtchens leben unwillkürlich auf, die Menschen werden lebendig, man lebt mit in dem Erleben der

Der Auftakt. Einbandillustration der Jubiläumsausgabe, 2014, unter Verwendung von Edmund Körner: Lüneburger Diele, um 1910. Eduscho's Illustrierte Monatsschrift, Heft Nr. 46, Februar 1937

anderen, die, stark und schwach, jedes [!] ihre Wege gehen bis zum Ende."[4]

Sylt: Feministische und umweltpädagogische Aspekte

Den in seiner Tendenz pazifistischen Roman „Der Auftakt" tut Margarete Boie in ihrem für die Reichsschriftumskammer verfaßten Lebenslauf als einen von „zwei heute vergriffene[n] unbedeutendere[n] Arbeiten" ab. Sie versteckt ihn vor den Nazis, die solche Bücher verbrennen würden. Mit der zweiten Arbeit, die sie unter den Tisch fallen lassen möchte, ist der Roman „Schwestern" gemeint, der 1921 erschien. Er spielt auf einer ungenannten Nordseeinsel und thematisiert die Notwendigkeit der Solidarität unter allen Frauen. Die Tante erklärt der halbwüchsigen Nichte zu Anfang, worauf es ankommt: „Erstens ist sie eine Frau, deine und meine Geschlechtsgenossin, unsere Schwester, Reserl; und wenn wir Frauen uns untereinander nicht achten, wer soll es dann tun?" (S. 58) Und am Ende bekennt das Mädchen: „Ich dachte eben nur an meine ‚Schwestern', wie du sagst. Ich kann sie jetzt alle verstehen". (S. 220) Auch die feministische Tendenz dieses Romans hätte den Nazis nicht gefallen.

Beate Ahr und Roswitha Kirsch-Stracke, die aus Geschlechter-Perspektive Margarete Boie und Helene Varges als „Naturschutz-Pionierinnen" profilieren, heben hervor: „Die weiblichen Hauptfiguren, die in Margarete Boies Werken positiv dargestellt werden, sind vor allem Frauen, die nach Bildung und Selbständigkeit streben bzw. schon charakterstark ein unabhängiges Leben führen."[5] Diesen Weg schlug Margarete Boie selbst ein. Da ihr das Universitäts-Studium als Frau verwehrt war, wählte sie das Selbststudium. In den Jahren 1902 bis 1904 absolvierte sie ein Praktikum als „Hilfsarbeiterin" im naturwissenschaftlichen Westpreußischen Provinzial-Museum Danzig, das damals von Hugo Conwentz geleitet wurde. Mit dem nüchternen Gelehrten und engagierten Naturschützer blieben Margarete Boie und Helene Varges bis an sein Lebensende in Verbindung. Im Auftrag seiner schwedischen Witwe würdigte ihn Margarete Boie 1940 in dem Erinnerungsbuch „Hugo Conwentz und seine Heimat". Das naturkundliche, heute würde man sagen: umweltwissenschaftliche Selbststudium betrieben Helene Varges und sie mit wissenschaftlicher Gründlichkeit und Leidenschaft für den Naturschutz. „Margarete Boie wählte in ihrem Engagement für Natur- und Landschaftsschutz den Weg der unterhaltsamen Bildung, nicht nur bezogen auf die Natur, sondern auch auf die Eigenart der Landschaft und ihrer Kultur."[6] In allen ihren literarischen Werken finden sich Naturschilderungen. Bezeichnend steht dafür schon der Anfang der Reportage über „Die Kinder-Erholungsstätte im Scharnebecker Walde" von 1916:

„Der Buchenwald rauscht; unter den hochaufragenden
Stämmen mit ihrem lichten Blätterdach leuchtet der mit
dem rötlichen Laub vom vorigen Sommer bedeckte Boden. Hin und her huschen flimmernde Sonnenflecken im
gleichen Rhythmus mit den sanft sich wiegenden Wip-
feln, und die warme Luft ist erfüllt vom Duft der Kräuter,
dem Gesang der Vögel und dem Summen der vielfältigen
Insekten. So sollte der Buchenwald immer sein. Gestern,
als wir hinausfuhren, um das Kinderheim des *Vaterländischen Frauenvereins* kennen zu lernen, war der Himmel
trübe und ein kurzer heftiger Regenschauer hatte den Boden durchweicht. Bald tauchte zwischen den Bäumen ein
niedriges, langgestrecktes Haus auf, über dem die Rote-
Kreuz-Fahne wehte und aus einiger Entfernung scholl uns
wehmütig-schöner Gesang von hellen Stimmen entgegen:
‚Morgenrot, Morgenrot –‘ Doch dann – plötzlich war die
Sonne da: aus 21 frohen Kindergesichtern lachte sie uns
an; braune und blaue Kinderaugen leuchteten beim fröhlichen Willkommensgruß, und indem man die kleinen warmen Händchen drückte, vergaß man den grauen Himmel
über der Wirklichkeit dieses Kinderparadieses."[7]

Später auf Sylt lag es Margarete Boie und Helene Varges am Herzen, den Blick der Touristen und Ferienkin-
der für die Umwelt zu öffnen. Der Wunsch, die Insel als
Kulturlandschaft zu verstehen, ließ sie darüber hinaus die
Lebensverhältnisse der Sylter von der sagenhaften und
abergläubischen Vorzeit an über das Walfang-Zeitalter
(17. Jahrhundert) bis zur Fertigstellung des Hindenburg-
Damms in ihrer Gegenwart (1927) intensiv studieren. Die
daraus erwachsenen erzählerischen Werke wurden von
den Rezensenten der Nazizeit als Blut-und-Boden-Litera-
tur mißverstanden, denn Margarete Boie schildert in ihnen
das Erwachen der Insulaner aus archaischen, oft mörderischen Verhältnissen zur Humanität.

Schreiben im Nationalsozialismus

Tatsächlich ist es ihr in bemerkenswerter Weise gelungen, zu den Nationalsozialisten Distanz zu wahren und dennoch unbehelligt bis zum Ende ihrer Herrschaft schreiben und publizieren zu können. Dazu beigetragen hat der sachliche Stil ihrer Erzählungen. Sie schildern nüchtern die Dinge, wie sie liegen. So stellt sie zum Beispiel in dem Text „Zwei Tage in Berlin" fest, welchen Eindruck die Stadt macht, welche die Stimmung unter den Bewohnern herrscht und wie die SA sich aufführt. Die Interpretation und Wertung des Dargestellten, überläßt Margarete Boie der Leserschaft.

Mit ihrem Realismus wagt sich die Autorin weit vor, wenn sie in der Erzählung „Übers Jahr ...", die 1944 als Feldpostausgabe erschien, vom Untergang der Insel Nordstrand am 11. Oktober 1634 handelt. Deren Bewohner wollen die Vorzeichen der Katastrophe nicht wahrhaben, die über sie hereinbrechen wird: „Wenn nicht heute, so morgen. Wenn nicht vom Wasser, so vielleicht vom Feuer. Wenn nicht vom Feuer, so aus der Luft." (S. 22) Sie gehen zugrunde.

Die Friesen, für die Nationalsozialisten der Inbegriff eines nordischen Heldenvolkes, erweisen sich in dieser Erzählung als rohe, von niederen Beweggründen getriebene Gesellen. In der Gestalt der zugereisten „schwarzen Maren" tritt ihnen eine freie Frau entgegen, welche die rassistischen Klischees der Nazis bedient: „Sie war nicht schön, jedenfalls nicht, was ein Nordstrandinger darunter verstand. Groß und stark war sie wohl, aber hager und knochig; der Mund breit; die braune Wangenhaut spannte sich über hochgeschobenen Backenknochen; über der niedrigen Stirn hing unordentlich das strähnige schwarze Haar. Aber wenn sie tanzte, waren ihre Glieder wie verwandelt, geschmeidig und voller Leben. Der derbe Mund verstand zu singen, zu lachen, zu küssen. Und zwischen Wange und Stirn glühten die sonderbar grüngoldenen Augen unter den dunklen Wimpern, wie das Geleucht einer

schönen Katze." (S. 31) Das Animiermädchen bringt in
der Inselkneipe den beschränkten Horizont der Einheimi-
schen zur Sprache: „Ja gibt es denn noch etwas Neues hier
auf dieser Insel? Zwei Jahre lang sitze ich nun hier, und
jeder Tag ist wie der andere, heute wie gestern, und weiß,
daß auch morgen nicht anders sein kann. Fressen, Saufen,
Wasser ringsum und immer die gleichen Menschen – […]
Ach, was weißt du, wie schön die Erde ist! Ich aber, ich
muß einmal wieder auf Bergeshöhe stehen und hinaus-
schauen, weit, weit – tief, tief unter meinen Füßen auf die
Stadt mit den hohen Türmen – " (S. 34). Sie ergreift noch
rechtzeitig die Flucht und entkommt der Flut, in der die
Insel nur Wochen später versinkt.

Für die Frontsoldaten, für welche die Feldpostausgabe 1944 bestimmt war, konnte „Übers Jahr …" nur wie
ein Gleichnis auf den nahe bevorstehenden Untergang
Deutschlands gelesen werden. Was mag den Zensor bewo-
gen haben, die Erzählung freizugeben und Papier für das
Buch zu genehmigen? Konnte er sich nicht mehr um das
Heft kümmern, weil er im Bombenhagel umgekommen,
an die Front abkommandiert, anderswo dienstverpflichtet
oder zu Aufräumarbeiten an der „Heimatfront" befohlen
worden war? Denn die Geschichte rief nicht zum Durch-
halten auf, ihre Botschaft lautete vielmehr: Rette sich wer
kann!

Unter totalitären Verhältnissen gestaltet sich die Kom-
munikation paradox. Dann kann man sich in einem ver-
schlüsselten Text klarer aussprechen, als in einem ver-
meintlich eindeutigen. So schreibt Margarete Boie am
26. Juni 1944 an Mathilde Bomhoff-Claasen: „Frieden – ja
natürlich, das ist unser aller Wunsch, und doch darf der
Wunsch die nüchterne Erwägung beim Friedenschließen
nicht überdecken. Wir dürfen nicht eher nachgeben, ehe
die Feinde den Frieden noch nötiger brauchen als wir selbst
– wann aber wird das sein? Das weiß Gott allein, und wir
müssen nur stillhalten und Geduld haben."[8] Ob Margarete Boie tatsächlich noch daran glaubte, daß Deutschland

die Alliierten zum Frieden nötigen könne, läßt sich aus diesem Brief nicht eindeutig entnehmen. Schriftlich die Kapitulation zu wünschen, wäre für die Adressatin und sie lebensgefährlich gewesen.

Innere Emigration: Die endgültig abgeschlossene Vergangenheit

In dem Band „Die Tagfahrt der Preußen. Westpreußische Geschichten aus sieben Jahrhunderten" reproduziert Margarete Boie 1942 an der Oberfläche mehrfach plakativ nationalsozialistische Klischees – vor allem antipolnische –, um wenige Seiten weiter, die Propaganda unter der Hand zu relativieren. Einige Geschichten erzählen sogar das Gegenteil der vorgeblichen Fabel. Denn in totalitären Regimen behält der Zensor das letzte Wort. Sich gegen ihn aufzulehnen, ist erfolglos. Stellt man ihn aber vordergründig zufrieden, dann ist es leicht möglich, daß ihm die tiefere Botschaft der Geschichte entgeht. So handelt „Eine Liebesgeschichte"

Barock-Fassade, Danzig, Jopengasse 57. Federzeichnung von Margarete Boie, ausgeschnitten und in eine „Stammtafel des Geschlechtes Boie" eingeklebt. Es war das Haus ihrer Großeltern, des Königlichen Justizkommissarius und Notars Ludwig August Boie (1795–1858) und seiner Ehefrau Marie Louise Groddeck (1805–1878). Nachlaß Margarete Boie. Sammlung Werner H. Preuß

von der leidenschaftlichen Liebe einer selbstbewußten
Danziger Patriziertochter zu einem englischen Kaufmann,
welche ein „fremdenfeindliches Gästerecht" (S. 179) 1560
verbietet. Die Erzählung liest sich wie eine Parabel auf die
Nürnberger Rassegesetze und eine Ermutigung zum Widerstand. Dem Bräutigam wird die Situation klargemacht:
„Ihr wißt wohl selbst – und meine Schwägerin wird es
auch wissen – daß Ihr als Engländer niemals das Danziger
Bürgerrecht erwerben könnt; daß aber auch eine Danziger
Bürgerin niemalen einen Englischen ehelichen darf, sie
würde dadurch ihr Bürgerrecht verlieren." (S. 172) Schutz
gewährt dem Paar der polnische König Sigismund August.
Zehn Jahre unnachsichtiger Verfolgung der Verbindung
führen die Stadt Danzig endlich nicht zum Sieg, sondern
in den Ruin.

„Das russische Grab" schildert die Belagerung der
Stadt Danzig 1734 durch russische Truppen, in deren
Mauern sich der gewählte polnische König Stanislaus I.
Leszczyński aufhält. Er ist nicht auf die eigene Sicherheit
bedacht, sondern „begibt sich wieder in das Bereich der
heulenden sausenden Geschosse, geht zu Fuß durch die
von Männern verlassenen Gassen. Nur das Schreien und
Jammern der Frauen und Kinder, untermischt mit Gebe-
ten und geistlichen Gesängen tönt unter den krachenden
Geschossen, wo vor wenig Augenblicken noch der Ruf zu
den Waffen erscholl. Es zerreißt dem König das Herz, das
Elend der Stadt zu sehen – er hat in Wahrheit ein zu weiches Herz, um je ein großer Herrscher werden zu können."
(S. 314) Um der Zerstörung ein Ende zu bereiten, gestattet
er der Stadt, nur noch auf ihre eigene Sicherheit bedacht zu
sein. Der menschlich empfindende polnische König verläßt die Stadt und verzichtet auf den Kampf um die Krone.

Ein preußischer Tyrann dagegen unterwirft sie. In der
Erzählung „Abschied" schildert Margarete Boie die Ent-
scheidung der Familie Schopenhauer zur Flucht aus Danzig, das zu Polen gehörte, bevor sich Preußen 1793 die

Stadt nach der zweiten Polnischen Teilung einverleibte. Diese Geschichte wirkt wie ein Gleichnis für die Emigration vor dem deutschen Einmarsch in die Tschechoslowakei 1938, in Polen und Danzig 1939 und fordert zu entschiedenem republikanischen Widerstand gegen Besetzung und Zwangsherrschaft auf: „Als am 28. März 1793 ein preußisches Kommando die Außenwerke der Stadt besetzte, hatte Heinrich Floris Schopenhauer wenige Stunden vorher mit Johanna und ihrem Sohn Arthur den Weg über Pommern nach Hamburg eingeschlagen." (S. 344) Sie hatten nicht in Unfreiheit unter der Herrschaft Friedrichs des Großen leben wollen – für dessen Erben Hitler sich hielt – und wollten sich vor seinem Nachfolger Friedrich Wilhelm II. auch jetzt nicht beugen. Der Entschluß des Hausherrn wird von Johanna Schopenhauer mitgetragen. Bei einer vorangegangenen Diskussion mit Tischgenossen entgleitet ihr der Ausruf: „Die Zeit der Tyrannen ist wohl im Niedergang, nicht etwa im Aufstieg begriffen, so dünkt mich!" (S. 326) Damit spielt sie auf die Französische Revolution an, die mit der Enthauptung Ludwig XVI. am 21. Januar 1793 gerade ihren Höhepunkt erreicht hat. Wenig später unterstützt sie ihren in Rage geratenen Mann: „Seine junge Frau beugte sich rasch vor und legte ihre zierliche weiße Hand auf seine geballte Faust. ‚Wißt Ihr nicht, Lieber, wodurch Ihr mich für Euch gewannet? Wie Ihr seinerzeit dem preußischen General auf sein Erbieten hin, Euch Hafer zu senden, stolz antworten ließet: Noch ist mein Stall hinreichend versehen, und wenn mein Vorrat verzehrt ist, lasse ich meine Pferde totstechen!'

Die Faust löste sich; Schopenhauer lächelte grimmig.

‚Wohlan, und sollte ich heute noch in Tat und Wahrheit meine Pferde totstechen – niemals werde ich Untertan!'" (S. 328)

Die Erzählung „Vetterchens Heidenfahrt" legt nahe, daß Margarete Boie darüber unterrichtet war, welche Verbrechen die SS (und die Wehrmacht) im Osten beging. Ihr Gegenstand ist das barbarische Treiben des Deutschen

Ordens in Litauen zwischen 1370 und 1380, in dessen Tradition die SS sich wähnte. Margarete Boie schildert einen Überfall der Ordensritter auf ein Litauisches Dorf, dem auch das aus Deutschland zu Besuch angereiste „Vetterchen" eines Ordensbruders beiwohnen soll: „Dann ging es mit Macht hinaus, hin und her durch das Land, sengend, raubend, mordend; […] Bruder Heinrich ließ ab vom Schlachten, wandte sein Pferd, suchte. Nach etlichem Hin und Her fand er den Buben außerhalb des Getümmels, neben seinem Pferde stehend, das kurze Schwert in der Hand, hoch erhoben, aber er schlug nicht zu. Vor ihm wie ein Rebhuhn unterm Falken lag auf den Knien ein Kind in buntem Röckchen, Gesicht und Händchen flehend erhoben. Hastig sprengte Bruder Heinrich hinzu, und ehe der junge Vetter noch aufschaute, ehe das Kind sich umwandte, hatte er ihm schon mit mächtigem Hieb von oben her Kopf und Nacken mit tiefem Schnitt gespalten. Blut und Hirn spritzten gegen den Buben hin, der wich zurück.

,Es – war ein Kind', stammelte er.

,Ein Heidenkind!' rief Heinrich voller Zorn. ,Alle Brut zu vernichten, hat heute noch einmal der Marschall uns geboten. […]'." (S. 26f.) Diese Ordensbrüder sind keine kultivierenden Missionare und edlen Helden, sondern barbarische Söldner, deren Mitgefühl nur den eigenen Kameraden und Angehörigen gilt. Wie in Margarete Boies Romanen, welche das Sylt der Walfänger-Zeit thematisieren, endet auch diese Erzählung in dem Augenblick, in dem eine Knospe der Bildung und Humanität aufbricht. Von Ferne her dämmert Bruder Heinrich im Traum, daß auch er für seine Sünden gerichtet, daß auch er auf Gnade angewiesen sein wird.

Weiter kann ein Autor in einem totalitären System schwerlich gehen. Für dieses Bekenntnis des Wissens, mußte Margarete Boie dem Zensor im Vorwort einen brutalen, unverzeihlich dummen Satz gestatten: „1919 gaben die Feinde Deutschlands durch das Versailler Diktat Westpreußen an Polen – 1939 holte Deutschland mit der Waffe in der Hand sein Eigentum zurück" (S. 8). Dieser Satz trägt so sehr die Züge der Propaganda, daß er schlechterdings nicht von der einfühlsamen und abwägenden Margarete Boie stammen kann.

Sie selbst behandelt das von gegenseitigem Ressentiment belastete deutsch-polnische Zusammenleben in Westpreußen zwischen 1921 und 1936 in der Erzählung „… auf daß wir klug werden!" Protagonist ist Margarete Boies Neffe Kurt Hoene, ein Bruder der kleinen Rose, deren sie in „Ein Menschenleben" gedenkt. Seinen Lebens- und Bildungsweg zeichnet sie anhand von tagebuchartigen Auszügen aus Briefen an seine Eltern nach. Die Erzählung wird damit zu einem Dokument von hohem Quellenwert für das Denken und die Erfahrungen der deutschen Agraroberschicht im wiedererstandenen Polen. Im Tatendrang des jungen Mannes ist trotz aller Vorurteile die Zuversicht zu spüren, gemeinsam ein neues Kapitel in der Geschichte beider Völker gestalten zu können. Auf dem Höhepunkt seines Lebens, nach landwirtschaftlicher Lehre, Studium, Wehrdienst in der polnischen Armee, Auslandsjahr in Kanada, Promotion, Kauf eines Gutes in Vorpommern, glücklicher Brautwahl, Eheschließung und Hochzeitsreise des Paares nach England stürzt ihr Flugzeug beim Start zum Rückflug am 9. Dezember 1936 ab. Unter den Toten: „Dr. Kurt Hoene und Frau Deutsche polnischer Nationalität. Dr. Hoene stammt aus Posen, seine Gattin aus Berlin." *[Berliner Lokal-Anzeiger, 54. Jahrgang, Nr. 296, 10. Dezember 1936]*

So endet die letzte der westpreußischen Geschichten mit einer Katastrophe, mit einem Absturz, bevor der Vernichtungskrieg der Nationalsozialisten alles, was sich an Ressentiment, Nationaldünkel und Ausgrenzung noch hätte schlichten lassen können, überrollte. Danach erübrigte sich jedes Für und Wider. Nun war weder ein Zurück noch ein Voran im westpreußischen Zusammenleben beider Völker mehr möglich. In der Nachbemerkung, datiert auf September 1941, konstatiert Margarete Boie: „Endgültig abgeschlossen liegt seine Vergangenheit unter dem schauenden Blick, ob ihre farbigen Bilder auch noch hin und wieder aufblinken. Seine Zukunft aber harrt noch unerkennbar hinter dem Schatten des großen Krieges, in dem wir stehen. Daß sie sich leuchtend entschleiere und die Kraft dieses Landes siegreich in Deutschland einströme, das ist unsere Hoffnung, unser Wunsch – unser Wille!" (S. 400) Welche Kraft Westpreußens auf welche Weise in Deutschland wirksam werden solle, bleibt bei dieser orakelhaften Formulierung unklar. Die dort in Jahrhunderten ausgebildete Fähigkeit von Deutschen und Polen, sich unter wechselnder Vorherrschaft miteinander zu arrangieren? Das legen der Tenor der Geschichten und die Richtung des Kraft-Stroms von Westpreußen nach Deutschland (und nicht umgekehrt) zumindest nahe.

Da ein offenes Wort 1941 nicht möglich war, auch die Zensur eingriff, wo und wie sie wollte, lassen sich die Intentionen Margarete Boies in ihren späten Erzählungen nicht mehr eindeutig bestimmen. In Zwangssystemen, die zur Tarnung nötigen, ist Eindeutigkeit aber auch nicht zu erwarten. Zwar verdient nicht jedes Abweichen eines Autors von der offiziellen Parteidoktrin, als Akt „innerer Emigration" (oder gar als Widerstand) bewertet zu werden. Doch bei Margarete Boie ist eine große Distanz wahrnehmbar. Die Autoren der „Inneren Emigration" verständigten sich mit ihrer Leserschaft zwischen den Zeilen. Margarete Boie machte der Propaganda-Lüge Zugeständnisse und baute darauf, daß das Publikum ihre Texte mit Verstand lesen und interpretierend zur vollen Wahrheit ergänzen werde.

Lebensende

Nach verschiedenen Zwischenstationen, beschloß Margarete Boie ihr Leben in Lüneburg, wo ihr jüngster Bruder Claus mit seiner Familie wohnte. Sie starb am 4. Februar 1946 an Herzversagen und liegt auf dem Zentralfriedhof begraben.

Werke (Auswahl)

Juist [Mitverfasserin: Helene Varges]. Emden: Selbstverlag der Verfasserin, 1906; *Emden. Bilder aus der ältesten Hafenstadt Ostfrieslands [Federzeichnungen].* Emden: Verlag von J. Röling, o.J. (1910); *Das köstliche Leben [Roman].* Stuttgart: J. F. Steinkopf, 1918; *Schwestern. Der Jahreslauf einer Insel [Roman].* Stuttgart: J. F. Steinkopf, 1921; *Die treue Ose.* Sage von der Insel Sylt. Westerland: Bücherstube von C. L. Jensen, 1922; *Der Auftakt [Roman].* Stuttgart: J. F. Steinkopf, 1922 (Jubiläumsausgabe: Lüneburg: von Stern, 2014); *Bo, der Riese.* Sage von der Insel Sylt. Westerland: Bücherstube von C. L. Jensen, 1923; *Führer von Sylt [Mitverfasser: Richard Stöpel].* Westerland: Verlag der Sylter Heimatbücher Johannes Cords, 1925; *Der Sylter Hahn [Roman].* Stuttgart: J. F. Steinkopf, 1925; *Waal – Waal! [Jugendausgabe von Der Sylter Hahn].* Stuttgart: J. F. Steinkopf, 1926; *Moiken Peter Ohm [Roman].* Stuttgart: J. F. Steinkopf, 1926; *Ferientage auf Sylt.* Berlin-Lichterfelde: Hugo Bermühler Verlag, 1928; *Die letzten Sylter Riesen.* Nach den Notizen eines Zeitgenossen zusammengestellt. Stuttgart: J. F. Steinkopf, 1930; *Dammbau.* Sylter Roman aus der Gegenwart. Stuttgart: Steinkopf, 1930; Neuausgabe: Husum: Husum Verlag, 2012; *Sylter Treue.* Zwei Sagen von der Insel Sylt. Stuttgart: J. F. Steinkopf, 1932; *Die Müllerin von Tholensdeich.* Eine Erzählung. Hamburg: Agentur des Rauhen Hauses, 1933; *Eleonora Christine und Corfiz Ulfeldt.* Der Lebensroman einer Königstochter. Oldenburg in O.: Gerhard Stalling, 1936; *Uwe Jens Lornsen in Kiel.* Langensalza, Berlin, Leipzig: J. Beltz, 1938; *Hugo Conwentz und seine Heimat.* Ein Buch der Erinnerungen. Stuttgart: Steinkopf, 1940; *Die Tagfahrt der Preußen.* Westpreußische Geschichten aus sieben Jahrhunderten. Stuttgart: J. F. Steinkopf, 1942; *Über's Jahr ... [Erzählung].* Stuttgart: Steinkopf, 1944.

Zeitungs- und Zeitschriftenbeiträge (Auswahl)

Die Kinder der fremden Frau. Eine Erzählung aus dem westdeutschen Winkel. In: Illustrierte Rundschau Hannover:

Göhmannscher Verlag, vor dem 27.11.1911 *[Druckfahnen im Nachlaß. Sammlung Werner H. Preuß. Der Fortsetzungsroman wurde nachgedruckt in: Erika. Sonntagsblatt der Lüneburgschen Anzeigen. Jahrgang 1914, beginnend in Nr. 7, 15. Februar: S. 51–53; 58–61; 66–70; 75–78; 83–87; 90–93; 99–102; 106–110; 115–117; 122–124; 126; 131–132; 134–135]*; *Leni, mein Kind*. Novellette. In: Berliner Lokalanzeigern, 16. November 1912; *Ein Menschenleben*. Kinderstudie. In: Erika. Sonntagsbeilage der Lüneburgschen Anzeigen, gegen Jahresende 1916, oder 1917, S. 205–207 *[Belegexemplare im Nachlaß. Sammlung Werner H. Preuß]*. *Krumbkes Freiheitstraum*. In: Erika. Sonntagsbeilage der Lüneburgschen Anzeigen, gegen Jahresende 1912, oder 1913, S. 222–223 *[Belegexemplare im Nachlaß. Sammlung Werner H. Preuß]*; *Die Kinder-Erholungsstätte im Scharnebecker Walde*. In: Lüneburgsche Anzeigen, 106. Jg., Nr. 163, 14. Juli 1916, Lokales; *Die Insel Sylt und der Sylterfriese*. In: Das Echo. Nr. 2097. 20. September 1923, S. 3782f *[Belegexemplar im Nachlaß. Sammlung Werner H. Preuß]*; *Von Pflanzen und Tieren des Meeres*. In: Deutschland zur See. Unabhängige Wochenschrift zur Förderung der deutschen Seegeltung und deutschen Flottenpolitik. Zeitschrift des Eingetragenen Vereins „Marinedank", Berlin. Herausgeber: Vize-Admiral z. D. Hermann Kirchhoff. Nr. 1 *[Jahrgang unbekannt]*, S. 5f. *[Belegexemplare im Nachlaß. Sammlung Werner H. Preuß]*.

Autobiographisches, Novellen, Erzählungen, Skizzen, Briefe sowie das Bühnenstück *„Greth Skrabbels Freier"* aus dem Nachlaß im Sylter Archiv publiziert erstmals:

Manfred Wedemeyer: Margarete Boie. Die Dichterin der Insel Sylt. München, Wien: Profil, 1997

Ein nahezu vollständiges Quellenverzeichnis bieten: Beate Ahr und Roswitha Kirsch-Stracke: *„Die künstlerische Freude am Reichtum der Naturformen gab den Anlass..."* Die Naturschutz-Pionierinnen Margarete Boie (1880–1946) und Helene Varges (1877–1946). Pilotstudie zur Quellenlage. (= *WEITER_DENKEN* Nr. 1.) Herausgegeben von gender_archland. Forum für GenderKompetenz in Architektur Landschaft Planung, Fakultät für Architektur und Landschaft der Leibniz Universität Hannover. Hannover, Januar 2010, Anhang (CD)

Anmerkungen und Nachweise

1   Akte der Reichskulturkammer im Bundesarchiv Berlin, Signatur: R 9361-V, Nr. 14734: Boie, Margarete, 22.10.80, RKK: 2101, Box: 0124, File: 06

2   Vgl. Günter Varges: Helene Varges. Werk und Malerleben. Emden: Polarship 2007, S. 17, sowie die Lüneburger Adreßbücher der Zeit

3   Vgl. die handgeschriebene Kurz-Biographie Margarete Boies von Claus Boie, datiert 6. März 1970. Archiv der Lüneburger Landeszeitung. Zu Ernst Lindemann vgl. Christiane Niemann: Ernst Lindemann, 1869–1943, Leben und Werk. Inaugural-Dissertation zur Erlangung des Doktorgrades der Philosophischen Fakultät der Westfälischen Wilhelms-Universität zu Münster (Westf.), 2008, hier S. 11

4   Büchertisch. In. Deutsche Zeitung. Tageblatt mit Wochenbeilage „Germania", 25. Jg., Nr. 189, São Paulo: Druck und Verlag von Rudolf Troppmair, 23. August 1922, S. 2

5   Beate Ahr und Roswitha Kirsch-Stracke: *„Die künstlerische Freude am Reichtum der Naturformen gab den Anlass…"* Die Naturschutz-Pionierinnen Margarete Boie (1880–1946) und Helene Varges (1877–1946). Pilotstudie zur Quellenlage. (= WEITER_DENKEN Nr. 1.) Herausgegeben von gender_archland. Forum für GenderKompetenz in Architektur Landschaft Planung, Fakultät für Architektur und Landschaft der Leibniz Universität Hannover. Hannover, Januar 2010, S. 20

6   Beate Ahr und Roswitha Kirsch-Stracke, a.a.O., S. 25

7   Lüneburgsche Anzeigen, 106. Jg., Nr. 163, 14. Juli 1916, Lokales

8   Manfred Wedemeyer: Margarete Boie. Die Dichterin der Insel Sylt. München, Wien: Profil, 1997, S. 403–405, hier S. 403

Werke

Vor dem Erwachen

Sonderbare Tage und Wochen waren es, die des Landrats Rosenfest folgten. Langsam kamen sie, und zögernd nur glitten sie vorüber, als scheuten sie sich, zu bringen, was einer von ihnen doch bringen mußte. Wenn Anne Beate später an sie zurückdachte, erschienen sie ihr nicht wie Tage, die sie wirklich erlebt hatte, sondern wie Träume, die wohl des Morgens an der Grenze zwischen Schlaf und Wachen stehen – gestaltlos, dämmerhaft und doch schon schwer von dem Bewußtsein, daß die Pflichten des Tages auf uns warten. Wir möchten das wohlige Gelöstsein des Schlafes noch festhalten und fühlen doch, daß der Wunsch allein schon ein Vorbote des Erwachens ist. So wendete die Menschheit, die schon auf der Schwelle des Krieges stand, den Blick von dem offenen Tore ab und lebte, rückwärts gewandt, als sei die Sicherheit des Friedens für Jahrhunderte noch verbürgt. Doch auf dem Wege durchs Leben gibt es kein Zurück; die Menschheit als Ganzes kann ebensowenig dem neuen Tage ausweichen wie der einzelne, und wenn sie noch so gern die bunten Träume des Morgens festhielte. –

Die meisten der Bekannten hatten gleich nach dem Rosenfest ihre Sommerreisen angetreten, nur Stöwers waren daheim geblieben; sie wollten sich im August, wenn Wolfgangs Ferien begannen, mit ihm in den bayrischen Bergen treffen. Helga sollte für die Zeit zu Fuglsangs ziehen und von dort aus die Schule besuchen. Darauf freute sie sich schon jetzt. Doktor Fuglsang lebte mit seiner Schwester zusammen, und es erhöhte Helgas Interesse an dem Geschwisterpaar noch bedeutend, daß diese erwachsenen Menschen Zwillinge waren. Vor mehr als fünfzig Jahren hatten ihre Eltern sie Anna und Hermann getauft, doch im zärtlichen Überschwang verwandelten sie diese Namen in Ännchen und Männchen, und beides hatten sie sich bis auf den heutigen Tag erhalten, sowohl die kindlichen Kosenamen als auch den zärtlichen Überschwang.

Ännchen erhielt den gemeinsamen Haushalt fast allein durch Privatstunden, die sie neben der Wirtschaftsführung gab. Das kleine Gehalt, das Doktor Fuglsang als Assistenzarzt des Krankenhauses bezog, ging restlos für seine Kleider und Zigarren auf. Seine wissenschaftlichen Arbeiten jedoch, derentwegen er weder nach einer besser bezahlten Anstellung noch nach eigener Praxis strebte, brachten kaum die Materialunkosten wieder ein. Trotzdem sah Ännchen den Zweck ihres bescheidenen Haushaltes einzig und allein darin, dem Bruder Ruhe für diese Arbeiten zu schaffen, und wenn er seine philosophisch durchtränkten Ideen vor ihr auskramte, fühlte sie sich für alle Mühe und Plage reich belohnt. Doktor Stöwer hielt nicht viel von seines Assistenten Ideen, denn er betrachtete die Verquickung von Medizin und Philosophie als einen Abweg von dem geraden Pfade der reinen Wissenschaft. Darum aber schätzte er Ännchens Bemühungen doch nicht weniger und versuchte, ihr gelegentlich kleine Beihilfen zukommen zu lassen. So hatte er auch den Plan angeregt, ihnen Helga ins Haus zu geben, damit sie nicht über die Ferien hinaus die Schule versäumen müsse, und das Kind genoß in der Vorfreude auf diese interessante Zeit ihre Ferien daheim genau so selig, wie in anderen Jahren an der See oder in den Bergen.

Die große Schwester machte sich eine Pflicht daraus, sich ihr zu widmen, und Helga fand es auch wunderschön, die heißen Tage mit ihr im Garten oder dem anschließenden Wäldchen zu verspielen. Aber Anne Beate selbst wußte, daß kein uneigennütziges Motiv ihr Handeln leitete, sondern sie damit nur ihren eigenen Gedanken fortzulaufen strebte. Ach, diese quälenden Gedanken, die sie immer und immer wieder nach Kiel zurückführten – nicht zur Kieler Woche gerade, so eindrucksvoll auch ihr der plötzliche Abbruch der großen Regatta beim Eintreffen der erschreckenden Nachrichten aus Österreich gewesen war – sondern an ihren ganzen langen Aufenthalt dort. Wenn sie sich nachts diesen Gedanken hilflos ausgeliefert fand, fühlte sie so recht körperlich, welch ein unbequemes Ding doch ein schlechtes Gewissen sein kann. Und endlich, da sie sich wieder einmal eine Nacht hindurch, statt zu schlafen, im Bett hin- und hergeworfen hatte, bis der Milchwagen zum Krankenhaus hinauffuhr, und sie dem Klappern der Blechkannen und dem Knarren des Riemenwerks am Geschirr der schnaufenden Pferde mit dem Gehör folgen mußte, wie der Wagen so Schritt für Schritt den Hügel hinaufkroch, da stand sie mit dem festen Entschluß auf, dem Vater eine Generalbeichte abzulegen, und zwar sofort – heute noch.

Die Gelegenheit war ihr günstig. Die Mutter ging am Vormittage mit Helga zur Stadt, und ehe sie noch zurückgekehrt war, kam der Vater aus dem Krankenhause. Anne Beate folgte ihm in sein Zimmer. Er kramte auf seinem Schreibtisch herum, und bei ihrem Eintritt sah er erregt auf.

„Wo ist die Zeitung, Anne Beate? Nun bekommen deine Marinefreunde doch wohl recht – aber gar so entsetzt brauchst du darum doch nicht auszusehen –"

„Was ist denn?" stotterte sie verwirrt. „Die Zeitung liegt drüben auf dem Eßtisch, aber ich habe sie noch gar nicht angesehen. Ich muß dir etwas sagen, Vater."

„Nur keine langen Vorreden, Mädel, ich habe wahrhaftig keine Zeit. Was ist? Brauchst du Geld?"

„Nein – nein – ich –" Anne Beate stockte wieder, dann nahm sie ihr Herz in beide Hände und platzte los: „– ich – ich habe dich betrogen – euch beide – Mutter weiß auch noch nichts –"

Doktor Stöwer prallte zurück. Betrogen? Er war an seiner Tochter kein Pathos gewöhnt.

„Betrogen? Was soll das heißen?"

„Ich habe in Kiel doch mit dem Studium angefangen. Ich habe mir nur das eine rote Kleid gekauft, sonst gar keine Gesellschaftskleider. Ich bin auch nicht auf Bälle gegangen. Was ich an Mutter schrieb, war fast alles gelogen; ich ließ mir das nur von Mizi erzählen –" die Worte überstürzten sich, doch nun Anne Beate ihre Missetaten nicht mehr nackt, sondern in Worte gekleidet vor sich sah, erschienen sie ihr gar nicht mehr so schlimm. Sie holte tief Atem und fügte dann gelassen hinzu: „All das viele Geld habe ich natürlich für Bücher ausgegeben und Instrumente –"

Der Vater sah sie an, als traute er seinen Ohren nicht. Doch da sie sich nun hoch aufreckte, bereit, den Kampf aufzunehmen, fehlte ihm der Mut zum Angriff; sie erschien ihm gar so entschlossen und siegessicher.

„Das ist allerdings eine Überraschung eigener Art," sagte er deshalb nur; „aber jetzt habe ich wirklich keine Zeit für derartige Auseinandersetzungen. Ich muß schleunigst wieder nach drüben gehen. Wo war die Zeitung? Auf dem Eßtisch?"

Er ging, und Anne Beates ganzer Trotz erwachte, da er sie so beiseite schob. Sie trat an das Fenster, an dem sie im Herbst neben ihm gestanden und ihm versprochen hatte, nicht gegen seine Überzeugung zu handeln. Nun hatte sie es doch getan, monatelang mit vollem Bewußtsein. Wie war sie dazu gekommen? Anne Beate zog die Augenbrauen finster zusammen, so daß sie, wie mit einem breiten Pinselstrich hingezeichnet, die weiße Stirn unterstrichen. Ganz genau wußte sie den Augenblick anzugeben, in dem der Gedanke in ihr erwacht war: damals als Regine ihr im Fieber ihr Verhältnis zu Lauenstein verraten hatte. Da war ihr der Gedanke durch den Kopf geschossen: wenn ich hier bleibe und weiter so zwecklos herumsitze, dann verfalle ich auf ähnliche Dummheiten; einfach aus Selbsterhaltungstrieb muß ich mit dem Studium anfangen. Und der Gedanke hatte schnell an Macht gewonnen und war nach wenigen Tagen zur Tat geworden.

Margarete Boie. Zeichnung von Helene Varges, datiert „Sept. 1920". In: Günter Varges: Helene Varges. Werk und Malerleben. Emden 2007, S. 43

Anne Beate seufzte tief auf. Wie sollte sie das dem Vater erklären? Es würde ihm nie in den Sinn kommen, an Regines tadellosem Lebenswandel zu zweifeln, und ihr widerstand es, die Freundin bei ihm anzuschwärzen. Außerdem sollte ihr Geständnis auch durchaus keine de- und wehmütige Beichte sein, sondern im Gegenteil die Aufforderung zum Kampf mit offenem Visier. Sie wollte es jetzt durchsetzen, nach München zu gehen. Daß sie in Kiel mit Base Mizi als Ehrendame niemals zu einer ernstlichen Arbeit kommen würde, hatte sie nun genugsam erprobt. Ganz abgesehen davon, daß die Base stets das Haus voller Gäste hatte und ihre Teilnahme an den oft oberflächlichen Vergnügungen forderte, zeigte sie auch sonst wenig Verständnis für Anne Beates Art, hatte sie ihr doch beim Abschied sogar auf ihre Art Trost zu spenden versucht, wo Anne Beate viel weniger Trost als Aufmunterung brauchte.

„Für dich wär's ganz gut, wenn der Krieg käme," hatte Mizi gesagt; „dann kannst du gleich lospflegen. Das ist doch viel netter als das langweilige Studieren, und du brauchst deinem Vater erst gar nichts zu sagen."

Aber Anne Beate fand das Pflegen eben doch nicht „netter", und ihr lag auch gar nichts daran, die Aussprache mit dem Vater zu vermeiden. Nun war der Anfang ja auch gemacht, aber wie sollte sie fortfahren? Unruhig wandte sie sich vom Fenster ab, trat zum Schreibtisch und schob die Zeitschriften wieder zurecht, die der Vater durcheinander geworfen hatte. Dabei fiel ihr Blick auf das Mikroskop, unter dem ein Präparat lag. Neugierig hockte sie sich auf den hochgedrehten Stuhl und schaute durchs Glas. Mit geübten Fingern ließ sie die Schrauben spielen und verfolgte gespannten Blickes die Veränderung, welche die Verschiebung der Basis ergab. Dann bemerkte sie in einem Kasten eine Anzahl ähnlicher Glasplättchen, und ohne viel Besinnen tauschte sie das unter dem Mikroskop liegende gegen ein anderes aus, nahm danach ein drittes vor – ein viertes – und hatte sich bald so darein vertieft, daß sie Ort und Zeit vergaß.

Doktor Stöwer ging inzwischen nach dem Krankenhaus zurück, aber seine Gedanken blieben bei Anne Beate. Ihre Eröffnung war ihm völlig überraschend gekommen; er begriff ihre Handlungsweise einfach nicht. Es war ja wohl der Lauf der Welt, daß die Jungen ihre eigenen Wege suchten und die Ansichten der älteren Generation einfach beiseite schoben, aber ihm war es noch nicht vorgekommen, daß zwischen ihm und Anne Beate der Gegensatz der Generationen überhaupt mitgesprochen hätte. Seine eigenen Studentenjahre tauchten in der Erinnerung vor ihm auf. Weshalb konnte er dem Mädel nicht auch solch fröhliches Leben gönnen? Oh, das gönnte er ihr schon, viel fröhlicher noch, gänzlich unbeschwert. Wie hatte er sich über ihre Kieler Ballschilderungen gefreut. Wenn doch einer ihrer Marinefreunde – ach so, das war ja alles gelogen – die Bälle jedenfalls, vielleicht auch die Marinefreunde. Wütend stampfte er mit dem Fuß auf. Nein, die ganze Geschichte war doch unerhört, un–er–hört! Er mußte ihr doch noch den Text darüber lesen, aber sofort und gründlich.

Im Krankenhause traf er schnell die notwendigsten Anordnungen und lief dann mit langen Schritten den Hügel wieder hinab. Er trat durch die Veranda ins Eßzimmer ein, doch als er dann auf dem dicken Teppich, der seinen

Schritt dämpfte, sich dem Arbeitszimmer näherte, sah er
im Spiegel, wie Anne Beate an seinem Mikroskop herum-
wirtschaftete. Einen Augenblick blieb er stehen, und trotz
seines Ärgers mußte er sich freuen über den festen, behut-
samen Griff ihrer Hände, die Anmut und Sicherheit ihrer
beherrschten Bewegungen. Nun zog sie die Stirn nachdenklich kraus; da trat er näher.

„Kannst du herausbekommen, was es ist?"

Sie sah nicht auf, erschrak auch nicht; augenscheinlich
hatte sie das Vorhergegangene im Augenblick völlig vergessen.

„Krebs?" gab sie fragend zurück. „Ich las deine Anmerkungen, soweit ich sie entziffern konnte."

„Zungenkrebs – sieh her –" und, hingerissen von ihrem
Interesse, wollte er gerade einen längeren Vortrag begin-
nen, als die Tür der Halle klappte und gleich darauf seine Frau erregt eintrat. Die beiden fuhren auseinander wie
Backfische, die beim Lesen eines Liebesgedichtes über-
rascht werden, aber Frau Stöwer bemerkte ihre Befangen-
heit nicht.

„Denkt nur, die ganze Stadt spricht plötzlich vom Kriege! Nun bitte ich dich, Ernst, was geht uns Österreich eigentlich an?"

„Allerlei, Gretchen, aber ich kann dir das nicht so schnell
erklären. Ich muß durchaus noch einmal ins Krankenhaus
hinüber."

„Nein, wir essen sofort," sagte Frau Gretchen eigen-
sinnig; „und überhaupt, jetzt sollst du bei mir bleiben –
Krieg –"

Langsam packte Anne Beate die Präparate wieder ein. Es
kam ihr plötzlich zum Bewußtsein, wie nahe sie einen Augenblick der Erfüllung ihres Wunsches gewesen war – nun
stellte der Krieg vielleicht alles wieder in Frage. Sorgfältig
deckte sie ein Leinenläppchen übers Mikroskop und folgte
den Eltern ins Eßzimmer.

„Gewiß, gewiß, aber wenn Frankreich sich einmischt?
Wenn wir einen Krieg nach zwei Fronten führen müssen?"
sagte der Vater soeben.

„Und dann fahrt ihr nicht nach München, und ich komme nicht zu Ännchen und Männchen," rief Helga ungezogen dazwischen; „Ännchen sagt, Wolfgang muß auch mit in den Krieg."

„Wie oft habe ich dir gesagt, daß du Herr Doktor und Fräulein Fuglsang sagen sollst," tadelte die Mutter scharf. „Wolfgang mit – lächerlich – er ist doch nicht Offizier."

„Alle aus meiner Klasse sagen immer Ännchen und Männchen," maulte Helga, aber die Mutter achtete nicht mehr auf sie.

„Wolfgang –"

„Natürlich geht Wolfgang mit," sagte der Vater kurz, ohne von dem Braten aufzusehen, den er soeben zerlegte.

Eine dumpfe Pause entstand. Dann schob die Mutter hastig ihren Stuhl zurück und ging aus dem Zimmer. Doktor Stöwer sah ihr unsicher nach, räusperte sich und legte nach einigem Zögern das Besteck hin.

„Schneide weiter, Anne Beate, und gib auch den Mädchen ihr Teil."

Damit folgte er seiner Frau. Anne Beate versorgte die Dienstboten und das Kind und füllte auch für sich selbst einen Teller. Doch dann saß sie davor und mochte nicht essen. Krieg – die Stimmung der Kieler Woche kam über sie; wieder fühlte sie die gleiche Erregung, die das Wort in allen Herzen ausgelöst hatte. Damals schwelte die Glut im Verborgenen, heute züngelten die ersten Flämmchen hervor. Aber obgleich sie geglaubt hatte, durch die Kieler Erlebnisse auf den Ausbruch vorbereitet zu sein, schlug ihr Herz jetzt doch stark, da sich die Möglichkeit in Wirklichkeit wandeln sollte. Es war kein ängstliches Gefühl, das sie erregte, vielmehr eine fortreißende, lebendige Spannung.

„Du, Anne Beate, weshalb weint Mutter nun?" unterbrach Helga ihr Sinnen und klapperte zum Überfluß noch mit dem Löffel am Tellerrand, um ihre Aufmerksamkeit zu erregen; „um Krieg weint man doch nicht, Krieg ist doch schön, sagt Ännchen Fuglsang. Dann läuten sie mit den Glocken, und wenn Sieg ist, wird illuminiert, und wir kriegen schulfrei. Sie weiß es, sie hat schon mal Krieg gehabt, als sie noch klein war."

„Vater auch. Weißt du was, Helga? Wir wollen nachher gleich noch einmal zur Stadt gehen und nachsehen, ob es etwas Neues gibt."

„Hm ja – und wenn Wolfgang nun mit in den Krieg geht, wird er dann auch totgeschossen?"

„Bewahre! Es kommen viele Leute ganz gesund und lebendig aus dem Kriege wieder nach Haus. Dann sind sie bekränzt und haben Orden an, und die Fahnen wehen –" Anne Beate stockte; ein Zweifel kam ihr, ob bei diesem Kriege nach zwei Fronten wirklich alles so heiter und festlich verlaufen würde, wie sie es dem Kinde vormalte. Aber sie drängte den Zweifel unwillig zurück und löschte das Bild, an dem die kleine Schwester sich freute, nicht wieder aus.

Gleich nach dem Essen ging sie mit ihr ins Städtchen hinab. Sie war tagelang kaum aus Haus und Garten herausgekommen, nun fiel ihr die beklommene Stille auf, die seltsam abstach gegen die harmlose Sommerluft der Wochen vorher. Sie drängte sich zu dem Menschenhaufen, der sich vor den Anschlagbrettern der Zeitung zusammenballte, und suchte zwischen den dort angeschlagenen Telegrammen nach Neuigkeiten. Doch sie fand nur die gleichen Meldungen, die schon am Morgen in der Zeitung gestanden hatten. Halb gedankenlos überflog sie die Zeilen noch einmal, und nun sie die Nachrichten hier in großem Druck einzeln hervorgehoben wiedersah, schienen sie ihr vielsagender, bedeutungsvoller. Unwillkürlich faßte sie Helgas Hand fester und blickte auf sie herunter. Die Kleine sah nicht auf die Blätter, sondern schaute die Gesichter der Lesenden an mit ernsthaftem, altklugem Kinderblick. Auch Anne Beates Augen glitten nun verstohlen forschend über die Gesichter um sie herum, aber sie vermochte wenig in ihnen zu lesen. Abgesehen von einem Paar Bubenaugen, in denen die Erwartung des großen Kriegsspiels nur so Funken sprühte, verrieten die Züge der Menschen vor den inhaltschweren Blättern durchweg nur dumpfes Staunen, eine sonderbare Mischung von Neugier und Gleichgültigkeit.

Als sie wieder zu Hause angekommen das Eßzimmer betrat, hörte sie Stimmen auf der Veranda, und unwillkürlich blieb sie lauschend stehen.

„Nein, Frau von Hayduck, da bin ich anderer Meinung," hörte sie ihre Mutter sagen; „ich bin wahrhaftig keine Heldin, aber wenn mein Junge mitgehen will, werde ich doch stolz auf ihn sein."

Anne Beate zog sich unbemerkt wieder zurück und ging in ihr Zimmer hinauf. Vater hat ihr doch eine gute Dosis Heldentum eingeflößt, dachte sie lächelnd; die Menschen vor den Anschlagbrettern warten ja auch nur darauf, daß einer kommt, der die Lage überschaut und ihnen beibringt, was sie empfinden sollen. Sie sind wie leere Gefäße; wer gibt den Inhalt? Massensuggestion – auch ein Kapitel für Doktor Fuglsang, dachte sie weiter und blickte von ihrem Balkon aus nach dem Städtchen hinüber; ein Kapitel übrigens, das auch mich locken könnte – ach, weiterlernen, forschen – ich glaube, ich könnte es jetzt bei Vater durchsetzen – und nun der Krieg –

So flogen ihre Gedanken hin und her, regellos, wie uns der Flug der Schwalben erscheint, da wir die Ziele nicht sehen, denen ihre schnellen Wendungen gelten. Vom Studium zum Kriege, vom Krieg zum Studium kreuzten Anne Beates aufgescheuchte Gedanken, auch in der Nacht, die sie wieder schlaflos fand, und den folgenden Tagen. Die Spannung wuchs, bis es fast unmöglich schien, sie noch länger zu ertragen. Doch ganz unvermutet kamen noch ein paar Tage, in denen die Lage wieder hoffnungsvoller beurteilt wurde, und Frau Stöwer schickte das Telegramm nicht ab, das Wolfgang nach Hause rufen sollte.

Und dann ging es Schlag auf Schlag – –!

– Die Woche neigte sich ihrem Ende zu. Wieder stand Anne Beate vor den Anschlagbrettern, las die letzten Telegramme und las in den Gesichtern der Menschen um sie herum. Heute fehlte ihr nicht mehr der Inhalt in den Gefäßen; heute sah sie kein einziges stumpfes oder gleichgül-

tiges Gesicht mehr. Wie die Wangen der Jungen brannten!
Wie die Augen der Männer leuchteten und die Frauen die
Lippen aufeinanderpreßten, um ihre Liebe und ihre Angst
nicht laut hinauszuschreien.

„Na, Fräulein, was meinen Sie?" fragte eine Stimme hinter ihr.

Sie wandte sich nach dem Sprecher um; es war der Tischler Ehlers, ohne Mütze, im Arbeitskittel, mit dem Hammer
in der Hand. Augenscheinlich war er mitten aus der Arbeit
fortgelaufen, von der gleichen inneren Unruhe ergriffen,
die auch sie immer wieder hierher trieb.

„Ich denke, das spricht deutlich genug," antwortete sie
mit einem Blick auf die Anschläge. „Natürlich – ob das
nun wirklich zum Kriege führt, kann man ja trotzdem
noch nicht wissen –"

Doch nun lachte der Mann laut auf.

„Nee, wissen kann man nicht, aber man spürt's! Im Herzen – in den Fäusten –" rief er ingrimmig, und die Hand,
die den Hammer hielt, führte zur Bekräftigung seiner
Worte einen Schlag, der einem Feinde das Leben kosten
konnte, wenn er seinen Schädel traf.

„Wissen Sie, Fräulein," fuhr er vertraulich fort, während
er nun neben ihr langsam über den sonnenheißen Platz
schritt; „wir machen nun auch alle mit, alle wir Sozis.
Wenn die Bande Keile haben will – gut, dann soll sie sie
kriegen – die Bande! –" und wieder sauste der Hammer
auf eines unsichtbaren Feindes Haupt hernieder. „Der
Kaiser hat getan, was er konnte, ich mein' schon, er ist
fast zu weit gegangen in seiner Geduld. Jetzt muß es zum
Krach kommen, wenn nicht heute, dann morgen. Gestern
habe ich schon mein altes Reservistenbild rausgesucht und
habe mir die Mütze aufgesetzt und gesungen. Die Leute
auf dem Bilde kenne ich alle noch und die Lieder auch."

„Und was sagt Ihre Frau dazu?"

Er zuckte die Achseln.

„Mal weint sie, und dann lacht sie über mich, und dann
weint sie wieder. Ja, das Abschiednehmen, das ist das Verfluchte an der Sache. Nachher – wenn man draußen ist –

dann trifft man hier einen alten Freund und da einen Verwandten. Ich habe drei Brüder, und zwei von ihnen habe ich jahrelang nicht gesehen; wer weiß, ob ich die nicht in Frankreich wiederfinde."

„Frankreich? Es geht gegen Rußland."

„Na, Frankreich wird sich nicht lange bitten lassen, wenn Rußland angefangen hat. Gegen die Russen möchte ich nicht, da habe ich nicht die rechte Wut, die sind zu dumm."

Sie blieben vor dem Gemüseladen stehen, der Anne Beates Ziel war.

„Denn adjüs auch, Fräulein," sagte er und drückte ihr kräftig die Hand. „Nicht wahr, Sie kümmern sich mal um meine Alte?"

„Natürlich, wir Frauen im Lande müssen doch zusammenhalten," antwortete sie ernsthaft. „Kommen Sie nur gut wieder, Herr Ehlers."

„Noch bin ich ja nicht weg," lachte er, und in seinen lebhaften Augen blitzte deutlich der Wunsch auf, daß es erst so weit wäre und das „verfluchte Abschiednehmen" hinter ihm läge.

In der Tür des Gemüseladens stieß Anne Beate mit der Frau des Mathematikprofessors vom Gymnasium zusammen, bei dem sie aufs Abitur gearbeitet hatte. Sonst hatte die Frau Professor ihr immer gern Gelegenheit zu einem kleinen Schwatz gegeben; heute schlüpfte sie mit kurzem Gruß scheu an ihr vorüber. „Mal weint sie, und dann lacht sie, und dann weint sie wieder," schoß es Anne Beate durch den Sinn, und statt nach ihren Tomaten zu fragen, sagte sie zu der Gemüsefrau, deren rotes Gesicht wie eine aufgehende Sonne aus der Tiefe ihrer Körbe auftauchte:

„Muß Ihr Mann auch mit, Frau Lühr?"

„Ich weiß nicht recht, Fräulein, gleich zuerst jedenfalls noch nicht. Er ist ja nur Landsturm, gerade wie der Herr Professor" – und sie blinzelte anzüglich nach der Tür, um anzudeuten, welchen Professor sie meinte. „Der Herr Professor will freiwillig mit; er ist ja auch Reserveoffizier. Aber mein Mann ist ungedienter Landsturm, und er hat

schon solche Angst – nicht vorm Feind, Fräulein," setzte
sie hastig hinzu, und ihr rotes Gesicht wurde noch röter bei
dem Gedanken, daß jemand ihrem Mann solche Feigheit
zutrauen könnte. „Weiß Gott, nicht vorm Feind," bekräf-
tigte sie noch einmal feierlich; „aber vorm Schießgewehr.
Ja, wenn er einen Knüppel nehmen dürfte, dann würde
er schon manchen Russen totschlagen. Aber ein Gewehr,
Fräulein – wenn's nun losgeht, sagt er, und es trifft wen?"

Sie faltete die Hände über der gestreiften Schürze und
blickte ihre Kundin bedenklich an.

„I, Frau Lühr, so schlimm ist das nicht," sagte Anne Beate tröstend. „Erst lernen sie das alles mit dem ungeladenen
Gewehr, und dann schießen sie mit blinden Patronen, wobei das gar nichts schadet, wenn sie einen andern treffen.
Und erst, wenn sie das alles ordentlich können, dann bekommen sie richtige Patronen."

Die Frau seufzte erleichtert auf.

„Is man gut! Sonst –" sie beugte sich über ihren Laden-
tisch und warf einen scheuen Blick nach der Tür, die in
ihre Stube führte; „sonst finde ich es nämlich ganz gut, daß
die Männer mal rauskommen. Zu schlapp sind sie jetzt,
zu faul. Es ist ja keine Wirtschaft mehr mit ihnen. Manchmal denke ich, ob unsere Diplomaten das nicht deshalb so
geschoben haben, damit daß nun ein Krieg kommt? Oder
ob die Herren da nichts von wissen, was man manchmal
für Plage hat? Mit den Kindern und der ganzen Wirtschaft
und dem Geschäft, und wenn der Mann dann so schlapp
ist –" hinter der Tür erscholl zeterndes Kindergeschrei. Die
Frau wandte sich um und schlug ein paarmal mit der Faust
gegen die Tür; da wurde es wieder still. Dann fuhr sie ge-
schäftsmäßig fort: „Na, und was darf ich Ihnen geben?
Tomaten? Sind reineweg ausverkauft. Aber mein Mann
bringt heute abend welche mit, dann schicke ich ihn damit
hinauf. Sie werden schön sein, natürlich – alles was recht
ist, aber einkaufen kann er; da versteht er sein Geschäft."

*Der Auftakt. Roman. Jubiläumsausgabe. Lüneburg 2014 (1. Auf-
lage Stuttgart 1922), S. 106–118 (Zehntes Kapitel)*

Die unbelohnte Hausfrau

Es mehren sich heute die Vorwürfe gegen die berufstätige Frau, daß sie die Freiheit der Gebundenheit vorziehe und nur für sich selbst sorgen wolle, statt für andere. Die Tatsache an sich ist nicht zu leugnen. Forscht man aber der Ursache nach, muß man doch anerkennen, daß die Frau damit nur der Not gehorcht. Es gibt auch heute noch manch unmoderne junge Tochter, die nichts lieber täte, als harmlos und unbeschwert im Haus der Eltern zu leben; der an allem Wissen und Können nichts liegt. Es gibt auch heute noch manch älteres Mädchen, das seit je im Haus der Eltern lebte und nun die Eltern, die alt und pflegebedürftig geworden sind, gern bis an ihr Lebensende selbst betreuen möchte, statt sie fremden Händen zu übergeben. Aber 75 Prozent der heutigen Kapital- und Kleinrentner setzen sich aus ehemaligen Hausfrauen und -töchtern zusammen. Diese Tatsache steht als Warnungszeichen vor dem natürlichen Wunsch mancher häuslichen Frau, in der Familie zu bleiben und für die Familie zu leben. Die es einst tat, ohne nach den Folgen zu fragen, muß jetzt hart dafür büßen. Die Notgroschen, die sie oft mühsam genug zusammensparte, sind der Inflation zum Opfer gefallen; die Entschädigungen, die Stadt und Kommunen in der demütigenden Form der

Margarete Boie (links) und Helene Varges. Foto rückseitig datiert auf den 20. Juli 1927 und gewidmet: „Fräulein Marg. Boie mit herzl. Gruß von Ferd. Frohböse, Hamburg." Nachlaß Margarete Boie. Sammlung Werner H. Preuß

Helene Varges (links) und Margarete Boie. Foto: datiert 30. Dezember 1930. Nachlaß Margarete Boie. Sammlung Werner H. Preuß

Wohlfahrtsunterstützung für diese Art der Enteignung zahlen, sind so gering, daß sie weder vor Hunger noch Kälte schützen. In die Angestelltenversicherung aber wird sie nicht aufgenommen, da sie nach Ansicht der Gesetzgeber in familiärer Stellung ja nichts leistet, was ihr die Berechtigung dazu geben könnte. Weshalb also verläßt die Frau Haus und Familie? Weil die weibliche Arbeit in der eigenen Familie nicht als Leistung staatlich anerkannt wird und sie also im Alter öffentlicher oder privater Wohltätigkeit zur Last fallen muß. Von dem Augenblick an, wo dies geändert wird, werden viele, viele unverheiratete Frauen gern in ihre Familien zurückkehren.

Die Frau und ihre Interessen. Zeitschrift für die gesamte Frauenwelt. 5. Jg., Nr. 81, Graz 1931, S. 2

Ein Menschenleben
Kinderstudie

„Unser Leben währet siebzig Jahre, und wenn's hoch kommt, so sind's achtzig Jahre, und wenn's köstlich gewesen ist, so ist's Mühe und Arbeit gewesen." *[Psalm 90, 10]* So hat vor langen Zeiten ein alter Mann gesprochen, als er auf sein Leben zurückschaute und in das Leben der anderen

Menschen hineinsah, und versuchte, in Worte zu fassen, was er da fand.

Ach, nicht immer währt ein Leben so lange, und nicht alle Menschen lernen in ihren Erdentagen Mühe und Arbeit kennen. Manch ein Leben gleitet wie ein Sonnenstrahl vorüber und hinterläßt keine äußerlich sichtbare Spur. „Denn es fähret schnell dahin, als flögen wir davon", fügt der Psalmist gedankenvoll hinzu. Aber ist jemals ein Sonnenstrahl nutzlos über die Erde geflogen? Kann ein Menschenleben wirklich spurlos verwehen, auch wenn es schnell verging und seine Taten aus einem Kinderherzen kamen, von Kinderhänden ausgeführt wurden?

Mitten im tiefen Winter, als der Frost die Erde in harte Fesseln geschlagen hatte und die Schneeflocken im Wirbelsturm dahintanzten, wurde die kleine Rose geboren. Ihr Elternhaus lag im Osten von Deutschland, dort, wo sich polnische Laute in die deutsche Sprache mischen, wo Lachen und Streit, Tanzen und Schmutz, Liebe und Haß in derselben Hütte wohnen, und wo das stattliche Gutshaus beherrschend über die niedrigen Dorfkaten hinwegschaut.

Rose war das erste Kind ihrer Eltern, von Liebe und Sorgfalt in jedem Augenblick umgeben. Sie war nicht hübsch, das Haar schmiegte sich glatt und schlicht an das Köpfchen, ihre Augen waren nicht groß und von farbloser Helligkeit, auch die kleine Nase war weder griechisch noch römisch, sondern ganz einfach ein Stubsnäschen. Aber wie strahlend blitzten die hellen Augen, wie frisch blühten die runden Bäckchen, wie übermütig lachte der rote Mund!

Wer konnte an ihrem Kinderwagen vorübergehen, ohne hineinzuschauen? Der alte Inspektor gewiß nicht; er fühlte sich stolz wie ein König, wenn Klein-Rose mit offenem Mäulchen seinen mächtigen Bart anstarrte oder gar mit den winzigen Händchen seinen großen Zeigefinger umschloß. Der Gärtner hielt seine mit Erde beschmutzten Hände in sorgfältiger Entfernung von dem weißen Wagen, aber hineinsehen mußte er doch auch und mußte sich jedesmal von neuem verwundern, weshalb dieses Kind so anders aussah, als seine eigenen kleinen Schmutzfinken

daheim. Und dieselben Betrachtungen stellte wohl auch
der Kutscher an, wenn er staunend und kopfschüttelnd
das rosige, lachende Mädelchen beobachtete.

Die weiblichen Dienstboten aber meinten in seltener
Einstimmigkeit, daß es ein Kind wie „unser Roschen" gewiß nicht zum zweitenmal auf dieser Erde gäbe. „Unser
Roschen" – die Kassuben kennen keinen Umlaut im Di-
minutiv – wurde von den Dorfleuten mit fast abergläubischer Scheu angesehen, denn es war gewiß viel zu gut für
diese arge Welt.

Was war es nur, was alle Menschen in diesem Kinde sahen? Es war doch eine ganz irdische kleine Rose, der neben
allen Gaben, die das Herz erfreuen, die Dornen durchaus
nicht fehlten. War das ein Wunder? Wer hätte die Dornen
beschneiden sollen? Sie war ja absolute Herrscherin in Haus
und Dorf – da gab es niemand der ihr widerstehen konnte.
Welch treffliche Erziehungsgrundsätze hatte ihr Vater – in
der Theorie! Aber wie wenig konnte er davon verwerten,
wenn die Praxis in Gestalt seiner blonden kleinen Tochter
ihm gegenübertrat und ihm mit aufmunterndem „Da" aufs
Knie klopfte? Konnte er die lachenden Augen, das in siche-
rer Erwartung strahlende Gesichtchen enttäuschen? Nein,
er mußte die großen Wirtschaftsbücher zur Seite schieben,
das Tintenfaß außer Reichweite stellen – er mußte Klein-
Rose zu sich heraufheben, und alle Geschäftsfreunde, ja,
die ganze Welt mußte eben warten; es war einfach nicht
anders möglich.

Und nun frage ich noch einmal: war es ein Wunder,
wenn der kleinen Rose die Dornen wuchsen, wenn die
böse Heftigkeit erwachte und der Eigensinn drohend sein
Haupt erhob? Klein-Rose konnte schreien und strampeln,
wenn etwas nicht nach ihrem Willen ging; sie konnte sich
weinend auf die Erde werfen und voller Wut um sich
schlagen. Ja, da wurde das Prinzeßchen manches liebe
Mal in die Ecke gestellt, mit dem Gesicht nach der Wand,
damit der „Bock" verginge. Aber wenn die Mutter nach
kurzer Zeit ganz traurig fragte, ob ihre kleine Tochter nun
wieder lieb sein wollte, dann antwortete Rose ruhig und

ungerührt: „Nein!" und blieb mit trotzigem Herzen in der Ecke stehen.

Zuletzt kam sie dann freilich von selbst zur Mutter, versprach, wieder gut sein zu wollen und ließ sich die letzten Zornestränen von den Backen wischen. Aber der „Bock" wurde doch wieder und immer öfter Herr über sie, und niemand konnte ihn verjagen.

Da reden die klugen Menschen soviel über Erziehung – aber wer kann denn einen warmen, leuchtenden blitzenden Sonnenstrahl erziehen? Wer kann ernst und streng bleiben, wenn zwei runde Ärmchen sich um seinen Hals legen und ein weiches Stimmchen zwischen zärtlichen Küssen wieder und wieder versichert: „So lieb habe ich dich – soo lieb?"

Aber Rose sollte doch ihren Erzieher finden. Einige Monate nach ihrem ersten Geburtstag kam der Vater eines Morgens früh mit geheimnisvollem Gesicht zu ihr ins Kinderzimmer und nahm sie auf den Arm.

„Nun will ich Dir etwas Wunderschönes zeigen, Rosel. Du hast heute nacht ein Brüderchen bekommen." Rose machte große Augen, als er die Tür zum anderen Zimmer öffnete. Ein Brüderchen – was war das nur? Atemlos vor Erwartung beugte sie sich vor, als der Vater die Vorhänge vom Kinderwagen zurückschlug, aber fast erschrocken fuhr sie zurück, denn da drinnen bewegte sich etwas. Da lag ein zierliches, dunkelhaariges Köpfchen in den weißen Kissen; ein paar zappelnde Ärmchen legten sich über das Gesicht und ein feines Quäkstimmchen klang gar jämmerlich zu Rose empor.

„Na – na", sagte der Vater beruhigend und schob den Wagen etwas hin und her. Dann ging er mit Rose zur Mutter, die im Bett lag und der großen Tochter nur matt entgegenlächelte und fragte, ob sie Mütterchen pflegen wollte? Dann müßte sie aber ganz still und sehr artig sein. Rose versprach alles; ihr kleiner Kopf war so voll von vielen Gedanken, daß sie wirklich ganz still an Mutters Bett saß. Aber wenn das Brüderchen seine Stimme erhob, dann rührten die jämmerlichen Töne an ihr kleines Herz, daß sie zu ihm laufen mußte, um den Wagen hin und her zu schieben und „Na – na, na – na" zu sagen, wie der Vater es getan hatte.

Weder an diesem ersten, noch an vielen folgenden Tagen blieb Rose Zeit, um an ihren „Bock" zu denken, da lief der schließlich ganz fort, und so hatte das hilflose Brüderchen vollbracht, was sonst kein Mensch konnte, nämlich Roses Eigensinn und Heftigkeit vertrieben. Aber sie hatte auch wirklich keine Zeit dafür. Wenn das Brüderchen schlief, mußte sie für die Mutter sorgen, denn das spürte sie plötzlich, daß nicht nur die kleinen, sondern auch die großen Menschen es brauchen konnten, daß sie beruhigend „na – na" zu ihnen sagte oder ihnen die Backen streichelte, wie sie dem Brüderchen tat.

Der Kleine wuchs heran, viel, viel hübscher als die Schwester je gewesen war. Davon wußte Rose nichts, aber gar zu gern hätte sie nur einmal in die großen dunklen Guckaugen hineingefaßt, oder hätte versuchen mögen, ob die krausen Locken wirklich fest am Kopf angewachsen wären. Das alles erlaubte die Mutter leider nicht, sondern meinte, Rose würde dem Brüderchen damit wehe tun. Nein, das wollte sie gewiß nicht, da schob sie lieber den Wagen hin und her und sang dazu mit ihrem fröhlichen, unmusikalischen Stimmchen.

Die Jahreszeiten zogen vorüber. Jetzt breitete der Sommer seine leuchtende Herrlichkeit über das Land. Im Garten blühten die Kastanien mit weißen Kerzen, dufteten Nelken und Rosen, Linden und Akazien nacheinander in überschwenglicher Pracht, daß die Luft davon durchwoben war. Auf dem großen Rasenplatz wuchs gelber Löwenzahn und die zierlichen Gänseblumen, die Rose besonders liebte, weil sie diese ungestraft abpflücken durfte. Tag für Tag ließ sie sich in dem kleinen hölzernen Wagen durch den Garten fahren; Tag für Tag den gleichen Weg an den blühenden Beeten vorüber und um den großen Rasenplatz herum, und Tag für Tag pflückte sie an derselben Ecke ein weißes Gänseblümchen mit goldgelbem Knopf in der Mitte, das der liebreiche Sommer aus seiner Fülle gerade dort täglich für sie aufblühen ließ.

Als der Sommer seine Herrscherrechte wieder abgeben mußte gab er Rose zum Abschied seine schönsten Gaben: der blühenden Rosen frische Farben, der Vögel jubelndes Zwitschern und der Sonne strahlendes Leuchten. Nun konnte ihr der Winter nicht schaden, war sie doch selbst ein Sommermorgen taufrisch und unberührbar von Leid und Not. Wo sie hinkam, wurden die Herzen der Menschen hell und froh; wenn sie lachte, verklärten sich auch die griesgrämigsten Gesichter, und wenn sie schmeichelte wie linder Sommerwind, dann fühlte der Winter, daß sie über ihn siegte. Sobald als möglich zog er davon, denn er mochte nicht kämpfen, wo er doch unterliegen mußte.

Und wieder zog der Sommer ein, aber Rose hatte keine Zeit mehr für den alten Freund. Das Brüderchen spielte nun schon mit ihr im Garten, überall war es ihr Gefährte und sie sorgte für ihn. Stets und bei allem war das Brüderchen ihr erster Gedanke, es war ja so klein, viel kleiner als sie selbst und immer noch etwas hilflos, wenn es nun auch schon stehen und ein paar Schrittchen gehen konnte. Wenn Rose etwas Schönes bekam, etwa einen Kuchen oder ein Glas Fruchtsaft mit Wasser, dann fragte sie erst: „Hat Brüderchen schon?" Und neidlos sah sie zu, wie er herzhaft in ihren Kuchen biß oder von ihrem „roten Wasser" trank; dann schmeckte ihr der kleine Rest, den er ihr ließ, doppelt gut.

Aber auch die großen Menschen brauchten sie, das hatte sie im Winter erfahren, und die Liebe, die des Brüderchens Hilflosigkeit in ihr geweckt hatte, wuchs und wollte allen helfen, die ihrer bedurften. Mit ihrem heißen, kleinen Herzen gab Rose sich jedem hin, der sich ihr nahte, und immer wieder ging ein Raunen und Flüstern voll abergläubischer Ahnungen durchs Dorf.

Doch nicht nur die Menschen, sondern auch Blumen und Tiere – alles Lebendige sprach zu ihr in seiner Sprache, und Rose liebte sie alle. Mit leidenschaftlichen Tränen und Bitten warf sie sich dem Vater in die Arme, als er dem großen Bernhardiner eine wohlverdiente Tracht Prügel verabfolgen wollte:

„Nicht schlagen, Vater, nicht schlagen – – Cäsar will gewiß wieder artig sein". Und Cäsar kroch demütig und schwanzwedelnd zu ihr hin, um sich bei ihr zu bedanken, als ihr Vater ihn losließ und das weinende Kind beruhigte.

In Lust und Fröhlichkeit verlebte Rose ihre Tage. Nur selten einmal ging ein Zug von Nachdenken über das lebensprühende Gesichtchen und die Augen wurden ernst und versonnen. Doch dann gab sie sich mit verdoppeltem Eifer ihren kindlichen Spielen hin, als würfe sie sich dem Leben mit Inbrunst entgegen.

Der folgende Winter kam früh ins Land und hatte ein böses Gefolge. Wie graue Gespenster gingen Krankheiten von Haus zu Haus und legten Hand an die Menschen. Rose schien unberührbar; in jubelndem Frohsinn in lebendiger Kraft lief sie durchs Haus. Alles Leben grüßte sie mit strahlendem Lächeln, und allem Leid wandte sie sich mit siegender Liebe entgegen. Als die Mutter krank war, versuchte sie ihr zu helfen, so gut sie konnte. Sie holte Decken und Kissen herbei, richtete Bestellungen aus, und abends saß sie still am Sofa und streichelte leise die müde Hand der Mutter. Wenn das Kindermädchen sie holen wollte, sagte sie ruhig und bestimmt: „Nein, ich kann noch nicht schlafen gehen, ich muß noch bei meinem Mamachen bleiben."

Ihr Geburtstag brach an, an dem sie drei Jahre alt wurde. Verwandte und Freunde des Hauses kamen, um mit ihr zu feiern. Ihr zu Ehren brannten drei Lichter um den großen Kuchen, ihr zuliebe war der Tisch festlich geschmückt, und ihr sollten auch die schönen Spielsachen gehören, die auf dem Tisch aufgebaut waren. Roses warmes Herzchen strömte über von Dankbarkeit, und jeden kleinen Liebesbeweis vergalt sie mit inniger Zärtlichkeit. Ihr ganzes Wesen war durchsonnt von Freude und, als könnte sie sich nicht genug tun, gab sie jedem aus der Überfülle ihres reinen und reichen, liebevollen Herzens.

Der Tag verging und andere nach ihm; zögernd fast gingen sie vorüber, als wagten sie nicht zu tun, was einer von ihnen doch tun mußte. Denn Rose war nun wirklich geworden, was das Volk in dumpfen Ahnungen stets von diesem Kinde geglaubt hatte: „Zu gut." Sie hatte, je länger, je mehr, sich selbst vergessen über der Liebe zu anderen. Größeres aber kann kein Mensch auf dieser Erde erreichen.

Eine Woche verging und die nächste brach an, und es kam, wie es kommen mußte. Das graue Gespenst schlich sich ein, und Klein-Rose erkrankte an einer gefährlichen Kinderkrankheit. Tapfer wehrte sich das kleine Herz, aber das Fieber war stärker und brach allmählich seine Widerstandskraft. Da breitete der Winter seine Macht aus und die blühende, strahlende Sommerrose neigte ihr Köpfchen und entschlief. –

Jahre sind vergangen. In Roses Elternhaus wächst eine fröhliche Kinderschar heran, aber ihr Platz bleibt leer; nicht eins der anderen Kinder kann ihn ausfüllen. Die Lücke, die sie offen ließ, schließt sich nicht wieder, solange ihre Eltern leben oder nur einer der vielen Menschen, die sie liebten. Ihr Leben war nur ein kurzer Sonnenblick. Mühe und Arbeit hat sie nicht gekannt. Aber sie hat sich selbst täglich in Liebe hingegeben; sie hat in Liebe gelebt, bis ihr ganzes Wesen Liebe war, und darum war ihr kleines Leben auch ein ganzes und volles Menschenleben.

Ein Menschenleben. Kinderstudie. In: Erika. Sonntagsbeilage der Lüneburgschen Anzeigen, gegen Jahresende 1916, oder 1917, S. 205–207. Belegexemplare im Nachlaß. Sammlung Werner H. Preuß

In dieser Kinderstudie erzählt Magarete Boie von ihrer Nichte Rose Luise Hoene, geboren am 8. Dezember 1900 und gestorben am 17. Dezember 1903 in Pempau an Scharlach. (Vgl. Die Tagfahrt der Preußen, S. 349). Ihre Mutter war die älteste Schwester der Autorin: Luise Ida Boie, geboren am 8. August 1877 in Berlin, verheiratet seit dem 7. Februar 1900 mit Otto Hoene, Rittergutsbesitzer auf Pempau bei Danzig, dort geboren am 19. Januar 1872. Der erwähnte Bruder Roses hieß Wilhelm Bernhard, geboren am 2. Februar 1902 in Pempau, später in Czapeln lebend, verhei-

ratet seit dem 15. Mai 1930 mit Lotte, geborene Eggert. Noch zu Lebzeiten
Roses folgte als Schwester Elisabeth Ida, geboren am 17. Oktober 1903 in
Pempau, später in Berlin lebend. Insgesamt waren sie sechs Geschwister.
Angaben nach Stammtafeln aus dem Nachlaß der Schriftstellerin. Samm-
lung Werner H. Preuß

Meine Kohlmeisen

Szi szi tärr! Szi szi tärr! Sieh, da ist er ja wieder, mein kleiner Freund, der Meiserich aus dem alten Baum da drüben
am Wall. Wie sieht er schmuck und niedlich aus, wie dreht
und ziert er sich, daß die Sonne bald sein bläuliches Röckchen, bald seine gelbe Weste oder sein schwarzes Köpfchen mit den weißen Backen aufleuchten läßt! Zie diü – zie
diü – lockt er zärtlich, und schwirr! – kommt sein Weibchen an und schnabuliert ihm die besten Bissen vor dem
Schnabel fort.

Noch nicht zwei Jahre sind es, seit wir uns kennen, und
doch tun die beiden Kohlmeisen, als wären sie die Herren in meinem Garten. Und ich –? Nun, ich darf ja allen-
falls die frechen Spatzen fortjagen und muß täglich für
frisches Futter sorgen. Aber sonst darf ich mich beileibe
nicht in ihre Angelegenheiten mischen, und wenn ich gerade dann das Fenster öffne, wenn Frau Meise dicht davor sitzt, dann bekomme ich Schelte, nicht nur von ihr,
sondern auch von dem Gemahl, daß ich mich ganz ver-
schüchtert zurückziehe.

Im vorletzten Winter war es, als ich zum ersten Mal das
kleine Brett mit dem hochstehenden Rande außen vorm
Fenster befestigte und Hanfkörner darauf streute. Ein paar
Stunden mußte ich warten, doch dann ertönte helles, tri-
umphierendes Trompetengeschmetter: Szi szi tärr! – Szi
szi tärr – und gleich darauf saß Herr Meiserich auf dem
Brettchen, ergriff ein Körnchen und sauste damit zum
nächsten Baum, klemmte es zwischen die Zehen und häm-
merte mit dem Schnabel drauf los, daß der kleine Körper
zitterte und der ganze Ast ruckte. Dazwischen lockte er

zärtlich – zie diü – zie diü – bis sein Weibchen auch auf der Bildfläche erschien.

Doch dann – o weh, Herr Meiserich – stehen aber gründlich unterm Pantoffel! Die kleine Frau blieb einfach auf dem Rande des Brettchens sitzen und hackte die Hanfkörner auf. Als der Gatte diese gute Idee auch ausnutzen wollte, bekam er einen Schnabelhieb, daß er sich schleunigst trollte. Da saß er nun auf seinem Ast und schimpfte, denn er hatte doch das Futterbrett zuerst entdeckt! Aber sie blieb ruhig sitzen, als dächte sie heimlich: „Schimpf du nur, der Stärkere hat eben doch das Recht!" So kam es, daß er sich hin und wieder ein Körnchen holen durfte, während sie inzwischen drei verputzte. Aber wie niedlich wurde sie auch durch die gute Kost! Ihr Gefieder wurde so glatt und bunt, daß er wohl stolz auf seine schöne Frau sein konnte. –

Leider gibt es Tiere, die nicht eben besser sind, als Menschen, und wie bei jenen, so heißt es auch gelegentlich bei diesen:

„Und hat mal endlich einer was –
Gleich gibt es wen, den ärgert das."

[Vgl. Wilhelm Busch: Fips, der Affe. Achtes Kapitel: „Kaum hat mal einer ein bissel was, / Gleich gibt es welche, die ärgert das."]

In diesem Falle waren es die Sperlinge, die sich ärgerten, daß es den Meisen so gut ging. Sie saßen auf dem nächsten Baum und schrieen und schimpften, und als die Meisen einmal fortgeflogen waren, hielten sie großen Gemeinderat. Sie sahen sich das Ding genau an, maßen die Entfernung mit den Blicken – ja, es mochte gehen. Ein Mutiger wagte den Anflug, während die anderen noch hin und her stritten. Es gelang und schwipp, schwapp, schnurr – saß die ganze Bande auf dem Futterbrett und tat sich gütlich.

Nun hätten die Eindringlinge in voller Ruhe das ganze Futter verspeisen können, wenn sie nur verstanden hätten, den Schnabel zu halten. Aber nach jedem Körnchen mußte jeder Spatz erst einmal der Welt verkünden, ob es gut geschmeckt hätte, und wie ausgezeichnet gerade dieses Hanfkorn gewesen wäre, und dann mußte er zeternd über den anderen herfallen, der inzwischen gerade das Korn erwischte, auf welches er doch schon ein Auge geworfen hatte. So war des Spektakels kein Ende, und laut tönte Zank und Geschrei durch die klare Winternacht und schlug natürlich auch an die Ohren von Herrn und Frau Kohlmeise. Wütend kamen sie dahergeschwirrt – wie eine kleine Furie stürzte Frau Meise auf die freche Gesellschaft. Rechts und links flogen die Schnabelhiebe, und der Gatte unterstützte sie tapfer mit hängenden Flügeln und drohend gesträubtem Häubchen. Entsetzt stob die Spatzenschar auseinander, und mit spottendem Szi szi tärr! blieben die Meisen als Sieger allein auf dem Kampfplatz.

So war es im ersten Winter. Der Meiserich hatte zwar öfters zu leiden unter der Herrschsucht und den Gewalttätigkeiten seines kleinen Hausdrachens, aber er stand sich andererseits auch wieder ganz gut unter dem Schutze seiner starken Gefährtin. In diesem Winter aber brachte er ein anderes Weibchen mit, das weniger kräftig und stattlich, dafür aber niedlich und lieblich und gelegentlich etwas kokett und immer ein wenig schutzbedürftig ist. Ohne Frage liebt er diese zweite Frau noch mehr, als die erste. Wie umschmeichelt und umwirbt er sie, wie süß und verliebt erklingen die Locktöne, mit denen er sie herbeiruft. Aber eine starke Stütze ist sie ihm nicht. Auf dem Futterbrett blieben die Sperlinge Sieger, und als ich ein kleines Netz mit Fettfutter an den Ast hing, ließen sie den Meisen auch dort keine Ruhe. Keifend und scheltend saßen sie auf dem Ast, so daß dem Meisenpärchen seine Mahlzeiten gar nicht mehr recht munden wollten. Schließlich hatten die Sperlinge ihnen sogar das Kunststück abgelauscht, sich an dem Netz festzuklammern, und während einer daran hing und mit seinem groben Schnabel das Futter herauszerrte, hockten die anderen auf der Erde darunter und balgten sich um das, was er ihnen zuwarf. In ein paar Stunden war das Netz leer, und die Meisen hatten das Nachsehen.

Doch nun ist alles vergessen und alles wieder gut. Der Frühling ist gekommen, die lauen Lüfte haben den harten

Schnee fortgetaut und der blühende Kirschbaum reckt die Zweige zum blauen Himmel empor. Auf dem vordersten Aste vor mir sitzt das Kohlmeisenpärchen im Hochzeitsstaat. Er hat eine schöne fette Made aus einer Knospe hervorgezogen, da flog sie herzu und bat und bettelte mit hängenden Flügeln, als wollte sie sagen: „Gib sie mir, gib sie mir! Du kannst dir ja leicht eine andere suchen, und ich habe so wenig Zeit, die Eier könnten inzwischen kalt werden, weißt du!"

Da gab er ihr die Made, und während sie sie nun verspeist, schmettert er sein szi szi tärr! szi szi diü mit dem Bewußtsein, eine gute Tat vollbracht zu haben, doppelt hell und froh in die sonnige wonnige Frühlingswelt.

Gedruckt in einer unbekannten Zeitschrift, etwa im März 1922. Belegexemplare im Nachlaß. Sammlung Werner H. Preuß

Suschen vom pommerschen Uradel

Als ich sie im Herbst 1918 beim städtischen Milchverkauf kennen lernte, war sie schon nicht mehr fern vom 70. Lebensjahr, in einem Alter also, in dem die Empfindungsfähigkeit schon abzunehmen pflegt, in dem der Mensch sanfter wird, stiller – müder. Aber die Leiterin der städtischen sozialen Einrichtungen hatte vorher ausdrücklich bei mir angefragt, ob ich sie wohl in meine Obhut nehmen wolle. „Sie ist ein ehrlicher und anständiger kleiner Kerl, von Charakter einwandfrei und halb verhungert; die Flasche Milch täglich würde ihr so gut tun. Aber sie kann ihr Mundwerk nicht zügeln und in diesen Zeiten –"

Nun, ich versprach, mein Bestes zu tun. Ich bin kein streitsüchtiger Mensch, und schließlich gehören doch immer zwei zu einem Streit – so gut wie zu jeder Ehe. Sie kam. Bevor die erste Stunde unserer gemeinsamen Arbeit verflossen war, hatte sie mich schon darauf aufmerksam gemacht, daß sie dem pommerschen Uradel entstamme.

Man soll mit dem Wort Uradel etwas vorsichtig umgehen, aber ich kannte die pommerschen Adelsgeschlechter doch nicht genau genug, etwas dagegen einzuwenden. In der zweiten Stunde vertraute sie mir schon an, daß sie vom bürgerlichen Packzeug nichts hielte. Da ich, obgleich selbst bürgerlich, auch diese Äußerung mit Gleichmut aufnahm, konnten wir unsere Arbeit also in Frieden weiterführen, und ich fand dabei genügend Muße, sie eingehend zu studieren.

Da merkte ich dann freilich bald, daß sie nicht nur ihr Mundwerk, sondern auch ihr Empfinden nicht zu zügeln vermochte – trotz ihrer siebzig Lebensjahre. „Sie haben kein Temperament!" sagte sie einmal zu mir, und an dem verächtlichen Tonfall hörte ich, daß diese Worte einen Tadel ausdrücken sollten. Ich hätte in diesem Augenblick vielleicht erwidern müssen, daß ein starkes Temperament nur dann eine glückliche Gabe bedeute, wenn der Mensch es auch beherrsche – ich hätte sie damals vielleicht warnen müssen –

Denn sie ließ ihren Temperamentsausbrüchen hemmungslos freien Lauf. Sie ließ sich dann mit einer Rücksichtslosigkeit gehen, die mir beispiellos erschien. Sie hatte einen klaren Verstand, aber sie brauchte ihn nie, ihre Heftigkeit zu dämpfen. Dann kam es ihr durchaus nicht darauf an, Ausdrücke wie Schweinehund, Mistvieh, Stinkwirtschaft zu verwenden. Alle Rauflust ihrer fernsten und das Soldatenblut ihrer näheren Vorfahren schienen dann in diesem kleinen Geschöpf einer zivilisierten Welt noch einmal aufzubrausen. Und in einer seltsamen Verkehrtheit schien sie darauf nicht minder stolz zu sein wie auf den ganzen pommerschen Uradel überhaupt. –

Die Revolution brach aus, und eines abends kurz vor Schluß unserer Verkaufszeit kamen ein paar Revolutionäre zu uns und forderten Milch. Ich war gerade am andern Ende des langen Raumes beschäftigt, so wandten sie sich an Suschen. Die sah sie kaum an. „Bitte die Milchkarten!" sagte sie kurz.

Die Männer hatten natürlich keine Karten. Sie dachten, durch Drohungen ihren Wunsch zu erreichen. Da aber waren sie an die verkehrte Adresse gekommen. In Suschen regte sich der pommersche Uradel. Jeder Frechheit setzte sie eisiges Schweigen entgegen, auf jede Drohung hatte sie eine scharfe Antwort zur Hand. Dann aber begann sie, den Männern ihre Meinung über die ganze Revolution klar zu legen –

Besorgt trat ich näher, aber es war schon zu spät. Sie mußte einen nicht ganz parlamentarischen Ausdruck angewandt haben. Einer der wüsten Kerle hob drohend die Faust. „Sie Fräulein von!" schrie er wütend; „bilden Sie sich nur nicht allzuviel ein auf Ihre Sauberkeit. Jetzt werden wir bald in Ihren schönen Wohnungen sitzen und Sie in unsern Drecklöchern!"

Da richtete Suschen sich hoch auf, so hoch sie nur konnte. Sie stemmte die kleinen Fäuste auf den Tisch, um sich noch höher zu schieben. Ihr verschrumpeltes Gesichtchen war grau, aber ihre Augen blitzten böse. „Dann –" sagte sie mit bebender Stimme – „wird meine frühere Wohnung wohl acht Tage später schon von Flöhen und Wanzen wimmeln. In Ihrer Wohnung aber werde ich wenigstens den Versuch zur Sauberkeit gemacht haben!"
Eine kurze Pause entstand. Im Hintergrund lachte einer auf: „Nicht so dumm!" Dann kamen ein paar Frauen und Kinder und holten unsere letzten Flaschen ab; mit ihnen zugleich verdrückten sich auch die Männer.
Wir packten zusammen und gingen auch. In unserer Straße stand ein Maschinengewehr, aber die Leute kannten uns schon und ließen uns ohne Untersuchung passieren. Ich trug meinen Korb mit Flaschen, den ich im Säuglingsheim abgeben mußte; Suschen die schwere Ledertasche, in der sich fast 300 M in Groschen befanden, und ihre eigne kleine Milchflasche, die wir täglich für unsere Arbeit bekamen. An der nächsten Ecke verabschiedete sie sich. „Gehen Sie heute nicht durch die dunklen Anlagen!" bat ich.

Sie lachte zornig auf. „Ich habe mich noch nie gefürchtet. Ich habe Soldatenblut in den Adern!" –

Am selben Abend noch, wenige Stunden später, hat eine streifende Wache sie in den Anlagen gefunden. Sie lag mitten im Wege, das Gesicht im Schmutz, durch einen Kopfschuß getötet. Neben ihr der Hut und die zerbrochene Milchflasche. Unter ihr die Geldtasche, die sie mit ihrem eignen dürren Körperchen deckte; sie muß sie mit einer letzten zuckenden Bewegung noch fest an sich gepreßt haben. Der Mörder aber war kein Räuber gewesen; er hatte die Tote nicht berührt.

Zwei Bogen aus dem Nachlaß im Sylter Archiv, mit der Schreibmaschine 1931 in Erfurt geschrieben. Erstveröffentlichung: Manfred Wedemeyer: Margarete Boie. Die Dichterin der Insel Sylt. München, Wien 1997; S. 307–310. Wedemeyer merkt an: „Was sie erzählt – eine Erinnerung aus ihrer Lüneburger Zeit während der November-Revolution 1918 –, geht wohl auf eigenes Erleben zurück."

Zwei Tage in Berlin

Da ich einsah, daß es notwendig wurde, mich nach meinem Berliner Eigentum umzusehen, fuhr ich am Donnerstag, 6. Januar 1944, mit dem Frühzug, der um 16.14 in Berlin eintreffen sollte, dorthin, um nicht in die Dunkelheit und vielleicht gar Alarm in Berlin zu geraten.

In Stolp stiegen zwei Damen ein, die auf dem Bahnhof erfahren hatten, daß in den ersten Morgenstunden ein schwerer Angriff auf Stettin gewesen war und der Zug deshalb wahrscheinlich umgeleitet werden würde. So wurde es denn auch. Wir fuhren nicht über den Stettiner Hauptbahnhof, sondern über Alt-Damm und Podejuch, weshalb wir dann in Berlin zwei Stunden Verspätung hatten.

Im Zuge waren mehrere Berliner, die von ihren ausgebombten oder ausgebrannten Wohnungen erzählten. So hatte ich das unbehagliche Gefühl, dort in ein Chaos zu

geraten. Als wir ankamen, war es aber schon ganz dunkel, so daß ich von dem Zustand des Stettiner Bahnhofs
nichts mehr sah, sondern ganz glatt in die S-Bahn fand.
Da ging alles in gewohnter Ordnung zu, desgleichen nach
dem Umsteigen am Potsdamer Platz in der U-Bahn nach
Neu-Westend. Ich dachte: Da ich den gleichen Weg zurück
fahre und zwar auch morgens früh noch im Dunkel, werde
ich von dem zerstörten Berlin nichts sehen.

Von der U-Bahn ging ich gleich zuerst noch zu unserm
Blockwalter, um seine Meinung zu hören. Der sagte: Ich
kann Ihnen nur raten, wegzubleiben. Vier Treppen hoch
in ein halb ausgebranntes Haus zieht niemand mehr gern,
namentlich nicht in dieser Gegend. Es ist also sehr gut
möglich, daß Ihre Wohnung auch trotz Ihrer Abwesenheit
nicht mehr belegt wird. Wenn Sie selbst hier bleiben, sind
Sie aber nur lästig, denn so beweglich sind Sie auch nicht
mehr, daß Sie mit den Jüngeren mithalten können. Die
Staatsbibliothek hat geschlossen, die andern Bibliotheken
sind entweder ausgebombt oder auch teilweise nicht mehr
in Betrieb – also, was wollen Sie hier noch. Sie brauchen
sich ja nicht polizeilich abzumelden, dann bleibt Ihnen die
Wohnung also vielleicht doch.

Dann kam ich zur Schaumburgallee 5, wo ich infolge der
Dunkelheit auch nichts von den ausgebrannten Wohnungen mehr sah. Die Treppenbeleuchtung und der Fahrstuhl
funktionierten *[Ihre Wohnung befand sich im 4. Stock.]*, und Elisabeth traf ich zu Hause. Sie hatte eine schöne Erbsensuppe
für mich, sagte im übrigen aber dasselbe wie der Blockwalter, nur mit dem Zusatz: Mir ist ja lieb, daß Du kamst,
denn schließlich kann ich doch nicht die Verantwortung
übernehmen, sondern Du mußt es selbst tun.

Inzwischen hatte Frau Hertel für mich eine Botschaft ab-
gegeben, daß sie vielleicht einen Mieter für mich hätte. Am
andern Morgen ging ich also zu ihr. Die Hausnummer war
nicht recht zu lesen, das Straßenschild fehlte auch, ich fragte also eine vorübergehende Frau nach Bundesallee 12. Ja,
es wäre das Haus drüben an der Ecke, aber nehmen Sie sich

in acht – denn im gleichen Augenblick stürzte ein Stück
Fensterwand vom dritten Stock herunter.

Nun, ich nahm mich in acht und fand Frau Hertel hinter einer halben Wohnungstür in einer sehr schönen Wohnung. Aber hier fehlte ein Stück Wand, die Fenster waren
teilweise heraus, die Fliesen in der Küche schwarz: es
war alles so sauber, aber das kommt vom Phosphor. Sie
selbst saß im letzten kleinen Räumchen am Schreibtisch
ihres Mannes und putzte Mohrrüben. Nachts schlafen wir
in Potsdam, da bringen wir auch alles hin, was wir nur
schleppen können. Seit September tun wir ja nichts anderes mehr als packen und schleppen. Aber es nützt nicht
viel. Die Möbel, die wir damals noch in die Messehalle
gebracht hatten, sind nun mit der Messehalle zusammen
auch verbrannt. Hier in diesem Hause hat uns ja noch
nichts getroffen, aber natürlich sind alle Sachen, die wir
noch haben, auch mehr oder minder beschädigt. Geht es
so weiter, bleibt uns nichts. Mein Mann hat viel Arbeit und
wir beide haben eben nicht mehr viel Kraft zum Schleppen.

Ich hatte mich länger bei ihr aufgehalten, dann ging
ich mit einem Paket von 25 Pfund, das ich morgens zuerst gepackt hatte, zur Post, nur um zu erfahren, daß ich
am folgenden Morgen vor 9 Uhr wiederkommen müsse:
denn wir dürfen nur 90 Pakete am Tage wegschicken. So
mußte ich das Paket gegen den Wind an zurückschleppen,
war auch müde, denn ich hatte abends nicht gewagt, mich
auszuziehen, sondern hatte in Kleidern geschlafen, denn
Elisabeth sagte, daß, wenn man nicht schnell zur U-Bahn
liefe, man nicht mehr hineinkäme; der Keller von Schaumburgallee wäre aber ebenerdig und deshalb nicht mehr sicher genug.

Dann machte ich mich auf, die Leute zu suchen, die Frau
Hertel mir als Mieter empfohlen hatte. Allerdings sagte
sie, die Frau hätte sie nur durch einen Zufall im Restaurant
kennen gelernt, sie hätte aber einen guten Eindruck gemacht und suchte „dringend" eine kleine Wohnung. Tele-
phon ging nicht, also mußte ich selbst hin. Ich fuhr mit der

U-Bahn zum Deutschen Opernhaus, das sehr durchsichtig geworden ist und auch keinen Spielplan mehr anzeigt. Von dort zur Wilmersdorfer Straße und diese entlang bis etwas über die Kurfürstenstraße hinaus. An der ganzen Strecke habe ich kein Haus bemerkt, das wirklich völlig heil war, aber die meisten standen noch und waren auch bewohnt, so weit die Mauern noch instand waren. Aber die Seitenstraßen sahen oft schlimm aus, waren streckenweise wohl auch für den Verkehr gesperrt. Am schlimmsten Ecke Kantstraße, wo man nicht mehr unterscheiden konnte, wo ein Haus aufgehört und das nächste angefangen hatte. Gerade als ich auf dem Hinweg daran vorbei ging, senkte sich ein Mast auf die vorbeifahrende Straßenbahn, und es fanden sich wirklich noch ein paar Berliner Jungens, die stehenblieben und zukuckten, wie sich die Straßenbahnen (denn eine zweite kam von der andern Seite) auseinanderwirrten. Auf dem Rückweg stand ein junges Mädchen an dieser Ecke, der rannen die Tränen. Eine Frau trat auf sie zu und sagte: Sie sollen hier doch nicht stehen! Ja, sagte das Mädchen mit einer deutenden Handbewegung: Aber darunter liegen doch noch meine Eltern!

Aus dem Vermieten wurde nichts, denn das Ehepaar war ein Verhältnis, und sie wollten meine Wohnung nur auf Dauer haben. Er sagte gleich: Ich zahle dann doch an die Hauswirtin? Und als ich antwortete: Nein, an die Wirtin zahle ich. Sie zahlen nur an mich, denn die Wohnung bleibt mein Eigentum. Da riß die Verbindung.

Während ich zur U-Bahn zurück ging, überlegte ich, ob ich dies Berlin nun schlimmer oder weniger schlimm fände, als ich mir vorgestellt hatte, und kam zu dem Schluß, daß es eben nur ganz anders ist. Die Vorstellung reicht da nicht heran. Irgendjemand hatte einmal gesagt, dies zerstörte Berlin müsse „gespenstisch" wirken. Dafür ist es aber viel zu real. Ich möchte eher sagen: so stelle ich mir einen Menschen vor, der vom Aussatz befallen ist. Das Gräßliche ist Alltag geworden. Als ich im April 1943 mit Marlene den Prager Platz und die umliegenden Straßen besichtigte, da mußte man eben noch zu bestimmten Gegenden hinfahren, um „Trümmer zu sehen". Jetzt muß man im Berliner Westen die Straßen suchen, in denen noch einige heile Häuser stehen. Das muß man sich aber nicht theatralisch-dramatisch denken, im Gegenteil, es ist erstaunlich alltäglich. Berlin ist eine Stadt in Trümmern, aber eben dem Charakter Berlins entsprechend: eine ordentliche Stadt in Trümmern. Jedes Haus hat seinen Schutt- und Scherbenhaufen vor der Tür. Die Straßenmitte ist nicht nur frei gehalten, sondern sieht aus wie gefegt. Auch an den Häusern entlang waren nach Möglichkeit Gehsteige frei gehalten, aber obgleich alles Brüchige weggesprengt wird, rutschte bei dem strömenden Regen doch dies oder das von oben nach. Die kleine Privatstraße hinterm Sachsenplatz, durch die ich im April noch mit Marlene ging, ist jetzt ordentlich abgesperrt mit dem Schild: Betreten verboten, Absturzgefahr! Wenn eine ähnliche Katastrophe hier in Danzig einträte, würden die engen Straßen bis zur Straßenmitte und bis zum ersten Stock voll Schutt liegen, und Rettungs- oder Aufräumungsarbeiten wären da von Anfang an unmöglich.

An dem Vormittag war noch allerlei gewesen. Zuerst kamen Leute, die den Schutt aus den ausgebrannten Wohnungen in unserm Haus wegschaffen sollten: gestern war Fräulein Doktor hier, da hat sie uns Kaffee gemacht. Nun, ich verstand den Wink und machte auch Kaffee. Dann saßen sie lange in der Küche und frühstückten, rauchten hinterher noch eine gemütliche Pfeife. Dann war ich noch zu einer Bekannten gegangen, die in meiner Nähe wohnt, fand nur eine kahle Brandstätte statt ihres reizenden Häuschens, und auf meine Frage im Nachbarhaus hieß es, sie sei verreist. Telephonisch sprach ich dann mit meiner Ärztin, die auch diese Bekannte betreut. Die sagte: da Woldstedts nur die obere Mansardenwohnung bewohnten, die Unterwohnung aber vermietet hatten, so haben die Untermieter das erste Recht, dort wieder unterzukommen, wenn etwas in dem Hause instand gesetzt wird. Infolgedessen haben

Woldstedts auch kein Interesse daran, ihr Haus wieder instand zu setzen, denn mehr als eine Küche würde ihnen
doch nicht bewilligt. Die würde dann den Mietern gehören – und damit hätten die dann das Anrecht auf das ganze Haus! Ja, es gibt schon verzwickte Rechtslagen.

Mit alledem war es schließlich gegen 5 Uhr geworden.
Ich hatte mir von Elisabeths Fräulein Helene ein paar Kartoffeln ausgebeten. Die kochte ich und machte mit meiner
mitgebrachten Wochenbutter und ein paar Zwiebeln, die
ich noch fand, eine große Pfanne Bratkartoffeln. Abends
kam Elisabeth mit der Nachricht, daß am andern Morgen
um 8 ein Lieferauto von IG-Farben käme, um meine Koffer, sie selbst und ihr Handgepäck für Libnow (ihr Radio
u.a.) zum Stettiner Bahnhof zu bringen. Ich packte also
noch bis nach 1 Uhr, legte mich dann wieder in Kleidern
auf die Chaiselongue und drusselte noch ein bißchen. Es
kam wieder kein Alarm.

Am andern Morgen, allerdings erst halbzehn kam dann
das Lieferauto. Elisabeth bestimmte, daß ich vorn beim
Fahrer sitzen sollte. Sie selbst und Frl. Helene krochen hinten in den Kasten. So sah ich dann die ganze Strecke von
Schaumburgallee bis zum Stettiner Bahnhof, sah unend-
liche Straßen in Schutt und Trümmern. Wir fuhren durch
Moabit, an den Ruinen des Lehrter Bahnhofs und der
Kunstausstellung vorbei. Der Fahrer, in SA-Uniform, sagte: Ich kann wohl sagen, ich habe ein schönes Weihnachts-
fest gehabt, am Heiligabend 15 Stunden lang Ausgegrabe-
ne und Verletzte gefahren, am 1. Feiertag 17 Stunden. Ein
Mann war dabei, der saß im Rinnstein und rief immerzu:
Und wozu dieser ganze Wahnsinn? Weshalb machen wir
denn nicht Schluß mit diesem verdammten Kriege? Na,
den haben wir denn erstmal ordentlich vertrimmt und
dann liegen gelassen.

Am Stettiner Bahnhof kam Elisabeth noch knapp zur Zeit
in ihren Zug. Aber da die Hälfte des Gebäudes mit den Re-
staurationsräumen und darunter der ganzen Fracht- und
Gepäckbeförderung eben weg ist, nur einiges Eisengestän-
ge steht noch, konnte ich die Koffer nicht loswerden. Da

standen wir 15 Minuten und bekamen dann den Bescheid: Wir nehmen nur für die Stationen vor Stettin an, denn Stettin kann noch nichts weiter befördern. Wir also weiter zur Stadtbahn, und da der Fahrer dann im Osten zu tun hatte, zum Schlesischen Bahnhof. Diese Strecke von Gesundbrunnen zum Schlesischen Bahnhof war noch am besten erhalten. In der Schönhauser Allee meinte ich sogar, die sähe noch richtig heil aus, worauf der Fahrer sagte: Die Nebenstraßen sind es aber nicht mehr. Dort (mit einer Kopfbewegung) habe ich in voriger Woche noch 45 Tote abgeholt.

Auf dem Schlesischen Bahnhof konnte ich dann die Koffer aufgeben, 56 kg, also habe ich doch wieder noch manches gerettet. Dann fuhr ich mit der Stadtbahn zum Zoo, von dort mit der U-Bahn nach Hause. Nach der Fahrt von Gesundbrunnen zum Schlesischen Bahnhof hatte ich den Eindruck, daß es doch gar so schlimm noch nicht stände. Diese Illusion wurde mir auf der Fahrt mit der Stadtbahn wieder genommen. Ich weiß nicht zu sagen, welche Gegend da die schlimmste war. Der Alexanderplatz ist doppelt so groß geworden, die Gegend um den Lehrter nur noch Schutt und Trümmer. Bellevue, Tiergarten und endlich Zoo, ja da sah man nirgend etwas Heiles mehr, kaum noch Häuser, die vielleicht halb bewohnbar waren. Der Zoo eine wüste Trümmerstätte, die Gedächtniskirche eine klägliche Ruine. Ecke Joachimstaler Allee bis auf die Trümmer in etwa Höhe des ersten Stocks ganz frei. Jedenfalls muß ich sagen: von dem, was ich in diesen zwei Tagen von Berlin gesehen habe, war der größere Teil zerstört; trotz der verhältnismäßig guten Gegend ab Gesundbrunnen. Aber schon das Frankfurter Viertel wieder sah böse aus.

Als ich von dieser Fahrt nach Hause kam, fand ich auf der Treppe ein Häuflein aufgestörter Hausgenossen. Ein Polizeibeamter war dagewesen, hatte den Keller untersucht und als „einwandfreien Schutzraum" erklärt; es wäre nicht nötig, daß die Hausgemeinschaft in die U-Bahn ginge. Damit war er wieder gegangen, und nun brachte ein anderer das Gerücht mit: die U-Bahn sollte überhaupt für den Luftschutz gesperrt werden. An einer Station (ich habe den Namen leider wieder vergessen) war es beim letzten Angriff schlimm gewesen. In der Nähe liegt ein großes Werk, das gerade in dem Augenblick Schichtwechsel hatte. Da waren die Straßen voll ausländischer Arbeiter. Der Alarm kam zu spät, es fielen schon Bomben. Da sprangen die Arbeiter über die Eisenstangen einfach in den Schacht hinunter auf die dort eingekeilt stehenden Menschen. Auf die Art hatte es 32 Tote gegeben. Auch sind andere beim Gedränge totgedrückt worden. Wenn in einer vollgestopften U-Bahnstation einmal eine Panik entsteht, können Tausende dabei ums Leben kommen.

Es wurde nun sehr hin und her geredet, ich stand dabei und hörte zu. Dabei ging mir so recht auf: das Schlimmste ist ja nicht das Leben in den halbzerstörten Häusern mit Brandgeruch, Staub, Zug, Kälte, ohne Wasser, Gas, Licht. Das Schlimmste ist die allabendliche Todesangst. Frau Bertram sagte: Natürlich, sterben müssen wir alle einmal, aber diese Todesart ist so gräßlich. Der Hauswart sagte: Der Soldat im Felde kann sich doch wehren, und daß sie im vorigen Krieg unter Trommelfeuer in den Gräben sitzen mußten, das hat auch der Führer so schrecklich gefunden, daß er das vor allem in diesem Krieg vermeiden wollte. Aber so sitzen wir doch nun fast jeden Abend und dürfen nur stillhalten und abwarten.

Nun, der Schluß war, daß Dr. Bertram (der Luftschutzwart) bestimmte: Solange kein polizeiliches Verbot da ist, gehen wir doch zur U-Bahn, denn bei jedem näheren Bombeneinwurf schwankt das Haus so, daß man wie auf Wellen sitzt und jeden Augenblick auf den Einsturz gefaßt sein muß. Auch hört man in der U-Bahn nicht so viel, und das ist vor allem für die Frauen (Kinder sind nicht mehr im Haus) doch wesentlich.

Danach hatte ich noch vielerlei zu kramen und zu packen, auch meine Schreibmaschine, die ich selbst in der Hand auf die Rückreise mitnehmen wollte. Aß dann noch ein-

```
          Goethe über das Dämonische :
"Am furchtbarsten aber erscheint das Dämonische, wenn es in irgendeinem
Menschen überwiegend hervortritt..... Es sind nicht immer die vorzüglich=
sten Menschen,weder an Geist noch an Talenten, selten durch Herzensgüte
sich empfehlend, aber eine ungeheure Kraft geht von ihnen aus, und sie
üben eine unglaubliche Gewalt über alle Geschöpfe, ja über die Elemente,
und wer kann sagen, wie weit sich eine solche Wirkung erstrecken kann."
```

Über das Dämonische. Zitat aus dem 20. Buch von Goethes Autobiographie „Dich-
tung und Wahrheit". Der von Margarete Boie mit der Schreibmaschine beschrie-
bene Zettel liest sich wie eine Charakteristik Hitlers. Nachlaß von Margarete Boie.
Sammlung Werner H. Preuß

mal wieder Bratkartoffeln. Kurz vor 8 Uhr kam der Hauswart: Der Deutschlandsender bleibt weg. Ich zog mich also
warm an und pilgerte zur U-Bahn. Da waren noch nicht
viel Menschen, die meisten warten eben den Alarm ab. Ich
bekam noch einen Sitzplatz, saß da im eisigen Zugwind
und hörte auf die Gespräche ringsum. Gegen 9 Uhr kam
ein Herr aus unserm Haus: Der Deutschlandsender spielt
wieder, es ist nur eine technische Störung gewesen.

Nun, ich bin froh, daß mir diese letzte Nervenprobe, ein
Terrorangriff, erspart blieb, aber ich bin mir auch ganz klar,
daß hierüber niemand mitreden kann, der es nicht einmal
selbst erlebt hat. Elisabeths Frl. Helene (ihre Aufwartung)
sagte: Man wird ein ganz anderer Mensch dadurch.

Am folgenden Morgen um 8 fuhr ich vom Stettiner
Bahnhof ab, sah dabei erst recht die Zerstörung der ganzen
Gegend und dann die Zerstörungen der Bahnhofsgegend
von Stettin, namentlich des Hauptbahnhofs, von dem nur
erst die Gleise wieder instand gesetzt waren.

Als zünftige Schriftstellerin kann ich nicht umhin, noch
eine kleine Schlußpointe anzufügen. Als ich mit der Elektrischen vom Danziger Hauptbahnhof nach Oliva heraus-
fuhr, saßen in dem fast leeren Wagen ein Soldat und ein
junges Mädchen. Der Soldat war anscheinend nicht von
hier, denn als die Schaffnerin „Friedensschluß" ausrief,

sprang er auf und schrie: Was?? so laut, daß alle sich nach ihm umsahen. Das junge Mädchen zog ihn auf den Sitz zurück und sagte: Aber wir steigen doch erst an der Endstation aus. „Straßenbahndepot" haben wir schon gehabt, das nächste ist nun „Weißes Lamm" *[ein Herrenhof, damals Wehrmachtsbauschule]*. Aber der Soldat schüttelte ausdrucksvoll den Kopf und schien erst langsam zu begreifen, daß „Friedensschluß" hierzulande eben einfach nur eine Haltestelle von der Elektrischen ist. *[Sie befand sich damals Adolf-Hitler-Straße Ecke Frieden-Straße, wo vormals in Pelonken zwischen Langfuhr und Oliva die Pommersche in die Danziger Chaussee überging. Der Name erinnert an den Frieden von Oliva 1660.]*

Fünf Schreibmaschinenseiten aus dem Nachlaß im Sylter Archiv. Erstveröffentlichung: Manfred Wedemeyer: Margarete Boie. Die Dichterin der Insel Sylt. München, Wien 1997; S. 201–209

Grabplatte für Margarete Boie auf der Familiengrabstätte Boie und Wachsmuth, Zentralfriedhof in Lüneburg

Geertje Suhr (1943)*

Geertje Suhr

Bleistiftzeichnung von Rudolf Führmann, 1975. Sammlung Geertje Potash-Suhr. Graphische Bearbeitung: Werner H. Preuß

Einleitung

Lebensweg

Geertje Potash-Suhr wurde am 8. Februar 1943 als jüngstes von drei Kindern in Prag geboren. Sowohl ihr Vater Friedrich Suhr (1907–1946) als auch ihre Mutter Grete Suhr, geb. Schreyer (1914–2000), stammten aus Lüneburg. Seit 1907 gehören der Familie Suhr die Häuser Grapengießerstraße Nr. 2 und 3.

Tschechien war zur Zeit ihrer Geburt als sogenanntes „Protektorat Böhmen und Mähren" vom nationalsozialistischen Deutschland besetzt und annektiert. Vor der zu erwartenden Vertreibung zog die Mutter mit den Kindern 1945 zur ihren Eltern nach Lüneburg.

Den leiblichen Vater lernte Geertje Suhr nie kennen. Er schied 1946 fern von der Familie aus dem Leben. Da die

Die Stammhäuser der Familie Suhr in der Grapengießerstraße Nr. 3 (rechts mit Treppengiebel) und 4 (nebenan links), 1952. Im Vordergrund links vor dem Gebäude der Industrie- und Handelskammer: das tiefe Löschwasserbassin aus dem Jahr 1943. Foto: Hildegard Herrmann, geb. Lüderitz. Stadtarchiv Lüneburg, BS, Neg-5077

älteren Familienmitglieder schwiegen, erfuhr die Dichterin erst im Alter von 57 Jahren Näheres über ihn.

Schon 1947 vermählte sich ihre Mutter erneut. Ihr zweiter Mann, Regierungsrat Wulff Schmidt (1908–1970), vertrat für Geertje Suhr die Vater-Stelle. Bald darauf zogen die Eltern nach Hannover und nahmen sie als einziges der Kinder mit. Im Alter von fünf Jahren aus dem vertrauten Lüneburger Umfeld gerissen und von allen geliebten Menschen – Cousine, Großmutter und Tante – getrennt zu werden, um – selbst ungeliebt – allein mit Mutter und Stiefvater im fremden Hannover zu leben, hat ihr Trennungsängste beschert, die für ihr Leben prägend wurden. 1955 siedelte die wieder vereinte Familie nach Oldenburg in Oldenburg über. Das Jahr 1959/1960 verlebte Geertje Suhr als Austauschschülerin des American Field Service in Kalifornien. Diese für die persönliche Reifung bedeutsame Zeit schildert sie im ersten Teil ihrer Romantrilogie „Mephisto ist nicht tot" (2000).

1963 besteht Geertje Suhr das Abitur in Oldenburg. Anschließend studiert sie von 1963 bis 1965 in Tübingen und Freiburg Germanistik, Romanistik, Psychologie. Dann wechselt sie – der Liebe zu einem Berner Studenten und zur französischen Sprache wegen – den Studienort. Sie geht in die Schweiz und setzt ihr Studium von 1966 bis 1971 an der Université de Lausanne mit der Fächerkombination Germanistik, Romanistik und Geschichte fort. 1968 verlobt sie sich mit ihrer „großen Liebe", dem Schweizer Germanisten Rätus Luck (1937–2012). Diese Lebensphase verarbeitet sie im zweiten Teil ihrer Romantrilogie „Von einer, die auszog, das Lieben zu lernen" (2011). Das Buch thematisiert die Unsicherheit der Jugend in den 1960er Jahren, die noch glaubte, Leidenschaften würden ewig halten und ein Verlobungsring Sicherheit geben – wie auch die Ehe.

Das Jahr 1970 bringt für Geertje Suhr einschneidende Ereignisse: Der Stiefvater stirbt, die Mutter zieht zurück nach Lüneburg, und in der Schweiz scheitert die Verlobung. 1971 schließt Geertje Suhr ihr Studium in Lausanne mit der Licence des Lettres und einer Diplomarbeit über ‚Die Frau als Opfer der Gesellschaft im Gesellschaftsroman Theodor Fontanes' ab. Im gleichen Jahr heiratet sie den Mediziner Edward John Potash, M.D., aus Chicago, Illinois, der ebenfalls in Lausanne studiert hat, und folgt ihm in seine Heimatstadt.

Von 1972 bis 1974 setzt Geertje Potash-Suhr ihr Germanistikstudium an der University of Illinois at Chicago fort und erwirbt den Grad Master of Arts. Anschließend wird sie Doktorandin bei Lee B. Jennings an der University of Illinois, Urbana-Champaign, Chicago, Illinois. 1980 promoviert sie mit der Dissertation zum Thema: „Die Wandlungen des Frauenbildes in der Lyrik Heinrich Heines". Seitdem lebt sie als freie Schriftstellerin in Chicago.

Seit ihrer Schulzeit litt Geertje Suhr unter der deutschen Gesamtschuld am Holocaust. Nachdem sie erfahren mußte, daß ihr leiblicher Vater daran in exponierter Position mitgewirkt hatte, verstärkte sich dieses Leiden exponentiell. Es bildet den Angelpunkt des dritten Teils ihrer Romantrilogie „Baby im Dritten Reich" (2016). Der Band ist von expressiver Authentizität. In ungeschminkter Sprache erzählt Geertje Potash-Suhr darin von ihrer Emanzipation aus vorgezeichneten Lebensbahnen und geht dabei mit Verwandten, Freunden und Bekannten, nicht zuletzt mit sich selbst ironisch-sarkastisch ins Gericht. „Aber es ist sehr schwer, über Zeitgenossen zu schreiben, weil sie oder ihre Anverwandten unglaublich wütend werden können! Also bin ich beim Schreiben immer ganz verängstigt ... Und veröffentlichen kann man nur über tote Zeitgenossen, wie ich inzwischen gemerkt habe." Im Gespräch gesteht sie: „Bin ein seelischer Bluter, bei jeder Verletzung brechen alle Wunden auf."

Viele Jahre lang reiste Geertje Potash-Suhr im Frühling für zwei und im Herbst für eineinhalb Monate nach Deutschland. Bis zum Tode ihrer Mutter im Jahr 2000 besuchte sie dabei häufig auch Lüneburg. Besonders glücklich sind ihr die Aufenthalte 1974 und 1975 in Erinnerung, bei denen sie dem Maler Rudolf Führmann, dem letzten Lebensgefährten ihrer Mutter, begegnete.[1] Seit 1991 hat sie in Lüneburg wiederholt auch öffentlich aus eigenen Werken gelesen, zuletzt am 17. Mai 2017 im Kulturforum Gut Wienebüttel.

Im Gespräch charakterisiert Geertje Potash-Suhr 2016 ihr Leben selbstbewußt als kosmopolitisch und unkonventionell: „mit 16–17 schon ein Jahr als Austauschschülerin in Amerika, dann Studium, was für die Mädchen von damals noch neu war, die Pille hatten wir lange nicht, also mußte man sich sehr vorsehen, wenn man studieren und nicht Mutter werden wollte. Fünf Jahre französische Schweiz, auch nicht konventionell und sehr schwer, da ich die Sprache perfekt erlernen mußte, und das war mit 23 Jahren schon nicht mehr leicht, im Gegenteil. Nun war ich in Prag geboren, mit holländischem Vornamen und dreisprachig, recht kosmopolitisch. Danach 45 Jahre Chicago, endlos langes Studium, auf Kinder verzichtet, auf Einkommen durch Normalberuf (Uniprofessorin) verzichtet, um Dichterin und Schriftstellerin zu werden. Durch die ganze Welt gereist, um Lesungen zu geben und Vorträge zu halten. Jetzt kommt das elfte Buch heraus. Wo sind da die engen Bahnen, wo die Konventionalität? Allein schon Dichterin deutscher Sprache zu sein und seit fünfzig Jahren nicht in Deutschland zu leben, ist ziemlich ungewöhnlich!"

Künstlerin, Psychologin und Feministin

Dem Werk von Geertje Potash-Suhr hat sich 1995 die amerikanische Germanistin Sigrid Kellenter in einem Vortrag gewidmet, in welchen sie auch Gespräche mit der Autorin einbeziehen konnte. Sigrid Kellenter schreibt:

„Obwohl Geertje Potash-Suhr, wie sie sagt, schon als junges Mädchen begonnen hatte, Gedichte zu schreiben, widmete sie sich erst nach der Beendigung ihrer Doktorarbeit ausschließlich der Dichtkunst. Künstlerisch vielseitig begabt und interessiert, hatte sie sich vorher nie ganz entscheiden können, ob sie sich dem Tanz, der Malerei oder der Schauspielkunst zuwenden sollte. Der Entschluß, der Dichtkunst den Vorzug zu geben, erwuchs aus ihrer in ihrem Literaturstudium voll zur Entfaltung gebrachten Leidenschaft für die Literatur, aus ihrer Leidenschaft für die Psyche und Sprechweise der Menschen und aus ihrer Liebe zum sprachlich interessanten Gebilde. Heines Witz, Ironie und Melancholie und Thomas Manns ironisierende, psychologisierende Darstellungskunst, dazu Goethes, Mörikes, Rilkes, Benns und Sarah Kirschs Gedanken- und Sprachwelt waren, und sind ihre bevorzugten Vorbilder und haben Spuren ihrem Werk hinterlassen. Ihre Gedichte besonders sind mit Zitaten, mit literarischen Anspielungen auf Inhalte und Rhythmen dieser Dichter und mit parodistischen Elementen äußerst kunstvoll, einfallsreich und neuartig durchsetzt. Daß man Heines Ton oft nur erahnt, übt gerade einen großen Reiz aus. [...]

Geertje Potash-Suhrs Werk ist, wenn auch literarisch verfremdet, Bekenntnisdichtung. Es geht ihr um die Aneignung und Gestaltung der ihr vertrauten Welt, und dabei ganz besonders um die Gestaltung des Psychologischen, da sie ihrer Meinung nach sehr viel ‚mehr ein Menschenbeobachter als ein Dingbetrachter' ist, was ihr Werk beweist. Sie gibt zu, daß die gestalteten, faszinierenden menschlichen Züge eigene sein könnten, aber nicht sein müßten. Es sei allerdings ungefährlicher, sich selbst zu ‚verwerten', als über einen anderen Menschen zu schreiben, da dieser mit Freundschafts- und Liebesverlust strafen könnte. [...]

‚Miteinander denken um der Liebe willen. Liebe, Sehnsucht als Mittel der Erkenntnis brauchen; denkend, fühlend nicht von sich selber absehen müssen.' – Wie recht hat Christa Wolf mit dieser Feststellung und wie bedeutend und zentral ist die Liebe oder die Suche nach Liebe

im gesamten Werk Geertje Potash-Suhrs. Liebe ist ja das
Signum einer erfüllten Existenz, des Zu-sich-selbst-Kommens des Menschen, Gegenteil von Entfremdung. Gorda
[Gorda Selig, Hauptfigur in der Romantrilogie] z.B. erfährt den Prozeß einer Bewußtwerdung durch ihre erfolgreichen wie
gefehlten ‚Liebesbeziehungen' zu Eltern, Freundinnen
und Freunden in all ihren Facetten, durch ihre Bereitschaft
zu lebensgefährlichen wie lebensnotwendigen Risiken des
Sich-Einlassens, ohne das es keine zwischenmenschlichen
Beziehungen gibt. Gordas Liebe, Liebe auch zu Landschaft, Malerei, Tanz, Literatur, ist Leitmotiv des Romans
[„Mephisto ist nicht tot"] und legt die in Gorda ruhenden Kräfte und Talente frei.

   Wenn die von Christa Wolf geforderten Charakteristiken
*[der „subjektiven Authentizität", welche äußere Ereignisse nicht von ihrer
seelischen Verarbeitung trennt,]* die der schreibenden Frau sind,
dann bekennt sich Geertje Potash-Suhr ganz zu dieser
‚Welt der Frau', der sie sich selbst bis hin zum ‚Klamottenwahn' und sonstigen Albernheiten des jungen Mädchens
verbunden fühlt. Der Kritik, daß vieles in ihrem Roman
literaturunwürdig sei und Thomas Mann nie über so etwas geschrieben hätte, entgegnet sie, *daß* vor ihm die Leidenschaft eines alternden Mannes zu einem vorpubertären Knaben sicher ebenso literaturunwürdig gewesen sei.
Goethe habe zwar geschrieben, daß ihm nichts Menschliches fremd sei, aber viel Weibliches sei den Männern
tatsächlich fremd. Frauen seien immer von Männern und
ihren Wünschen und Ängsten gemäß portraitiert worden,
sie als Frau aber schreibe über das Denken und Fühlen des
weiblichen Kindes, des Mädchens, der Frau. Sie fährt fort:
   ‚Ich fühle mich den modernen Schriftstellerinnen sehr
verbunden. Es ist mir aufgefallen, daß mir *Männerliteratur*
immer weniger behagt, ich greife mit Vorliebe zu weiblichen Autoren: Christa Wolf, Brigitte Reimann, Birgitta
Arends, Irmtraud Morgner ... Auch die moderne Lyrik von
Frauen gefällt mir meistens besser als die von Männern:
den Männern ist das Gefühl zum großen Teil abhanden

gekommen, sie leben vereist in einer technischen Eiszeit.
Sie sind mir oft allzu intellektuell. Mein Schreiben ist Frau-
enliteratur und Menschenliteratur ...'

Geertje Potash-Suhr, gegen die männliche Dominanz auf
allen Gebieten rebellierend, will sich aber nur an dritter
Stelle Feministin nennen, nach Künstlerin und Psycholo-
gin. In der Debatte darüber, ob es eine ‚weibliche Ästhetik'
gäbe, verneint sie entschieden die Existenz von entweder
weiblichen oder männlichen Kunstformen. Sie glaubt:
‚Es gibt keine *weibliche Ästhetik*, es gibt nur Menschen,
die mehr ihre Gefühle zeigen können als andere – und im
zwanzigsten Jahrhundert sind das gewiß die Frauen. Die
Männer fürchten sich vor Sentimentalität und bezahlen
mit Gefühlsstarre. Ich mache die vorwiegend männliche
Trennung zwischen Intelligenz und Gefühl (und Ethik) für
den Zustand der heutigen Welt verantwortlich: für Kriege
und Terrorismus und nukleare Waffen, für Atommüll, für
die Unterdrückung bestimmter Menschengruppen, für die
Ausrottung der Tierarten, die Plünderung des Planeten,
den Mord an Pflanzen und Bäumen, für jede Brutalität gegenüber Mensch und Natur. Das Endergebnis ist der ato-
mar verseuchte tote Stern Erde. Um ihrem mörderischen
Drang entgegenarbeiten zu können, müssen die Menschen
diesen Drang erkennen und in Schach halten und ihn mit
Liebe und Fürsorge und Mitleid bekämpfen und ersetzen,
wenn das möglich ist ...'
Was stilistische Merkmale ihres Werkes betrifft, hat
Geertje Potash-Suhr ganz unmißverständlich ihren persönlichen Stil, der vom Mündlichen, von der Rede (innerer wie äußerer) her organisiert ist. Was wir hören, ist
kein konventionelles, genormtes Erzählen. Sie verläßt sich
auf Ihre Sinne und Ihre Sinnlichkeit, findet Ihren Stoff im
Alltag, entdeckt bekannte Wirklichkeiten neu, mischt Re-
alität, Phantasie, Utopie, macht die Spannung zwischen
objektiven Tatsachen und subjektiver Wahrheit fruchtbar,
teilt sich einfühlend-subjektiv mit, verfremdet gleichzeitig
ironisch, schafft durch ihren Wechsel von *ich* zu *du* zu *sie*

verschiedene Perspektiven, schafft durch ihre Sprache und ihre ungewöhnlichen Gedanken- und Bildkombinationen neue Bezugssysteme.

Bestechend ist speziell bei den Gedichten die äußerst konzentrierte und verfremdete Sprache, das Spiel mit fast unerkannt bleibenden, wie zufällig entstandenen, Binnenreimen, mit Wiederholungen und ins Blut gehenden Rhythmen, ein Spiel also mit allen Mitteln der Sprachmagie.

‚Ich benutze den Reim unregelmäßig (mal ja, mal nein), das Metrum auf höchst persönliche Art‘, schreibt Geertje Potash-Suhr über ihre eigene Lyrik, ‚– und ich lasse die Interpunktion fallen, weil mir jede allzu starke Anlehnung an ‚klassische Lyrik‘ mißfällt. Wir leben in einer zerstückelten Welt, ohne viel Glauben, ohne viel Hoffnung, wir denken verzweifelt an die Möglichkeit eines nuklearen Krieges: für eine solche Zeit paßt keine ausgewogene, glatte Form. Ich spiele mit den Rhythmen: mal fließend, mal zerbrochen, um meine nicht zu mordende Sehnsucht nach dem ‚Idyll‘ und mein Wissen um die Bedrohung allen Lebens auszudrücken.‘"[2]

Peter Rühmkorf (1929–2008), dem die Gedichte von Geertje Potash-Suhr „wirklich und wahrhaftig gut" gefielen, charakterisierte sie 1988 in einem Brief an die Autorin: „es ist so ein ganz besonderer Hauch, ein persönlicher Zug darin, der nur sehr schwer zu bezeichnen ist, und daß einem die schnellen Analogien fehlen, scheint mir beinah das beste Zeichen. Was jeder Künstler, jede *[Künstler]*-in sich am heftigsten erwünscht, am herzlichsten herbeisehnt, einen eigenen Sound, Sie haben ihn gefunden. Was man mit künstlerischen Aufwänden allein nie zuwege bringt, eine vielfach gebrochene Stimme in die Fläche zu treiben, Sie haben es erreicht. Dabei scheint mir was Sie schreiben so intellektuell wie beinah-noch-unbeleckt, also unschuldig, also einfältig, also poetische Urwahrnehmung, ein ganz sonderbares Gemisch. […]

Was mich an den Gedichten entzückt, ist gewissermaßen die Naturwüchsigkeit der Paradoxa und dialektischen
Wendungen. Sie gehen aus von Mutterns Küche (mit Apfelkuchen, Vanillesauce und Puddings – Puddingen würde ich allerdings lieber sagen, lieber hören) und auf einmal
fährt da so ein angeschrägter Erkenntnisblitz hinein: ‚Ich
spiele vierzehn / und du spielst dich.' – Beziehungswei-
se welches anheimelnd-abstoßende Zwielicht da zunächst
um Ihr ‚Rathausmuseum herum', und dann plötzlich diese
perfid perspektivische Engführung ‚die feine Überleberin
des zweiten Weltkriegs' bis hin zu ‚all den schönen Kno-
chenbrechern um mich her'. Trockenen Humor sagt man
ja gelegentlich manchem nach, – er scheint auch norddeutschen Wesens zu sein, – aber bei Ihnen taucht er gar nicht
als Beigabe und auch nicht als Zufallsschlenker auf – vielmehr der Schlenker hat Methode, der Sarkasmus Prinzip,
und wo findet man das heute schon in der ganzen postmo-
dernen Larmoyanz.

Ein letztes Wort zum Reim. […] Wie er sich bei Ihnen
aber so zwanglos einstellt (fast, daß man über ihn hinweg-
liest) und als latenter Binnenreim die Hexenszene regiert,
das finde ich schon ziemlich gelungen, oft bewundernswert, manchmal genial. A propos Hexen und Unholdin-
nen und sonstige über-, unter- und außerirdische Wesen.
Es hat mich hierzuland und heutzutage oft genug geär-
gert, wenn man jeder drucksenden Unke sofort die große Wahrsagerin nachsagte und jedem blöden Dreierleidei
die betörende Zaubermusik – bei Ihnen sehe und höre ich
eher einen swinging witchbroom, also wirklich moderne
Hexenmusik. Nunja, Sie kommen von Heine her, und daß
man ihn als tonangebenden Urian nur gerade eben erahnt,
ist vielleicht des schönste Richtungszeichen."[3]

Werke

Gesang im Flugzeug [Gedichte]. Berlin: Klaus-Guhl-Verlag, 1990; *Versuch sich in ihn hineinzudenken [Kurzgeschichten und Gedichte].* Berlin: Klaus-Guhl-Verlag, 1994; *Standbild große Liebe [Gedichte].* Düsseldorf: Grupello-Verlag, 1996; *Venus und Loreley. Die Wandlungen des Frauenbildes in der Lyrik Heinrich Heines.* Düsseldorf: Grupello-Verlag, 1998; *Mephisto ist nicht tot [Roman].* Düsseldorf: Grupello-Verlag, 2000; *Kindkater [Kurzgeschichten].* Düsseldorf: Grupello-Verlag, 2003; *Die falschen Rosen [Gedichte].* Düsseldorf: Grupello-Verlag, 2006; *Love as a saving grace. Rettungsmittel Liebe [Gedichte. Deutsch-englische Versionen. Übersetzung ins amerikanische Englisch von Jolyon T. Hughes. Mitarbeit von Frauke Lenckos und Brunhilde Johnson].* Düsseldorf: Grupello-Verlag, 2010; *Von einer die auszog, das Lieben zu lernen [Roman].* Düsseldorf: Grupello-Verlag, 2011; *Begegnungen mit berühmten Zeitgenossen.* Peter Rühmkorf, Robert Gernhardt, Walter Kempowski, Walter Höllerer, Max Frisch u.a. Düsseldorf: Grupello-Verlag, 2014; *Baby im Dritten Reich.* Dichtung, Lügen und Wahrheit *[Roman].* Düsseldorf: Grupello-Verlag, 2016.

Veröffentlichungen in Sammelbänden

Gebet, Traurige Tage, Emanzipation, An die Freundin [Vier Gedichte]. In: Wenn das Eis geht. Temperamente und Positionen. Ein Lesebuch zeitgenössischer Lyrik, hrsg. von Helmuth Lamprecht. In: Neue Reihe Atelier 12. Fischerhude: Verlag Atelier im Bauernhaus, 1983, S. 70–72; *Spaziergänge [Gedicht].* In: Wir selbst sind der Preis, hrsg. von Kristiane Allert-Wybranietz, München: Heyne 1989, S. 77; *An die Musik [Gedicht],* in Musik gesetzt von Glen Sorgatz, aufgeführt am 3. November 1990 in Oak Park, Illinois, vom Harlem Männerchor als Hymne zur Feier seines 100jährigen Bestehens, publiziert im Konzert-Programm, ohne Seitenzahl; *Freundinnen [Kurzgeschichte].* In: Auf dem Sprung. Geschichten vom Erobern, hrsg. von Gisela Krahl. Reinbeck: Rowohlt Verlag, 1993, S. 51–69; *Portrait der Lyrikerin im Delirium [Kurzgeschichte].* In: Stimmen von Morgen. Die besten Kurzgeschichten aus dem Bettina-von-Arnim Preis der Zeitschrift Brigitte, hrsg. von Ulrike Bauer. München: Piper Verlag, 1994, S. 46–51; *Einzug der Frau Venus [Gedicht].* In: Das Buch zum Poetry Café, hrsg. von John Linthicum. Düsseldorf: Grupello-Verlag, 1995, S. 105; *Nach der Vorführung darf der Künstler gesteinigt werden [Kurzgeschichte].* In: Festessen mit Sartre und andere Sonntagsgeschichten, hrsg. v. Karl-Heinz Jakobs und J. Monika Walther. Dülmen-Hiddingsel: tende, 1996, S. 195–202; *Rahel [Gedicht].* In: Makkaroni und Geistesspeise. Almanach der Varnhagen Gesellschaft, hrsg. von Nikolaus Gatter. Berlin, 2002, S. 11; *Mein blutendes Herz [Kurzgeschichte], Mahnung [Gedicht].* In: 15 Jahre Grupello-Verlag. Eine Festschrift, hrsg. von Melanie Florin und Sascha Kirchner. Düsseldorf: Grupello-Verlag, 2005, S. 101–104; *Studium [Auszug aus einem Roman].* In: Nachgetragenes. 75 Jahre PEN-Zentrum deutschsprachiger Autoren im Ausland, hrsg. von Gabrielle Alioth und Hans-Christian Oeser. Heidelberg: Synchron, Wissenschaftsverlag der Autoren, 2009, S. 121–124; *Erinnerungen an einen wunderbaren Menschen [Text über den Kunstmaler Rudolf Führmann].* In: Trotz bildet Freiheit. Jean Leppien und Rudolf Führmann – Zwei Künstler im französischen Exil und in Lüneburg, hrsg. von Werner H. Preuß. Husum: Verlag der Kunst, 2010, S. 76–79.

Zeitungs- und Zeitschriftenbeiträge

Geertje Potash-Suhr publiziert seit 1980 kontinuierlich Lyrik und Prosa in Zeitschriften, unter anderem in: PROJEKT-IL. Salzburger Literaturzeitschrift; Spektrum. Internationale Vierteljahresschrift für Dichtung und Originalgrafik; Litfass. Zeitschrift für Literatur; Neue deutsche Hefte; Der Monat. The Germanic-American Monthly; das boot. Blätter für Lyrik der Gegenwart; die horen. Zeitschrift für Literatur und Kritik; German Studies Review; Trans-Lit; Amerikawoche; Poesie Agenda, orte-Verlag, Schweiz; Trans-Lit2, hrsg. von Irmgard Hunt und Jolyon

T. Hughes; PEN info, P.E.N. Zentrum deutschsprachiger Autoren im Ausland; Neues Deutschland; DIE ZEIT.

Über Geertje Potash-Suhr

Sigrid Kellenter: *Geertje Suhrs Märchengedichte: Grimms Heldin mündig?* In: German Studies Review, 18, No. 3 (1995), S. 393–418

Auszeichnungen

Member of Delta Phi Alpha *[Deutsche Ehrenverbindung]*; Elisabeth Fraser de Bussy Prosapreis 2000 der Society for Contemporary American Literature in German; Robert L. Kahn Lyrikpreis 2013 der Society for Contemporary American Literature in German; Member of PEN Centre of German-Speaking Writers Abroad.

Anmerkungen und Nachweise

1 Vgl. GeertjePotash-Suhr: „Erinnerungen an einen wunderbaren Menschen". In: Trotz bildet Freiheit. Jean Leppien und Rudolf Führmann – Zwei Künstler im französischen Exil und in Lüneburg, hrsg. von Werner H. Preuß. Husum: Verlag der Kunst, 2010, S. 76–79.

2 Sigrid Kellenter: „*Luftsprünge summend und über Gedankenseen reitend ...*" – Leben und Werk der Dichterin Geertje Potash-Suhr. Vortrag der Professorin für Germanistik des Union College, Schenectady, New York, gehalten 1995 in Boston. Unveröffentlicht

3 Zitiert in: Geertje Potash-Suhr: Begegnungen mit berühmten Zeitgenossen. Peter Rühmkorf, Robert Gernhardt, Walter Kempowski, Walter Höllerer, Max Frisch u.a. Düsseldorf: Grupello-Verlag, 2014, S. 54–56

Werke

Drin Marie

Tage gibts da trotz ich graue
Burg voll Wehr und scharfer Härte
Heftig wache ich auf meinem
Turm daß niemand nahe mir so
Zornig ist mein Achgeschrei bei
Jedem Kahn fängt das Gebälk zu
Zittern an

Tage gibts da steh ich zarte
Hütte grün die Läden freundlich
Schaut die Frau mit rotem Mund das
Lächeln weit im Land kein schöner
Herz als dies geschaut der Rahmen
Mattes Gold sie winkt draus jedem
Prächtig hold

Tage gibts da bin ich morgens
Pechmarie und abends Liebkind
Wintersturm der würzge Westwind
Einen Tag gibts morgens kommt er
Rot und abends liegt es still: Burg
Goldmarie Sturm Südwind Hütte
Drin Marie und tot

Standbild Große Liebe. Düsseldorf 1996, S. 29

Im Rathausmuseum gedacht

die Stadt ist tausend Jahre alt
aber seit einiger Zeit kräftige
Renovierungsarbeiten das schwarzglänzende
Holz außen frisch geschminkt und
innen ehemaliger Wurmstich
hier und da Kaufhöfe des zwanzigsten
Jahrhunderts stören das Murmeln des
Mittelalters auch fehlen die Pranger
am Markt Marterinstrumente warten
im Rathaus verschlossen auf günstigere
Zeiten und all die Ehebrecherinnen
und Säufer gehen bis dahin ungehemmt
durch die winkligen Gäßchen
welch Fortschritt im Rückschritt denke
ich diese feine Überleberin des
zweiten Weltkriegs bewundernd wie
schmuck hat sie sich gemacht für den
dritten o Wendepunkt unserer Zivilisation
wenn alles wieder von vorne anfängt
mit Pfeil und Bogen Axt und Schwert
Kanonen Schießgewehr und all die
schönen Knochenbrecher um mich her

Gesang im Flugzeug. Berlin 1990, S. 31

Dissonanzen

hinter meiner Mutter Haus
Wald- und Wiesen-Paradiesesrausch

alles Grün von der üppigsten
norddeutschen Sorte

rot winkt der gebeugte
Kirchturm aus uralten Zeiten

wie ewig daher
hinter meiner Mutter Haus
Wald- und Wiesen-Paradiesesrausch

und die silberne Flußschlange
beißt unaufhörlich murmelnd
ins Gras

nur die ölig starrenden Teiche
was stinkt hier so gräßlich modern
nach Leiche
hinter meiner Mutter Haus

aber solche Duftwege sorgfältig
meidend scheint der Herzmuskel der Welt
auf Stunden repariert und das
gefährlich gepreßte Blut jagt
wieder jauchzend durch Tausend Blätter

alles Grün von der üppigsten
norddeutschen Sorte

hinter meiner Mutter Haus
geht die Waldluft ein
doch geht sie aus
was dann
was dann

Gesang im Flugzeug, a.a.O., S. 32

Reise

wieder eine Reise
jagte ich durch
Europa mit Blick
aus dem Fenster

Buch in der Hand
Herz in der Landschaft
das hätte ich
lieber zu Hause
gelassen
Stationen bei den
Freundinnen
das letzte Jahr in
drei Tage gepreßt
gibt einen
Sirup der verbittert
auf den Lippen
das Momentane
an Glück

aber zurück zur Natur
Herr wie das waldet
vor deiner Tür solltest
mal unsre Ruinen
sehn weit und breit
kein Gras nur überall
Menschen wie zertrümmert
die Waffen in der Hand
zur Notwehr sagen sie

wagst du so allein
ins Grüne zu gehen
hast du nicht Angst
vor Bäumen mit Menschen
dahinter man kann
doch nicht wissen im
Dunkeln nach Hause
nie ohne Begleitung

fühle mich fremd
in so viel Sicherheit
eigentlich verstehen
wir uns kaum noch

winke good-bye
den Paradiesen

der Kindheit
erzwinge eine Minute
Naturbetrachtung
ohne an den Tod zu
denken dann schleunigst
der Flug nach Chicago

Standbild Große Liebe, a.a.O., S. 16f.

Teufelsaustreibung

Jeder hat seine Art, den Teufel an die Wand zu malen, um
ihn besser morden zu können.

Der Teufel kommt in der schönsten Gestalt und nennt
sich: diesmal wird's. Es fehlt ihm nichts, um dein Herz
groß und wohnbereit zu gestalten. Du baust ihm ein flau-
miges Nest, ein herrlich bestücktes Königszimmer: und
du sagst, komm, mein Schicksal, ziehe in mich ein, es ist
alles bereitet für einen vorzüglichen Anfang. Da kommt
er dann von der Hölle herab, um deinem Königszimmer
die Ehre seines Besuches zu erweisen. Und während die
anderen die Erdbeschaffenheit durchmustern, Dschungel
abschaffen, Brücken werfen, Räder schlagen, Kabel schlän-
geln, hältst du deinem schönen Teufel die Tür offen bei
Tage und bei Nacht. Denn es fehlt ihm nichts, um dich
wohnbereit zu gestalten, du, die du nie genug Ecken besitzen konntest, ein spitziges Erkerkinn und traurig graue
Vorhänge über die nicht vorhandene Pracht. Aber er, der
herrlichste aller Teufel, bringt Licht in deine verdunkelten
Kammern, und du hängst ihm sogleich lustvolle Gemälde
an die Wände: einen Zeus als Goldregen, der eine wohl-
bereitete Danae segnet, oder war es die sehnsüchtige Io,
ach nein, die raubte er hilfreich oder lag ihr als Schwan im
unbefleckten Schoß, und dann die mächtig gestaltete Eu-

ropa mit dem zierlichen Stier und Dahlien und Astern auf
seinem Haupt, und alles summt und singt das Lied vom
schönsten der Teufel in Göttergestalt.

Wahrlich es fehlt ihm nichts, auf daß du das Klappbett
rauswirfst, und du bereitest ihm die Stätte seiner Einkehr
mit Damast und Baldachin, und kleine Engelchen schauen
neckend vom Stuck herab mitten in die aufgestellten Wunder: oh wie wohl wie weh wird mir, wenn ich an mein Königszimmer denke, das so lange nicht mehr die Ehre seines
Besuches erlebte. Wie stehe ich verstaubt und zerbrochen,
der Goldlack ab, die Bilder schief, und mein Mut auf wack-
ligen Beinen.

Wohin mit dem Plunder, wenn mein Teufel ein frisches
Gemach bezieht. Und du weißt nicht, wie die Erdbeschaffenheit durchmustern, die Leoparden häuten, die Flußrän-
der richten – nur immer dieser Drang, Nest, Höhle, Schoß
und Schloß zu sein.

So ging ich, meinen Teufel an die Wand zu malen, um
ihn besser morden zu können.

Am besten macht man das nachts, weil man ihn mit ge-
schlossenen Augen am ehesten trifft. Man träumt ihn weg,
jahrelang träumt man ihn hinaus aus dem Königszimmer,
und während man mittags schon tippt und putzt und lehrt
wie alle anderen grundnormalen Geschöpfe, ist man die
Nachthexe, die den Gegenzauber schwingt, Jahr um Jahr;
so können an die fünfzehn ins Land ziehen, wenn der Teufel der rechte war, der erste, der ewige, der unwiederhol-
bare ...

Zuerst mußt du ihn zurückhexen, um ihn gültig aus-
treiben zu können. Du träumst ihn herbei, der in fremden
Räumen weilt, fremde lustvolle Gemälde betrachtet, seine
Teufelsbrut streichelt.

Oder du träumst dich an ihn ran, in die Stadt, wo er dir
zum ersten Mal erschien in der Gestalt des: diesmal wird's.
Es ist eine unbekannte Stadt, eine nie gesehene, aber voll-
ends vorgefühlte, eben immer seine, und du irrst durch
das déjà senti und suchst ihn, dein ganzes Hü und Hott,
ohne das du nicht mehr träumen magst, oder du eilst in

eine Art Klause und drückst auf Telefontasten, aber seine Nummer ist fortgezogen oder deine Finger sind abgefallen. Du drückst auf tastenlose Scheiben, und du schreist in den Äther: hallo ich bin's, die du so viele Jahre als Immergeliebte hieltest, ich suche dein verbrühendes Feuer – und das kann ein bis zwei Jahre so gehen: tagsüber liebst du einen Hiesigen-Jetzigen, kochst für ihn und schreibst tröstliche Aphorismen ab, und nachts legst du dich wie immer ins unbewältigte Bett und fährst mit der Hast fort, die den Einzigen beschwört, das ihm Bereitete wieder in Besitz zu nehmen. Aber ohne dein wildes Zutun geschieht nichts, also setzt du dich auf Züge und fährst los, und immer bist du unterwegs und nie da, aber jetzt klappt es am Telefon trotz der abgefallenen

Geertje Suhr und Rätus Luck, wohl 1965. Privat

Finger, ja, lacht er, komm doch in mein Büro, aber dann entgleiten die Räder und die Richtung ist verkehrt, und das geht ein paar Monate oder Jahre so, und inzwischen reißt du dir die ersten grauen Haare aus den Wimpern, und der Hiesige-Jetzige sagt, du bist auch nicht mehr die Jüngste. So weißt du, es ist Eile geboten, sonst erreichst du ihn auf der falschen Seite des Jungbrunnens. Also träumst du länger, du schläfst schon elf Stunden in einem Stück weg, das macht nächtlich zwei Träume oder mehr, und nun bist du bei seinem Haus oder Schloß und umstreichst es wie eine verlorene Katze, die niemand sucht, du schaust hinauf in das Zimmer, das lustvolle Gemach, wo er seine Hiesige-Jetzige feiert, und immer stehst du da und wirst Auge und Nerv, Nacht für Nacht, um keinem Schmerz in keiner Hinsicht auszuweichen – und das kann so ein halbes Jahr oder länger verschlingen. Du verlierst alle Kräfte für den Tag und das Tippen und das Festefeiern, du sehnst dich ins Bett, um deine Lebensstrafe abzuträumen, du stehst jetzt an seiner Tür und klingelst schamlos. Er kommt raus und winkt, hier darfst du nicht geistern, husch husch, fort mit dir, so winkt er wenigstens bei dir, wenn er auch wieder entgleitet, da sind die kostbaren Sekunden oder Nächte im Gang um den Block, husch-husch fort mit dir, er ist bei dir und nicht bei ihr, und du sagst ihm – aber da sind wir schon fünfzig Träume weiter – du hast doch immer mich geliebt und wie kannst du diese Person – und er lacht verständnisvoll – aber da bist du schon zwanzig Träume weiter – und er nimmt dich in die Arme irgendwo in seinem Haus, ich glaube, es ist ihr Haus, aber sie ist grade verscheucht – und nun schläfst du schon vierzehn Stunden hindurch, und du sagst zum Tagesmann, ich bin krank, ich muß mich mal untersuchen lassen, ob ich einen Gehirntumor habe oder die Traumsucht, aber du weißt, du willst gar nicht gesunden, und also brichst du die Brücken zur Arbeit und zum Normalsein nach allen Seiten hin geschickt ab mit dem: ich habe eine geheimnisvolle Krankheit, und du stürzt in die Nächte wie in ein frisches Bad, aus dem du erschöpft vor Hitze und üblem Wohlsein steigst, denn jetzt triffst du ihn nächtlich bei seinem Haus, in seiner Wohnung, in seinem Büro, und so treibst du es teuflisch – und da ziehen Sommer und Winter hinein und hinaus – und du sagst zu ihm, es ist Zeit, sich von ihr zu trennen, du siehst doch, daß du mich einzig –, aber er weicht solchen Direktheiten aus, er kränkt sie mit Küssen und laß dich, wir haben doch alles, aber alles ist ihr nicht genug, sie will ihn mit Haut und Teufelshaaren und Bocksbein, das ganze geliebte Unheil soll täglich und nächtlich über sie kommen.

Was heißt hier Erfahrung, das wäre ja noch schöner, aus Schmerzen zu lernen, herbei mit dir, mein süßer Schierlingsbecher – und das kannst du über hundert Träume treiben, so ein Kampf zwischen dir und dem Teufel und dir und der oder wie die andere heißt, du jagst ihn zum Rechtsanwalt, sind die Papiere bestellt und unterschrieben, wo sind die Briefmarken, du hast ja keine Marken draufgeklebt, hier liegt der wichtigste der letzte der Briefe, nun geh doch zu ihr hin und sage ihr, es gibt keine Wiederkehr, oder ich tue es für dich, das träumst du an die zwanzig gräßliche Male, daß du sie wegschreist mit den fackelnden Worten, die ihr fortleuchten: er hat immer nur mich-michmich geliebt, und die kommen wie Schwerter aus deiner Brust, aus ihrer und deiner Brust – und so vergehen deine besten Jahre, die deine schlimmsten sind, weil du so voller Kraft träumen und toben kannst, so jugendlich frisch die Erinnerungen aufreißt.

Geertje und Jack Potash nach der Vermählung 1971. Privat

Bis die Nacht kommt, da hast du es erreicht, jetzt sind schon zwölf Jahre träumend abgetan, und er sagt, sie ist fort mit den Kindern, und du fragst ihn seltsam ernüchtert, wohin ist sie denn, und du erfühlst sie in fremden Gemächern, und du weißt dich verwandt, und behutsam denkst du von nun an an sie und nicht mehr voller tobender Schwerter, mehr wie an eine geliebte verstorbene Kusine, der du posthume Briefe schreibst, du wirst ganz Zartsicht und hörst nicht auf, nach ihr zu fragen, wenn du ihre klaffenden Räume betrittst. Es geht jetzt alles wie am roten Schnürchen, er schickt die bittersten Briefe ab, ohne mit den Lidern zu zucken. Man beredet sich innig und keinerlei drängelnde Lust, und die Nächte werden kürzer und glatter die Seufzer, und der Hiesige-Jetzige freut sich über deine Genesung und sagt, dir tut die Diät gut, der Arzt hatte doch recht, und du klagst, wäre ich man schon früher zu ihm gegangen, Jahre hätte ich gewinnen können, die ich im Bett leidend versenkte. Ich weiß nicht, warum ich Krankheiten so passiv hinnehme, so als Schicksal und Strafe und Sucht und nicht wie eine Stoffwechselstörung. Aber Hauptsache, es geht mir jetzt besser, und das läuft so an die dreißig Träume, ganz friedlich ordnest du sein Chaos, und du triffst sie auch noch einmal in ihrem Haus, wo sie Erinnerungen abholt, du grüßt sie ruhig und triumphlos, wie eine Nike ohne Haupt und Arm, bescheiden nimmst du die Bilder von der Wand, was will sie eigentlich mit diesen Photoschüssen von ihrem alten Gott, und du verbietest dir jeden Gedanken an das Ehemalige und lebst ganz hier und jetzt, tagsüber und auch nachts, das sind deine besten Jahre, leider so kurz – und endlich ist es soweit, dafür hast du fünfzehn Jahre deines Lebens zur Nacht gemacht, als er dir sagt, alles ist fertig und abgetan, zieh bei mir ein. Und du schwebst zum Haus deiner Mutter – im letzten dieser Träume natürlich – und du sagst ihr gefährlich unruhig: diesmal wird's. Ich werde von nun an sehr einsam sein, Mutter, hörst du mich. Die nickt und nickt. Ich werde sehr einsam sein, Mutter. Komm gehen wir tanzen ...

Schreiend erwachst du. Und du schreitest zur Tat: raus mit dem Königsplunder, runter mit Zeus und seinen Teufelsweibern, Scheiterhaufen für dein Scheitern errichtest du endlich, Platz gemacht für mich und meine Einsamkeit, traumlos will ich schlafen und traumlos wachen, die Erdbeschaffenheit durchmustern, Seehunde erschlagen, Raketen aufstellen, Dschungel verwüsten, Brücken brechen, Schiffe ausrauben, Länder versenken.

Da klopft es milde an die Tür, und du wandelst dich merklich, als du den zierlichen Stier vom Himmel herab erblickst.

Oh, mein Gott, wie soll ich dich empfangen, entfährt es Europa gegen ihr besseres Wissen.

Und er erweist dir die Ehre seines Besuches im kahlsten aller Zimmer.

So gnädig ist der Teufel in vielerlei Gestalt.

Versuch sich in ihn hineinzudenken. Berlin 1994, S. 7–12

Standbild Große Liebe

die kleine Meerjungfrau
verliebte sich in eine Steinfigur
als sie den lebendigen Prinzen
sah mußte sie sterben

ich liebte einen Menschen
männlichen Geschlechts und
ich erstarb als er versteinerte

wenn ich heute dies
Standbild Große Liebe genannt
treffe fragt es mich
höflich wie geht es dir
dann erzählt es von
seiner Frau und den drei Kindern

wahnsinnig daß gerade Erstarrte
die Tendenz haben sich zu
vermehren während mein
Geist wispert gut geht es
mir was sonst denn mehr
will er nicht verbreiten
vor so viel steinerner
Fruchtbarkeit

der Rest tönt aus meinen
Geschöpfen die sind leider
nur lyrischer Art

Standbild Große Liebe, a.a.O., S. 51

Isadora mit Katze
(Betrachtung zu einem alten Foto)

Im schwarzen Haar ein gelbes Band
Wie eine Krone der Jugend
Das Band griechisch um den Busen
Geschlungen aber fast verdeckt von meiner
Ersten geliebten und hier schon dicken Katze.
Sie war bald darauf tot.
Das Empirekleid ein Nachthemd und hängt
Noch jetzt im Wandschrank zur Warnung
Und Erinnerung an die Zeiten als ich Nachthemden
Zu Kostümfesten tragen konnte ohne vor Scham
Im Weinglas zu versinken.
Isadora hat damals für mich getanzt.
Und ich nahm dankend ihren Schönheitspreis entgegen.
Zehn Jahre später war ich unfotogen.
Wir hätten öfter fotografieren sollen.
Und seltener essen.
Am Arm trage ich das goldene Band
Meines Schweizer Verlobten
Das mich bis heute schmerzlich umschlingt.

Love as a Saving Grace. Poems / Rettungsmittel Liebe.
Gedichte. Düsseldorf 2010, S. 14

Geertje Potash-Suhr, etwa 35 Jahre alt,
im Kostüm der Isadora Duncan. Privat

Erste Liebelei

Da war die erste Liebelei
er die Schönheit
sie die Intelligenz
ohne sie hätte er kein Abitur
und sie ahnte nichts von ihrer komplizierten
Liebesnatur
je mehr er sich entzog
je mehr jagte sie nach
bis sein Geruch sie im Klassenraum verwirrte
seine Passivität weckte
die Lust in seine Haut zu schneiden
weil sie seine Wunden lecken wollte
Quälgeist und Florence Nightingale
in einem knabenhaften Jungmädchenkörper
mit herbem Kindergesicht
Jahre später seine große Liebe in
Athen: ein süßer Jüngling
steigt aus dem Boot
Er wußte sofort von Schicksal
Sie weiß heute nichts

Standbild Große Liebe, a.a.O., S. 27

Das verlassene Mägdlein

Er

ist ein Schwarm Vögel
der sich über meinen
verstummten Garten schwang
und nun trillt und pfeift
und schatterts mir aus
Ohr und Auge Herz
und Fingerspitzen

Er

ist ein Schwarm Vögel
der frißt mir die Früchte
weg und so stehe ich
unbekirscht apfellos
pfirsichverloren
herrlich musikbestückt
in mir herum

Ich

bin ein zerfressener Garten
im Herbst dessen Vögel
in die Sommerherzen
reisten seht ich greife
gierig nach dem weißen
Laken das meine Schande
eisig umschweigt

*Love as a Saving Grace. Poems / Rettungsmittel Liebe.
Gedichte, a.a.O., S. 36*

Hormone

meine Katze wand sich und schrie
und rollte herum wie ein
zitternder Muff

da glaubte ich die Liebe
sei doch eine Sache der
Hormone und gar nicht so
freudversprechend wie ich
mit vierzehn träumte

jetzt liegt sie kastriert
zärtlich mauzend im
Arm mir und wieder
dient sie zu einer Maxime:

es wird kommen der Tag –
der sterilisierte – wenn
das Leben dich nicht
mehr beim friedlichen
Lesen verstört

Standbild Große Liebe, a.a.O., S. 15

Sterbehilfe

für meine an Krebs
gestorbenen Freundinnen

Auf dem Wohnzimmertisch
wo sich eine Rose tapfer
zu Tode blüht
sitzt mein Kater und beißt
ihr zärtlich die
welkenden Blätter ab –
damit sie nicht so lange

leiden muß sagt sein sanfter
schuldbewußter Blick –

Ich hätte Euch auch so gerne
geholfen: Marlene Constanze
Gisela Herta
und wie Ihr Rosen noch alle
heißen möget ...

Love as a Saving Grace. Poems / Rettungsmittel Liebe.
Gedichte, a.a.O., S. 46

Brief der Autorin Gorda Selig, geschrieben zu einer Zeit, als man sich noch Briefe schrieb

                                             Chicago, den ...
Liebe Friederike,

lies mal diesen Anfang von meinem neuen Roman („Ines
und ihre Mutter" oder so ähnlich), der vielleicht nicht Anfang bleibt, der ein Mittelteil werden könnte oder gestri-
chen wird, man weiß ja nie, ob man schon angefangen hat.
Irgendwann weiß man dann, man ist mittendrin und gewissermaßen unaufhaltbar. Aber am Anfang ist alles auf-
haltbar und zum Zerreißen in die Maschine gespannt. (Ja,
stell Dir vor, ich benutze immer noch die alte klapprige
Schreibmaschine!). Darum brauche ich Dich grade beim
Anfang, weil er sonst nie Anfang würde, sondern immer
Wortgeklapper, Phantasiespiel, Schreibgedanke bliebe.
Dir erzähle ich, damit Du sagst, erzähle nur weiter, weil
ich auch lieber bescheiden und verschwiegen wäre wie Du.
Nur naseweiße, vorlaute, indiskrete Menschen reden viel
über sich und heißt schreiben nicht: viel über sich reden?
Wer möchte da schreiben? frage ich Dich. Und doch möch-
ten alle schreiben, so scheint es manchmal. Jeder Schrift-
steller kennt das: Ich weiß, ich habe einen Roman in mir,

meint nach der Lesung die auffallend junge Sekretärin mit der lustigen Eulenbrille, die in einem Alter ist, in dem man noch Rosinen und junge Männer, aber keine Romane im Kopf haben sollte. Aber natürlich weiß ich, daß Thomas Mann in diesem Rosinen-und-Junge-Männer-im-Kopf-Alter schon an den „Buddenbrooks" arbeitete. Ich dagegen hatte damals noch nicht mal die Rosine im Kopf: Ich werde auch mal einen Roman schreiben. Ich wollte Literatur studieren und Lehrerin werden, sonst gar nichts. Zehn Jahre später dachte ich zum ersten Mal: Ich will einen Roman schreiben. So um die dreißig war das. Drei Sekunden später hörte ich laut eine innere Stimme, die höhnte: Mein liebes Kind, du bist wohl völlig verrückt geworden! War es die Stimme meiner Vernunft oder die meiner Mutter?

Der Künstler ist eine Verbindung von Zähigkeit und Zerbrechlichkeit, sagt Thomas Mann, Friederike. Und wenn ich auch kein echter Künstler sein mag, zerbrechlich bin ich allemal. Stell Dir vor, wenn ich hier in Chicago zum Postkasten runtergehe, kriege ich immer einen leichten Asthmaanfall, so wie mich früher eine Art Vorfreude packte. Was da wohl wieder drinsteckt, denke ich beunruhigt, statt: Hoffentlich sind ein paar freundliche Luftpost-Briefe aus Deutschland dabei. Wenn ich dann die Briefe lese, habe ich mir schon vorher einen angetrunken. Damit die Dolche, die sie enthalten könnten, in einen Alkohol-Nebel hineinstoßen und nicht in mein ungeschütztes Dichter-Herz.

Weißt Du noch, Friederike, wie ich meine Heldin nach Deiner Hündin benannt habe? Wir saßen in Deinem Garten in Lilienthal bei Ostfriesentee und Kandiszucker und ich sagte, mir fehlt ein Name für die Frau. Nenn sie doch „Vita", nach meinem Hund, hast Du gesagt. Und ich fand die Idee lustig: Wenn ich jetzt irgendwo einen schwarzen Scotty sehe, dann denke ich, dort verschwindet grade mein Roman. Und kriege ich eine dieser seltsamen deutschen Haßtiraden ins Haus – denn wie kann ein Romanversuch Haß erregen? Langeweile, Verzweiflung, Gelächter, Mitleid vielleicht, doch nicht Haß – dann weiß ich, den hat meine Vita irgendwohin gebissen. Und ich kriege meine Magenkrämpfe. Die toten Dichter müssen ständig krank gewesen sein, Friederike. In den Biographien wimmelt es von Magenleiden, Kopfschmerzen, Hirnblöcken, Liebeskollern.

Sie waren unstabile Gesellen, alle. Aber stabil genug, um uns ein paar unvergeßliche Zeilen zu hinterlassen:

Krankheit ist wohl der letzte Grund
Des ganzen Schöpferdrangs gewesen;
Erschaffend konnte ich genesen,
Erschaffend wurde ich gesund.

Gesund ist Heinrich Heine nie geworden, aber ohne solche Dichterzeilen könnte ich nicht weitermachen. Auch ohne Dich, liebste Freundin, hätte ich nicht weitermachen können. Als ich die ersten fünfzig Seiten der „Vita" niederschrieb, die damals noch nicht „Vita", sondern „Notizblock" hieß, wollte ich mich nur ablenken von der Befürchtung, die Doktorarbeit könnte Ärger erregen. Jane Austen als Feministin, das war damals ein heikles Thema. Und es befanden sich fast nur Männer in meiner Prüfungskommission. Ich schrieb meine halb erfundene, halb wiedergefundene Kindheit einer namenlosen Heldin auf und fuhr zu Dir, setzte mich mit dem kindlich liniierten Schreibblock in Deinen geliebten Garten, und Du hörtest mir zu, als hätte ich was zu erzählen. Und ich dachte: So möchte ich ihr immer erzählen dürfen. Keine Zeile des damaligen Schreibversuches hat überlebt, immer neue Wortschichten legten sich auf die alten, bis die neuen die vorherigen gänzlich verdeckten, aber hinter meiner letzten „Vita" schimmert die erste namenlose hervor, von der Du gesagt hast: Das ist gut, das mußt Du weitermachen.

Hättest Du damals gesagt: So geht das aber nicht, das Zeug ist nichts wert – und rückblickend bin ich überzeugt, es war nichts wert, nur etwas für Dein liebevolles Freund-

Peter Rühmkorf und Geertje Potash-Suhr 1989 in Lüneburg. Privat

schaftsohr – dann hätte ich nie weitergemacht. Lob fördert
mehr als Kritik, hat der große Dichter Peter Rühmkorf zu
mir gesagt und förderte mich durch sein Lob. Und doch
habe ich ihn später voller Selbstzweifel gefragt: Sag mal,
hast du das wirklich gemeint, als du mir geschrieben hast,
du kannst was? Er hat mich nur erstaunt angeblickt. Da
war ich aber schon dreißig Gedichte weiter.

Deine Gorda

*Baby im Dritten Reich. Dichtung, Lügen und Wahrheit. Düssel-
dorf 2016, S. 9–11*

Und aus dieser Friederike müßte eine Rahel werden

Ich habe fünf Väter gehabt. Der zweite kam so früh in mein Kinderleben hinein, daß ich nicht wußte, daß es ihn vorher nicht gegeben hatte. Meine Brüder nannten ihn Onkel Kurt. Später haben wir alle „Papsi" gesagt, weil er ein

Vater war, der vorher ein Onkel gewesen ist. Richtige Väter hießen „Vati" oder „Papi". Da muß im Namen ein Unterschied gemacht werden, sagte meine Oma. Aber sonst gab es keinen: Papsi war unser Vater; außer wenn er rumschrie, dann sagten wir: der Alte. Der Alte hat einen Vogel. Und er schrie: Deine Kinder können sich nicht benehmen! Plötzlich gehörten wir nur noch zu unserer Mutti

Schulanfang für Geertje Suhr, 1949 (mit sechs Jahren). Privat

und nicht mehr zu ihm. Das dauerte aber niemals lange. Wenn er uns Bekannten vorstellte, sagte er stolz: Das hier sind meine Kinder. Papsi war im Krieg kurze Zeit in Norwegen gewesen und dann Kriegsgefangener geworden. So hat er wenig mitgekriegt und mitgemacht bei dem, was überall in Europa im Namen aller Deutschen zerstört und zerstückelt wurde. Ich mußte mich nicht schämen, wenn man mich fragte: Was hat dein Vater im Krieg gemacht? Der war bei den Engländern Kriegsgefangener, habe ich dann stolz gesagt. Das war damals so eine Art Platz an der Sonne. Schließlich hätte er ja auch bei den Russen Kriegsgefangener sein können.

Als ich in der Schule meinen ersten Lebenslauf schreiben mußte, war ich ungefähr acht Jahre alt. Da merkte ich, daß meine Mutter stockte, als sie sagte: Schreib, dein Vater ist bei Kriegsende gestorben. Woran ist mein Vater bei Kriegsende gestorben? wollte ich Mutter fragen, aber weil sie so stockte, dachte das Kind: Frag man lieber nichts. Habe darum in meiner Kindheit und frühen Jugend niemals nach meinem sogenannten richtigen Vater gefragt; auch weil ich dachte: Ich hab ja jetzt einen neuen Vater, und der will sicher nichts vom alten hören. Und weil meine Mutter stockte, wenn man von Vati redete. Lebte Vati damals noch? fragten manchmal meine Brüder. Und meine Mutter stockte. Und redete von den kommenden Schulferien. Kinder wissen dann sofort, was los ist: Ein rotes Stoplicht leuchtet auf, das besagt: Bis hierher und keine Frage weiter!

Mein zweiter Vater starb ziemlich früh am dritten Herzinfarkt und hinterließ mir das Geschirr seiner Mutter: Rosenthal und zwanzig Stück davon, die andern zwanzig waren an seinen Bruder gegangen. Meine Großmutter muß sehr reich gewesen sein, als sie heiratete – eine Tante hatte ihr ein Vermögen in Form von russischen Eisenbahnaktien vermacht. Nur einmal ist sie damit königlich verreist; dann waren die Aktien nach 1917 kein Pfund Heringe mehr wert. Wie gewonnen, so zerronnen, sagte man in unserer Familie.

Meinen dritten Vater habe ich sehr geliebt, denn er war Kunstmaler und kochte wie ein französischer Koch im deutschen Exil. Das kam daher, daß er als gläubiger Kommunist bei Hitlers Machtergreifung nach Frankreich geflüchtet war und dort die Kochkunst erlernt hatte. So kochte er eben für seine kommunistischen Freunde, als die Deutschen in Paris einmarschierten und alle im Untergrund verschwinden mußten, ohne seine letzte Ente à l'Orange verzehren zu können. Der französische Untergrund, den habe ich mir lange wie einen Gully vorgestellt. Und wer lebt schon gerne in einem nassen Gully? Auch mein dritter Vater blieb nicht lange dort, sondern ließ sich im heißen, trockenen Afrika als Fremdenlegionär anheu-

*Grete Schmidt mit ihrem dritten Lebensgefährten, dem Maler Rudolf Führmann
(1909–1976), 1974 oder 1975. Privat*

ern. Bis ihn seine deutschen Landsleute dabei erwischten
und den gläubigen kommunistischen Deserteur zum Tode
verurteilten. Statt hingerichtet zu werden, mußte er Minen
ausbuddeln gehn. Links und rechts, vorne und hinten flogen seine mitverurteilten Kameraden zerfetzt durch die
Luft; er dagegen war zum Überleben verdammt, weil er
eines Tages an Bauchkrebs sterben sollte, gerade als meine
Mutter und er nach Paris fahren wollten, um seine alten
Kameraden dort zu besuchen und zu bekochen. Er hat mir
sein französisches Kochbuch vermacht, in dem viele Rand-
bemerkungen zu den damaligen Ereignissen standen wie:
keine Eier mehr zu kriegen ...

Mein vierter Vater war nicht mehr von Mutter, sondern von mir selbst gewählt worden. Ich schrieb schon an meiner Doktorarbeit, als mich sogenannte unerklärliche Depressionen überkamen. Und ich ging zu ihm, weil ihn mir eine von ihren Depressionen geheilte deutsche Freundin empfohlen hatte. Er gefiel mir sofort: Die dunklen Augen brannten schwermütig in einem freundlichen Gesicht – immer hat mich Schwermut zutiefst angezogen! So ein vom Unglück geküßter Mensch kann doch gar nicht schlecht sein, denke ich noch heut. Und weiß Gott, er war nicht schlecht! Jeder hätte Dr. Eichberg danach fragen können, was er im Krieg gemacht hatte. Als deutscher Jude aus Riga wartete er im deutschen Konzentrationslager Auschwitz auf seinen miserablen Heldentod. Sein Arm war von einer eingebrannten Nummer geadelt worden. Er besaß das blaue Blut der Opfer und nicht das braune der Täter. Wieviel hätte ich für dieses blaue Blut gegeben! Ich habe mir niemals verziehen, daß ich nicht zu denjenigen gehörte, die damals gegangen sind, hatte meine Mutter mal zu mir gesagt. Sonst sagte sie immer: Die andern haben auch ... die Burenkriege usw. Davon will ich jetzt nichts hören! schrie ich sie jedesmal an.

Meinem selbstgewählten Vater Dr. Eichberg habe ich dann zum ersten Mal vom Schicksal meines sogenannten richtigen Vaters erzählt – bis dahin habe ich immer den Mund gehalten, so wie meine Mutter auch. Noch bis dreißig wußte ich nicht, was passiert war, und wollte es auch gar nicht wissen, wenn ich ehrlich bin. Wer will denn gerne wissen, daß sein Vater ein Henker war. Und alle Leute bei der SS sind Schlächter und Henker gewesen. Irgendwen und irgendwas haben sie alle geschlachtet und gehenkt. Sie waren der schießende Arm Hitlers, sein tretender Fuß und der Ausfluß seines hassenden Herzens.

Ich war in den Semesterferien bei meiner Tante zu Besuch, als sie mich in ihr Schlafzimmer zog, die Tür hinter sich verschloß, einen Wandschrank öffnete und den Brief daraus hervorzog: Hier, den wollte ich dir immer geben. Ich las: Meine lieben Kinder, Ihr habt eine herrliche Mutter, auf die Ihr stolz sein könnt. Sie war mir eine wunderbare Gattin und Gefährtin ... Wer hat das geschrieben? fragte ich peinlich berührt, denn in einem solchen Stil schrieb man schon lange nicht mehr. Das war dein Vater. Meine Tante schluchzte. Er war ein guter Mensch, das kannst du mir glauben, der hat nie einer Fliege was zuleide getan, bestimmt nicht, und wenn deine Mutter ihn nicht geheiratet hätte, hätte ich es getan, ohne mit der Wimper zu zucken, und deine Mutter wollte den Brief zerreißen, aber ich habe ihn an mich genommen für später, und jetzt ist es weiß Gott später und Zeit, daß ihr wißt, daß, daß ... stotterte meine Tante schluchzend. Daß was? fragte ich und freute mich überhaupt nicht über den von ihr aufbewahrten Brief und die Antwort, die jetzt kommen mußte. Daß, daß ... – meine Tante schluchzte immer weiter. Also: Er hat sich das Leben genommen, aber er war ein grundguter Mensch, glaube mir das. Er hat sich erhängt, der Arme, an seinem Bettuch aufgehängt. Ich sah einen am Ende des Bettuchs baumelnden Vater und wünschte mir einen anderen, der irgendwo in Rußland ehrenwert erschossen völlig still in seinem Grabe lag.

Was hatte ich überhaupt mit diesem am Bettuch baumelnden unbekannten Vater zu tun? dachte ich erzürnt. Ich war ihm nie begegnet, so viel ich wußte; nur ein Baby, das meinen Namen trug, hatte er einmal im Arm gehalten, dann mußte er wieder in den Krieg, aus dem er nicht zurückkam, hatte man mir erzählt, und warum kam er jetzt zurück? Um mich mit einem Brief zu quälen und mit einem antiquierten Stil, der vielleicht im vorigen Jahrhundert passend gewesen wäre, und mit einem Tod zu erschrecken, der mich bis an mein Lebensende quälen würde? Ich gab den Unglücksbrief schnell meiner Tante zurück: So einen brauchte ich nicht unter meinen Erinnerungsstücken. Ich hätte Väter genug gehabt, sagte ich zu Dr. Eichberg. Mußte man denn wirklich jeden Menschen

als seinen Vater anerkennen? Diesen Vater lehnte ich ab.
Mit seinem Erbe wollte ich nichts zu tun haben. Sein Blut
sollte nicht in meinen Adern fließen. Trotzdem ging ich
bald darauf zu meiner Mutter. Ach ja, der Brief, sagte sie,
den hatte ich zerreißen wollen. Wenn du es bloß getan hättest! dachte ich wütend und fragte: Warum hat sich unser
Vater das Leben genommen? Das ist eine lange Geschichte,
sagte meine Mutter, jetzt habe ich keine Zeit sie zu erzählen. Dann mach sie kurz! drängelte ich. Also: Er war ein
grundguter Mensch, das kannst du mir glauben. Immer
wenn er morgens zur Arbeit ging, hat er einen Asthmaanfall gekriegt. Da habe ich gefragt: Was macht ihr da? Und
er hat gesagt: Das darf ich dir nicht sagen, und das willst
du auch gar nicht wissen. Und nachts hat er geschrien und
mich gewürgt, bis meine Mutter – deine Oma – gesagt hat:
Du mußt dich von ihm trennen, der bringt dich noch um!
Und ich habe gesagt: Bei dir bleibe ich nicht, du bringst
mich noch um! Da ist er zu seinem Vorgesetzten gegangen
und hat gesagt: Ich muß hier raus. Aber der hat gesagt:
Wer hier einmal drin ist, der kann nicht wieder raus. Das
erlauben die da oben nicht. Er könne aber in den Krieg ziehen, wenn er wolle. Da ist er aus der Verwaltung raus und
rein in den Krieg – so ungefähr vom Regen in die Pfütze
und ab in den Ozean. Und warum hat er sich das Leben
genommen? fragte ich meine Mutter. Weil er den letzten
Befehl Hitlers befolgt hat. Und was war der letzte Befehl
Hitlers? Alle Gefangenen werden erschossen. Und das hat
mein Vater gemacht? Er hat auch sonst nichts anderes gemacht als gehorcht, sagte meine Mutter: Es war ja Krieg.

Fünf Jahre lang habe ich Dr. Eichberg von meinem sogenannten Vater erzählt, wie er da oben an seinem Bettuch
baumelte, weil er den letzten Befehl Hitlers ausgeführt hat,
obwohl es doch der letzte Befehl war, und er doch ahnen
mußte, daß alles aus war ... Bis Dr. Eichberg die Ohren voll
davon hatte und mich ungeduldig anfuhr: Jetzt reicht es
aber, Friederike! Du bist nicht schuld daran, ich will das
nicht mehr hören, du hast ja damals noch gar nicht richtig

gelebt, was kann denn schon ein Baby dafür, wenn sein Vater ... Aber das braune Blut meines Vaters, das fließt in mir, und ich täte vieles, um es blau wie das der Opfer oder zumindest rot werden zu lassen wie das meiner Freundin Inge, die eines Tages zu mir gesagt hat: Mein Vater war ja unschuldig und deiner schuldig, weil ihrer nicht bei der SS und ganz normal als ziemlich spät eingezogener Soldat auf dem deutschen Felde der Unehre erschossen worden ist. Dabei hatte ich ihr die Geschichte meines unbekannten Soldatenvaters unter dem Siegel der Verschwiegenheit erzählt, und jetzt drehte sie mir einen Strick daraus – und bestätigte die Richtigkeit der Warnung meiner Mutter: erzähle niemandem auch nur ein Sterbenswörtchen davon, deine Freunde von heute sind deine Feinde von morgen!

Während mir mein vierter Vater also die Vergebung meiner Sünde, Kind eines deutschen SS-Offiziers zu sein, schenken wollte, schenkte mir mein fünfter Vater, mein Geistesvater, sein gesamtes Werk. Das war Heinrich Heine, der schon im vorigen Jahrhundert die Verbrechen der Deutschen voraussah und das repressive Preußen verließ für meine Lieblingsstadt Paris, wo ich gerne eines Tages im unschuldigen Sand neben ihm begraben sein möchte – auf dem Friedhof von Montmartre ganz in der Nähe von Stendhal und Madame Récamier. Und niemals war ich glücklicher als damals, als Dr. Eichberg zu mir sagte: Friederike, ich erkläre dich zu einer Ehrenjüdin, weil du deine Doktorarbeit über Heinrich Heine geschrieben hast. Und wenn er gesagt hätte, nun mußt du nur noch konvertieren, ich wäre konvertiert.

Damit mein Blut so blau wie seines würde.

Und aus dieser Friederike müßte eine Rahel werden.

Rahel
(Levin) – konvertierte Friederike Robert

die deutsche Literatur war
eine frisch gepflanzte
Rosenhecke aber schon blühte ein
Goethe hervor ein Fichte ein
Schleiermacher als sie Jean Paul
ihren Tee servierte in der Jägerstraße
ich beneide sie so ich liebe sie
so die schwarze Rahel

ich lese meine Wände an
probiere den Klang der
vielgebrauchten Laute
stütze mich auf Welten
von Traditionen fluche der
Krücken

doch meine Haare sind schwarz
geliebte Rahel nachher trink
ich Tee dann schneid ich dir
von den späten Rosen

Kindkater. Erzählungen von Katzen, Männern und besten
Freundinnen. Düsseldorf 2003, S. 70–76

Baby im Dritten Reich

Ich habe mal in einem alten Interview im Radio gehört, wie
Elie Wiesel zu einem Interviewer gesagt hat, ich glaube,
es war Studs Terkel: „Die Schreibtischtäter und KZ-Leute
konnten sich an die Front melden, denen ist nichts passiert,
wenn sie das taten, auch ihren Familien nicht. Für die gab
es also einen Ausweg, und darum sind sie allesamt schuldig und haben kein Recht zu behaupten, sie hätten einem
Befehl gehorchen müssen." Mein unbekannter Erzeuger

hat diesen Weg gewählt und hat sich an die Front gemeldet, schon lange vor meiner Geburt, hat meine Mutter zu mir gesagt. Aber er war bei der Gestapo und so schuldig, daß man ihn nicht gehen ließ, er wüßte zuviel, haben sie gesagt. Bis man ihn im November 1942 gehen ließ – und da kam er vom relativ friedlichen Berlin, wo der totale Krieg noch nicht ausgebrochen war, an die schlimmste aller Fronten, an die russische in Kiew. Am 19. November 1942 hatten die Russen ihre Gegenoffensive begonnen, und die führte am 2. Februar 1943, sechs Tage vor meiner unglückseligen Geburt, zum sogenannten „Fall von Stalingrad". Das war die Kriegswende, und auch Kiew, wo der Suhr in der Ukraine kämpfte oder mordete, wie immer man das nennen will, war unter bösem Beschuß. Und im November 1943, also genau ein Jahr später, mußten die Deutschen die Ukraine räumen. Der Suhr kam auf diese Weise nach Toulouse in Südfrankreich, was die Deutschen erst spät besetzt hatten. Dort durfte er wieder Partisanen erschießen.

Was er in der Ukraine gemacht hatte, erfuhr ich aus einem Buch von Uwe Timm „Am Beispiel meines Bruders". Hinter der deutschen Front in Rußland und Polen, also im Osten, wo die slawischen „Untermenschen" lebten, gab es Sonderkommandos, die es an der Westfront nicht gab, und die haben sogenannte Partisanen erschossen. Das waren alle, die jüdisch aussahen, alle, die ein Gewehr in der Hand hielten oder irgendwie verdächtig und slawisch aussahen. Also alle und jeden.

In der Ukraine wurde der Schreibtischmörder Suhr zum Direktmörder mit vor Blut starrenden Händen. Hatte er im Reichssicherheitshauptamt in Berlin in einem Exkrementen-Kübel gearbeitet, so landete er nun in einer Jauche-Grube der Waffen-SS-Elitetruppe in der schönen Ukraine mit den wogenden Kornfeldern, die Hitler für sein geliebtes arisches Volk beanspruchte. Was hat sich der Suhr dabei gedacht, als er vom Kotkübel in die Jauchegrube kam? „Wär ich man lieber in Berlin geblieben"?

Ich weiß es nicht.

Als ich nach dem Tode meiner Mutter im Jahre 2000 meine Nenn-Tante Lisa anrief, die letzte Überlebende des Dritten Reichs, die ich kannte, und ihr von meiner grauenhaften Entdeckung erzählte, der Suhr habe eine Zeitlang für Eichmann gearbeitet, da sagte sie: „So grauenhaft war das gar nicht. Wir hatten auch sehr schöne Zeiten in Prag. Und Eichmann habe ich persönlich gekannt. Bei dem war ich mal zum Tee eingeladen." Sie schien noch jetzt erfreut über diese Tee-Einladung von oben zu sein.

„Wenigstens hat sich mein Vater an die Front gemeldet", sagte ich unter Tränen: „Er wollte weg."

Da brüllte sie aus vollem Halse: „Gib hier nicht so an! Mein Mann wollte auch weg! Aber da haben sie zu ihm gesagt: Sehen Sie sich vor oder Ihr Leben und das Ihrer Familie ist in Gefahr!" Sie schnauzte weiter: „Dein Vater war zu weich, hörst Du, zu weich! Der war so wie Du! Und die Juden sind doch immer an allem schuld. Auch heute noch. Guck Dir die Welt an! Guck Dir Israel an! Immer das Gleiche!" Da reichte es mir, und ich hängte auf.

Tante Lisa war die beste Freundin meiner Mutter in Prag gewesen – und auch später im Leben. Die beiden hatten in Prag gemeinsam in einer großen Villa gewohnt, die einen schönen Garten besaß mit einem Springbrunnen und einem Sandkasten drin. Dort haben wir kleinen Nazi-Kinder geplanscht und gespielt, die Tochter Mona und der Sohn Jens von Tante Lisa und meine beiden älteren Brüder und später ich und das Kind meiner Tante Anne, die so etwas wie meine Zwillingsschwester gewesen ist, da sie nur fünf Monate jünger als ich war. Hand in Hand sind wir in gleichen Kleidchen durch unser unschuldiges Kinderleben gewandert. Die hochherrschaftliche Villa hat wahrscheinlich mal einer reichen jüdischen Familie gehört, hat meine Tante Anne zu mir nach dem Tode meiner Mutter gesagt.

„Es gab im Hause einen gläsernen Aufzug für die gelähmte Tochter, weil die nicht die Treppen hochsteigen konnte." Und immer sehe ich vor meinem geistigen Auge das arme jüdische Mädchen, eine gelähmte Anne Frank, im gläsernen Aufzug nach oben schweben. Was ist aus ihr

Oben: nicht datierte alte Aufnahme der gro-
ßen Villa in Prag, in der die Familie Suhr 1943
wohnte. Unten: Geertje Potash-Suhr vor der
Einfriedung der Villa, 2010. Privat

und ihrer Familie geworden? Hoffentlich sind sie rechtzeitig aus Prag geflohen und haben nicht lange mit der Emigration gewartet, bis es zu spät war. Als der deutsche Überfall auf Polen am 1. September 1939 begann, da war es zu spät. Da sind die Grenzen geschlossen worden. Bis dahin haben Eichmann und seine Männer, und also auch der Suhr, Informationen über die Juden gesammelt, um sie zum Auswandern zu bewegen. Zuerst sollten sie nicht ermordet werden. Man wollte sie nur los sein: Man nahm ihnen ihr Hab und Gut ab, ihren deutschen Paß auch und machte sie zu staatenlosen Menschen. Dann ließ man ihnen ganze fünfzig Reichsmark, ein paar Koffer mit Kleidern und Wäsche, und nichts wie raus mit ihnen in die fremden Länder, die so dumm waren, dieses „menschliche Ungeziefer" aufzunehmen. Aber auch die anderen Länder litten an dem Virus „Antisemitismus" und wollten die Juden nicht ohne Schwierigkeiten aufnehmen. Sie hätten nämlich schon genug, behaupteten sie. Als mich meine Mutter zum ersten Mal in Lausanne besuchte, wo ich von 1966 bis 1971 studiert habe, da zeigte sie plötzlich auf einen Punkt am entgegengesetzten Ufer und sagte: „Dort liegt Evian. Dort haben die ausländischen Staaten beschlossen, sie wollten keine Juden mehr aufnehmen ... wenigstens nicht alle ... und so ..." Sie schwieg plötzlich. Was ich damals nicht wußte, war: Und so haben Hitler und sein Mörder-Clan beschlossen, die Juden in den Tod zu deportieren. Das begann im Herbst 1941, und am 20. Januar 1942 fand die berüchtigte Wannsee-Konferenz statt, die Mörder-Konferenz, bei der Eichmann allein von allen seinen Männern dabei sein durfte. Später hat er stolz berichtet, er habe Cognac mit seinen Vorgesetzten getrunken, der eitle Juden-Henker, wie schön, er durfte echten französischen Cognac mit dem hohen Mord-Gesindel trinken. Stolz wie meine Nenn-Tante Lisa, die in Prag Tee bei Eichmanns trinken durfte. War meine Mutter auch dabei? Erzählt hat sie es mir nicht. Prag war für sie das Paradies, wo kein Krieg stattfand und kein Heydrich wütete, bis er dort bei einem Attentat ums Leben kam und ein ganzer Ort (Lidice) dafür büßen mußte.

„Weißt du", habe ich zu ihr viele Jahre später gesagt, „daß die Deutschen in Prag im Mai 1945 von den Tschechen ermordet wurden?" Meine Mutter senkte die Augen.

„Wann seid Ihr denn rausgekommen?"

„Euer Vater hat uns rechtzeitig einen Lastwagen geschickt, und Tante Lisa und ich sind mit Euch Kindern durch ganz Deutschland gefahren. Das Land war vollkommen kaputt. Das wunderschöne Dresden – Du weißt, Euer Vater und ich haben unsere Hochzeitsreise dorthin gemacht – ein Trümmerhaufen!" Die Stadt, ein Juwel an barocker Baukunst, gab es nicht mehr. In Viktor Klemperers Tagebüchern habe ich gelesen, wie grauenvoll Dresden von den Alliierten im Februar 1945 bombardiert worden ist, schon kurz vor Tor- und Kriegsschluß im Mai desselben Jahres. Die Zerstörung der Stadt sei aus Kriegsgründen gar nicht mehr nötig gewesen. Es war ein Racheakt an den deutschen Frauen und Kindern und alten Männern – die jungen waren alle an der Front – für Hitlers millionenfache Verbrechen an der Menschheit. Wie viele sind elendig erstickt und verbrannt? Aber wie durch ein Wunder wurden der Jude Viktor Klemperer und seine „arische" Frau gerettet, die sonst beide am nächsten Tag ins KZ deportiert worden wären. Etwas Gutes kam aus dem Schrecklichen heraus. Viktor Klemperer überlebte und mit ihm sein Tagebuch, in dem er Zeugnis ablegt über die furchtbare Zeit von 1933 bis 1945, in der die Deutschen zu einem Volk von Mördern wurden.

Und ich habe geweint, als ich las, daß er im Sommer 1941 den gelben Stern tragen mußte, der diesen feinen, kultivierten Mann zu einem Menschen dritter, nein vierter, fünfter Klasse deklassieren sollte. Der schöne Davidstern brannte auf ihm wie ein Kainsmal.

Und noch mehr habe ich geweint, als ich – es war schon nach dem Tode meiner Mutter – in einem Buch über Hitler und seine Bürokraten las, daß mein leiblicher Vater zu den Mitarbeitern gehörte, die den Text der Verordnung verfaßt haben, in der steht, die Juden müßten von nun an einen gelben Stern tragen. Unterzeichnet wurde sie von Heydrich, nicht von Suhr. Ein kleiner Trost für mich. Meine Nichte hatte mir gesagt, ich solle das Buch von Yaacov Lozowick lesen, ihr Großvater Suhr käme darin vor. Ich war zu der Zeit 57 Jahre alt und schon lange in den Staaten mit einem Mann polnischer Abstammung verheiratet, als ich erfuhr, daß ich das Kind eines Mannes war, der eine Zeitlang für Eichmann gearbeitet hat.

Als ich dreißig Jahre alt war, hatte mir meine Tante Anne in Lüneburg den letzten Brief meines biologischen Vaters gezeigt, in dem er von uns drei Kindern Abschied nimmt.

„Er hat sich das Leben genommen", sagte meine Tante und schluchzte dabei laut.

„Eure Mutter wollte den Brief zerreißen, aber ich habe ihn an mich genommen. Euer Vater war ein wunderbarer Mann, und wenn Eure Mutter ihn nicht geheiratet hätte, hätte ich es getan."

„Warum hat er sich das Leben genommen?" habe ich verstört meine Mutter gefragt.

„Er wollte nicht machen, was er machen mußte. Er ginge lieber an die Front, hat er gesagt. Und so kam er an die russische Front. Und als die zusammenbrach, nach Toulouse. Von dort mußte er die deutschen Truppen nach Berlin zurückbringen, als der Krieg verloren war. Hitlers letzter Befehl lautete: Es werden keine Gefangenen gemacht. Alle diejenigen, die diesen Befehl ausgeführt haben, kriegten in Nürnberg das Todesurteil. Euer Vater hat sich im Gefängnis aufgehängt. Und ich hatte eine zweite Chance im Leben ..." Sie machte eine Pause, zündete sich eine Zigarette an und erzählte weiter: „Gleich nach dem Krieg war überall Chaos, weißt Du, viele Familien lebten getrennt. Da konnte man noch einen Mann finden. Nur für ganz kurze Zeit war das. Es gab doch so viele junge Witwen und dann die Mädchen, die noch nie geheiratet hatten. Und ganz wenige Männer. Und da habe ich Euren Vater – also Väti, meine ich, Euren Stiefvater – kennengelernt und geheiratet. Das hat mich gerettet. Ich hatte doch als Witwe eines sogenannten Kriegsverbrechers keinen Anspruch auf eine Pension für mich und Euch Kinder, obwohl Euer Vater Oberregierungsrat gewesen war und Beamter auf Lebenszeit. Ich brauchte unbedingt einen Mann und einen Vater für Euch drei Kinder. Ich hatte nicht genug gelernt, um uns alle durchzubringen. Da war meine Heirat mit Väti ein großes Glück für mich und Euch."

Grete und Wulff Schmidt, etwa 1947. Privat

Aber so ein großes Glück war das Glück auch nicht gewesen. Glücklich war sie gewesen, als sie ihre Kinder bei den Eltern abgesetzt hat und täglich in einem Übersetzerbüro arbeiten ging. Nach ihrer Wiederverheiratung mußte sie mit ihrem neuen Mann von ihrer Familie und Lüneburg weg nach Hannover ziehen, wo er als Referendar im Kultusministerium arbeitete. Sie saß von da ab alleine mit dem ungeliebten Kind des ungeliebten toten Mannes in der winzigen Wohnung, während meine Brüder und meine geliebte Cousine Anni bei den Großeltern im heimatlichen Lüneburg geblieben sind. Sie fühlte sich unglücklich und einsam, und folglich ging sie streng und böse mit dem armen Kind um. Streng und böse war sowieso die bevorzugte Erziehungsmethode des Dritten Reichs gewesen, wie die Schweizer Psychoanalytikerin Alice Miller in ihren Büchern schreibt. „Schwarze Pädagogik" nennt sie diese bekannte Holzhammer-Methode: „Schläge auf den Hinterkopf erhöhen das Denkvermögen!"

Der neue Stiefvater verschwand abends lieber in einer Bar, wie er es als Junggeselle gewohnt war, statt bei seiner ewig rauchenden und lesenden und schlecht gelaunten und immer noch jungen Frau zu bleiben. Glück war nirgendwo zu finden für meine Mutter in Hannover, die als verheiratete Frau zur Arbeitslosigkeit verdammt war. Das war das Denken der damaligen Zeit. Nur in den Büchern und in den Zigaretten fand sie Erholung. Und sonntags wanderte sie über die Felder zu einem Bauernhof in der Ferne, wo ihre alte Prager Freundin Lisa mit ihren Kindern untergebracht war.

„Wir hatten uns immer viel zu erzählen", hat Tante Lisa zu mir am Telefon als sehr alte Frau gesagt: „Wir konnten ja von allem ganz ehrlich miteinander sprechen." Auch von Prag, natürlich, von all den Parties und Flirts und Affairen, von all den Dingen, von denen sie uns Kindern nichts erzählt haben. Vielleicht haben sie auch noch über die Juden geschimpft, wenn sie alleine waren, da konnten sie doch ehrlich den Mund aufmachen und reden, wie ihnen der Schnabel in ihrer antisemitischen Jugend gewachsen war: „Die Juden sind an allem Schuld, auch heute noch! Guck dir doch Israel an, und wie die Palästinenser behandelt werden. Ein Skandal!" Aber vor uns Kindern haben sie kein Wort gegen die Juden und Israel über die Lippen gebracht. Von Antisemitismus keine Spur mehr, nur immer die Augen gesenkt, wenn Eichmann erwähnt wurde. Und als sein Prozeß 1960 stattfand, da lebte meine Mutter mit ständig gesenkten Augenlidern – und hat nichts gesagt, als hätte sie ihn nie gekannt und vielleicht sogar mal Tee bei ihm getrunken. Und als mein Stiefvater eines Tages nach Hause kam und sagte, er hätte heute im Ministerium von Oldenburg, wo wir jetzt wohnten, die Akte des Vaters eines Schulkameraden meines Bruders auf dem Schreibtisch vorgefunden – der sollte befördert werden – da habe er seine Unterschrift verweigert, denn der B. sei im Dritten Reich ein richtiges Nazi-Schwein gewesen.

„Also so ein richtiges Schwein", sagte er lachend im Hochgefühl seines Wissens, daß er selbst kein solches Schwein gewesen war, wenn auch in der SA.

Baby im Dritten Reich. Dichtung, Lügen und Wahrheit. Düsseldorf 2016, S. 345–350

Die Totenstille morgens um drei

Oh Himmel
So nimm den Stein
Von meiner Brust
Ich hab ja nicht gewußt
Daß ich das Kind
Von einem Mörder bin

Oh Mann
Ich hab die ganze
Nacht an dich gedacht
Jetzt steh ich auf
Gleich kommt die Schuld
In mir herauf

Oh Nacht
Ich steige tief
In dich hinab

Bring ihn und mich
Ins Doppelgrab

Oh Ruh
So deck uns zu
Den Mörder und sein Kind
Es dringt kein Trost
Zu uns herab

Begegnungen mit berühmten Zeitgenossen.
Düsseldorf 2014, S. 86

Mutter und Tochter

Heimkehr und Wunder
es blühen die alten Puddinge wieder
Geborgenheit im Dufte
der Vanillensauce auf heißen Apfelkuchen

Ich wühl mich in dein
Honigbrötchen
ich leg mich in die
Mettwurststulle

Mutti komm wir feiern Kindheit
ach schrei mich noch mal an
sag die ist doch zu dumm
dann machst du es selbst

Grete Schmidt besuchte ihre Tochter oft in Chicago. Das Foto ist wohl 1980 aufgenommen worden. Privat

Ich spiele vierzehn
und du spielst dich

Red mir von Politik
während ich über die Ewigkeit sinne

die du so herzlich haßt
Realismus contra Symbolik

auf Sofa und Sessel
vor dem alten Fernsehfilm mit Willy Fritsch

In der Hand die
heile Nabelschnur
Deine Jugend entzückt mich
wenn Zarah singt:
Morgen spielen wir Schwestern!

Love as a Saving Grace. Poems. Rettungsmittel Liebe.
Gedichte. Düsseldorf 2010, S. 64

Bin exchange-student und Mutter Frank

Kalifornien blüht unter einem Goldregen, kein Wunder,
wenn die Menschen liebevoll miteinander umgehen und
nicht immer, mein Gott, wie siehst du denn aus, also deine Frisur ist ja scheußlich, hier streichelt dich das Wetter,
und du streichelst deine Freundinnen, deine Freundinnen
streicheln dich, und die Eltern sind meistens sanft, weil
nie Krieg gehabt und nie Angst vor Verhungern und den
gräßlichen Bomben, die alle Seelen verwüstet haben, und
keine verzweifelten Menschen in Keller und Hinterhaus,
darum ist es gut, daß wir Anne Frank aufführen. Die hier
müssen lernen, daß es auch anders geht, damit sie wissen,
wie herrlich beschert ihr Land ist, ich glaube, das weiß hier
nur ich, die Freundinnen denken, so ist das Leben: voller
Sonne, Strände, immer Jugend, Turtlecandies, Gold, Sa-
phir, Senior-Bänke und oben Ball und unten Sport.
   Gordas tanzender Schwan wurde ein großer Erfolg bis
hin zur effektvollen Sterbepose, obwohl kein Schwan so
stirbt, aber das ist Kunst: Das Sterben wirkt bezaubernd
graziös, und Carmen sank so schön herab mit dem Mes-
ser in der Brust, Mimi singt und stirbt und stirbt und
singt. So denkt man, man tanzt und singt sich in den Tod
hinein, und das tröstet uns, wenn wir Rosen und Tulpen
auf die Gräber von Sherry und Joe legen, als wäre der Tod

ein Gebirge aus Blumen, ein duftender köstlicher Schritt hinaus, ohne das Kreischen der Räder und die zerfetzten Glieder und blutentstellt und die lebenzerfressende Flamme, die kommt näher und näher, ade du herrliches Land. Und immer sterbe ich in einem brennenden Wagen in den schönsten Augenblicken und bin Sherry und Joe, wenn ich ich sein sollte. Aber wer bin eigentlich ich?

Jazz der Senior-Band im Auditorium, und alle seniors haben dazu phantastische Tänze vorgeführt. Gorda schmeißt jubelnd ihre Glieder in die Luft und wiegt sich gekonnt vor und zurück und weiß, sie ist die Königin des Jazz, ihr Körper muß an den Musikstrom angeschlossen sein und zuckt widerstandslos rhythmisch daher. Da ist kein Bruch zwischen der Musik und ihren Bewegungen wie bei den andern, die schleppen sich immer ein paar Takte hinterher, aber bei ihr stampfen und schwingen und wedeln und treten die Glieder und Füße mühelos, und Gorda fühlt sich marionettenhaft umhergeschwungen, als tanze nicht sie, als tanze der Jazz aus ihr hervor, und da ist kein Sich-Wehren, kein Räsonieren, kein Sich-Bedenken möglich.

Das ist das vollkommene Glück: tausend Augen in dir tanzen zu sehn.

Weißt du, du hast die Bewegungen von den Schwarzen, meint Linda beim Hinausgehen.

Liebe Gorda, komm doch mal in mein Büro, sagt der Prinzipal einen Tag danach. Diese Stimme erinnert mich an Mutters, hier stimmt was nicht.

Liebe Gorda, ich will dich nicht kränken, aber dein Tanzen, ja verstehst du, das paßt hier nicht, mir sind da Klagen zu Ohren gekommen, so tanzt man hier nicht, wir sind eine sehr anständige, kirchentreue Gemeinde, es gibt gewisse Grenzen, man darf manche Regeln nicht umstoßen, also du verstehst, ich weiß, daß du das nicht absichtlich getan hast, man merkte dir deine Naivität an, ich meine, nur für die Zukunft solltest du dir das merken, tja also, so geht das nicht, das ist zu provokant, allzu direkt, das paßt nicht hierher, die Schwarzen können machen, was sie wollen, aber bei uns ...

Mit mir stimmt was nicht, denkt Gorda. Wer so tanzen muß und es nicht darf, mit dem stimmt was nicht.

Aber das größte aller Ereignisse war die Aufführung von Anne Frank: War Gorda schon bei den zahlreichen Proben schrittweise in Mutter Franks Seele getreten, so sprang sie jetzt ganz hinein, die Kulissen schlossen sich hinter ihr, es gab kein Entrinnen mehr. Die Sätze sagte man ohne Überlegung. Sie fühlte, wie alle Mitwirkenden aufhörten zu spielen und sich verwandelten, aus der langen dünnen Linda leuchtete Annes Seele, Gorda hätte überhaupt keine bessere gebären können. Das murmelnde klatschende Publikum wurde nur anfangs wahrgenommen, dann verschwand es in einem schwarzen See des Vergessens, und hervor trat die belichtete Insel des Nicht-Spiels, des wirklich ganz und gar und so und nicht anders Seins. Man war umgeben vom Tod gleich hinter der dünnen Holzwand, man flüsterte, weil die Existenz auf des Messers Schneide stand, und das Stück Brot war köstlich. Man gab es seinen Kindern, anstatt selbst zu essen, und man hoffte und hoffte auf das Ende des Kriegs, obwohl man doch wußte, wie das Stück ausging, aber als das Ende dann wirklich eintrat, war man entsetzt und ungläubig und betete um Umkehr und eine zweite Chance.

Plötzlich, wie sie noch entsetzt als Mutter Frank dastand, fühlte sich Gorda als Nazisoldat durch die Tür kommen. Das bin ich auch, hier für alle Amerikaner deutlich zu erkennen bin ich das Nazischwein, und eine riesige Scham erwürgte ihre Mutter-Frank-Seele. Wie konnte ich nur dieses Stück wählen, das meine Schande aufdeckt, ja, bin ich denn verrückt gewesen, als ich Anne Frank vorschlug und auch noch die Stirne besaß, sie selbst spielen zu wollen, ich, das Kind von Mördern, Schande über Schande ...

Und als man ihr sagte, Gorda, du hast wunderbar gespielt, konnte sie endlich weinen.

Miss Bernstein nahm sie in die Arme und wiegte sie und sagte, na Kind, es ist ja alles gut ...

Zur Graduation bekam man dunkelblaue Wallegewänder mit viereckigem Hut ganz wie auf der Universität. Die

High-School-Graduation war so eine Art Vorspiel für die gewaltige Graduation von der Universität, und der High-School-Ring war eine bescheidene Version des klotzigen College-Rings von John, und so wurde klein begonnen und groß geendet. Gorda hatte Lust, Kalifornien nie mehr zu verlassen, hier wurde man mit siebzehn schon geachtet und nach seiner Ansicht gefragt, und plötzlich entwickelte man wagemutige Meinungen, während man in Oldenburg lieber nichts dachte und sagte, sonst hörte man noch, ja bist du denn verrückt geworden.

Geertje Suhr (rechts) als Austauschstudentin in Kalifornien bei Festvorbereitungen mit ihrer Freundin Sandy, 1959. Privat

Aber die meisten ihrer Freundinnen würden gleich heiraten, anstatt zur Universität zu gehen, schon mit achtzehn, unverheiratet zu sein schien den Mädchen hier ab neunzehn ein Beweis ihrer Absonderlichkeit, allzu Bücherwurm oder allzu häßlich, und dagegen gab es nur ein Heilmittel: sich sofort den ersten besten anzuketten, und besser wieder geschieden als nie geheiratet.

Alle Mädchen zitterten vor der Niete altes Mädchen, das merkte man auf den Strand-Festen, den sleep-over-parties, den endlosen Gesprächen in den Autos im drive-in, man mußte an so ein männliches Wesen ran, koste es was es wolle, obwohl ein Riesenabgrund uns von ihnen trennt, ein Abgrund von das-tut-man-nicht, schau-doch-nicht-hin, ein-Mädchen-lädt-einen-Jungen-nie-ein, he-drinks, beim-ersten-date-küßt-man-nicht, vergib-dir-nichts, man wartet auf seinen Anruf, wenn er Interesse hat, ruft er dich auch an, sonst hat er eben keins, merke dir das, wer will, findet immer einen Weg – und dein Held irrt in einem riesigen Urwald herum, aber todesmutig haut er den Dschungel entzwei, und er fühlt genau, in welcher Richtung er seine verzauberte Prinzessin suchen muß, die in einem tiefen Schlaf versunken auf ihn wartet, wunderschön im künstlichen Tod und auf Dornen gebettet, und ihre liebesschlaftrunkenen Augen öffnen sich unter seinen Rosenküssen ...

Leider rief der Held oft nicht an, obwohl man genau gemerkt hatte, der interessiert sich für einen, der schaut mich immer so seltsam an, wenn ich weggucke, und wenn ich hinseh und ihn erwische, wird er rot, das Spiel treiben wir schon wochenlang, aber der ruft mich einfach nicht an, und ich verlasse schon das Haus kaum noch, ich habe meiner Mutter gesagt, hol mich sofort, wenn er am Apparat ist, oder sag ihm, ich riefe zurück, wenn ich von der Stadt heimkomme, meine ganze Familie wartet seit Wochen auf seinen Anruf, aber er findet den Weg zum Apparat nicht, und manchmal bin ich ganz verzweifelt vor Warterei, besonders sonnabends, wenn alles unterwegs ist, aber ich bleibe zu Hause, weil ich erschöpft von mir selbst bin, und wenn das so weitergeht, leiden noch meine Zensuren darunter, ich kann euch sagen, das zehrt unheimlich an der Lebenslust.

Gorda hört der Freundin geduldig zu, aber irgendwie fortgeschwommen, weil ihre Abreise nur wenige Wochen entfernt ist. Dabei hat sie vor Monaten das gleiche durchgemacht, aber jetzt gehört sie schon wieder ein bißchen nach Oldenburg, die Etage Kind-von-Mutter-und-Vater schiebt sich täglich mehr nach oben und verdrängt das scheinbar heiratsfähige Mädchen. Und Gorda empfindet das Kindsein wie eine Befreiung von einem bösen

Zauber: Ein Kind hüpft und springt und singt und liest und spielt und macht, was es will, und ist lebendig und munter und liegt nicht irgendwo halbtot, aber bildschön herum und wartet auf einen vor Schüchternheit benommenen Prinzen.

Plötzlich ist alles vorbei mit einem Diplom, darauf steht, daß man von dieser High School abgegangen ist, das wird Gorda immer und bis in den Tod ehren, denn wer hat in Oldenburg so ein Diplom, wenn auch jeder in Kalifornien. Aber Gorda trägt ihre Schätze zusammen für ein anderes Land, wohin sie Fotos, den Ring, abgekaufte Blusen, die weißblonde Locke im Haar und den Katzengoldengel mitnehmen wird, zur ewigen Erinnerung, sonst meint man, es war ein Traum und nie gewesen. Manchmal ist es jetzt schon wie nie gewesen und nur gedacht, wenn Gorda früchteumduftet vor Orangen- und Zitronenbäumen steht und die zappeligen Palmenwedel im fast ewig blauen Himmel, und ihr ist, als ginge sie schon im grauen Oldenburg zur Schule und sehnte sich zurück: So ist das gewesen, warm und glanzfroh und farbenselig und brennt unter der Haut wie eingekapselte Sonne. Und das muß jetzt für lange reichen.

Mephisto ist nicht tot. Düsseldorf 2000, S. 135–139

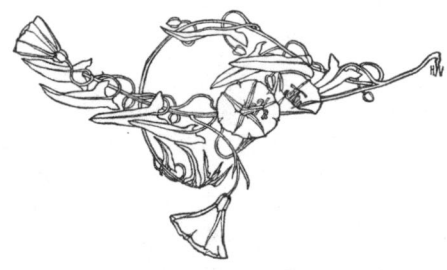